海洋环境保护立法的制度建构探索

邓海峰 著

清华大学出版社
北京

版权所有，侵权必究。举报：010-62782989，beiqinquan@tup.tsinghua.edu.cn。

图书在版编目(CIP)数据

海洋环境保护立法的制度建构探索/邓海峰著．—北京：清华大学出版社，2023.2
ISBN 978-7-302-62135-5

Ⅰ.①海… Ⅱ.①邓… Ⅲ.①海洋环境－环境保护法－立法－研究－中国 Ⅳ.①D922.680.4

中国版本图书馆 CIP 数据核字(2022)第 201099 号

责任编辑：朱玉霞
封面设计：常雪影
责任校对：宋玉莲
责任印制：沈　露

出版发行：清华大学出版社
　　　　网　　址：http://www.tup.com.cn，http://www.wqbook.com
　　　　地　　址：北京清华大学学研大厦 A 座　　邮　编：100084
　　　　社 总 机：010-83470000　　　　　　　　邮　购：010-62786544
　　　　投稿与读者服务：010-62776969，c-service@tup.tsinghua.edu.cn
　　　　质量反馈：010-62772015，zhiliang@tup.tsinghua.edu.cn
印 装 者：小森印刷霸州有限公司
经　　销：全国新华书店
开　　本：170mm×240mm　　　印　张：14　　　字　数：228 千字
版　　次：2023 年 2 月第 1 版　　　　　　　　印　次：2023 年 2 月第 1 次印刷
定　　价：59.00 元

产品编号：091788-01

目 录

引言 …………………………………………………………………… 1

第一章　环境保护法律部门内部的涉海制度衔接 …………………… 3
 一、《海洋环境保护法》与《环境保护法》衔接分析 ………………… 3
  （一）职责分配 …………………………………………………… 4
  （二）排污许可制度 ……………………………………………… 5
  （三）联合防治协调机制 ………………………………………… 9
  （四）重点海域排污总量控制制度 ……………………………… 11
  （五）海洋生态保护补偿制度 …………………………………… 13
  （六）技术要求 …………………………………………………… 15
 二、《海洋环境保护法》与《水污染防治法》衔接分析 ………………… 16
  （一）水污染防治规划 …………………………………………… 17
  （二）生态流量 …………………………………………………… 18
  （三）入海排污口管理 …………………………………………… 19
  （四）联合防治协调机制 ………………………………………… 21
  （五）排污许可证制度 …………………………………………… 22
  （六）污染物排放管理 …………………………………………… 23
  （七）法律责任 …………………………………………………… 24
 三、《海洋环境保护法》与《固体废物污染环境防治法》衔接分析 …… 25
  （一）监督管理主体、环境质量标准制定主体的表述变更 …… 30
  （二）海洋垃圾监管制度 ………………………………………… 31
  （三）海漂垃圾清理制度：代履行制度及海上环卫制度 ……… 34
  （四）过境转移危险废物责任 …………………………………… 36
  （五）免责条款适用 ……………………………………………… 38
 四、《海洋环境保护法》与《环境影响评价法》衔接分析 ……………… 39
  （一）建设工程环境影响评价书（表）审批程序 ……………… 44

（二）环评审批主体 ································ 44
　　（三）环境信息公开与公众参与制度 ················ 45
　　（四）环境影响评价的范围 ························ 47
　　（五）环评技术规范标准与环境标准 ················ 49
　　（六）环境影响评价制度与排污许可制度的衔接 ······ 51
　　（七）法律责任 ·································· 53
五、《海洋环境保护法》与《环境保护税法》衔接分析 ······ 54
六、《海洋环境保护法》与自然保护地相关法律法规的衔接分析 ······ 60

第二章　《海洋环境保护法》与其他法律部门的涉海制度衔接 ······ 62
一、《海洋环境保护法》与《海域使用管理法》衔接分析 ······ 62
　　（一）海洋功能区划制度 ·························· 62
　　（二）海洋环境监测制度 ·························· 71
　　（三）围填海制度 ································ 77
二、《海洋环境保护法》与《渔业法》衔接分析 ············ 85
　　（一）保护区制度 ································ 85
　　（二）索赔制度 ·································· 90
　　（三）工程建设的渔业资源保护 ··················· 107
三、《海洋环境保护法》与《刑法》衔接分析 ············· 115
四、《海洋环境保护法》与《行政许可法》衔接分析 ······· 123
　　（一）入海排污口设置制度 ······················· 123
　　（二）入海排污口设置的备案制度与排污许可证制度的衔接 ······ 125
　　（三）排污申报登记制度 ························· 129
　　（四）入海排污口设置的通报制度 ················· 131
五、《海洋环境保护法》与《突发事件应对法》衔接分析 ··· 132
　　（一）应急计划制度 ····························· 132
　　（二）突发事件的监测预警机制 ··················· 135
　　（三）海洋生态环境调查制度 ····················· 137
　　（四）突发事件应对 ····························· 138
　　（五）法律责任 ································· 141

第三章 《海洋环境保护法》与下位条例的衔接 …… 143

一、《海洋环境保护法》与《防治海洋工程建设项目污染损害海洋环境管理条例》衔接分析 …… 143
 （一）条例制定背景 …… 143
 （二）制度概述 …… 144
 （三）衔接建议 …… 147

二、《海洋环境保护法》与《防治海岸工程建设项目污染损害海洋环境管理条例》衔接分析 …… 148
 （一）条例制定背景 …… 148
 （二）制度概述 …… 148
 （三）衔接建议 …… 150

三、《海洋环境保护法》与《防治船舶污染海洋环境管理条例》衔接分析 …… 151
 （一）条例制定背景 …… 151
 （二）制度概述 …… 151

四、《海洋环境保护法》与《海洋倾废管理条例》衔接分析 …… 153
 （一）条例制定背景 …… 153
 （二）制度概述 …… 153
 （三）衔接建议 …… 155

五、《海洋环境保护法》与《防治陆源污染物污染损害海洋环境管理条例》衔接分析 …… 156
 （一）条例制定背景 …… 156
 （二）衔接建议 …… 157

第四章 《海洋环境保护法》与相关部门规章的衔接 …… 159

一、《海洋环境保护法》与《建设项目主要污染物排放总量指标审核及管理暂行办法》衔接分析 …… 159
 （一）重点海域排污总量控制制度 …… 159
 （二）排污权交易制度 …… 161

二、《海洋环境保护法》与《海洋工程环境影响评价管理规定》衔接分析 …… 161

（一）建设项目技术审查 ………………………………………… 163
　　（二）建设工程环境影响评价书（表）审批主体 ………………… 164
　　（三）信息公开与公众参与 ………………………………………… 165
　　（四）环境影响报告书（表）技术规范标准的制定 ……………… 165
　　（五）建设工程环境影响评价书（表）审批程序 ………………… 166

第五章　《海洋环境保护法》与相关地方性法规的衔接 …………… 167
　一、《海洋环境保护法》与《厦门市海洋环境保护若干规定》衔接分析 … 167
　二、《海洋环境保护法》与《辽宁省海洋环境保护办法》衔接分析 ……… 172
　　（一）生态保护红线制度 …………………………………………… 172
　　（二）财政资金保障制度 …………………………………………… 179

参考文献 ………………………………………………………………… 186

附件1：缩略语对照表 ………………………………………………… 193

附件2：国务院组织机构涉海洋环境保护职责汇总 ………………… 194

附件3：中华人民共和国海洋环境保护法 …………………………… 201

引　言

　　生命来源于海洋，也得益于海洋。在人类社会繁衍、进化和走向文明的历程中，海洋更是扮演着生态要素滋养者与物质基础供给者的角色，时刻为人类提供着生存空间、经济给养与生态屏障。随着科技进步和经济发展，海洋在人类生产生活中的作用愈发凸显。然而，人类在享用海洋所赐予的福祉时，却对其积年累月地单向索取、不加克制地排放透支，从而诱发了严重的海洋生态环境危机。党的十八大之后，我国全面提升了对海洋生态环境保护工作的重视程度和海洋生态文明建设的力度。"十三五"规划纲要还对我国海洋生态环境保护提出了新的要求。将建立全面的海洋生态环境保护制度作为建设海洋强国的新任务，并赋予海洋生态文明建设制度体系以全新的内涵。经过近10年的努力，目前我国海洋生态环境保护工作取得了积极进展，近岸海域水质已有所改善。但就海洋生态环境保护的整体情况来看，形势依然不容乐观，还面临着诸如部分近岸海域污染严重、海洋生态系统破坏退化、海洋环境保护制度体系亟须完善等多个现实性问题。作为海洋生态环境保护领域的基础性法律，《海洋环境保护法》（以下简称《海环法》）自1982年出台后，先后经历了一次修订和三次修正，但法律的基本理念、整体结构、制度逻辑和调整机制并未有重大变化。2018年全国人大常委会开展的海洋环境保护执法检查，也对《海环法》的完善提出了新的要求。立法者的重视、执法者的困惑与守法者的无奈，共同将《海环法》的修订提上了议事日程。

　　笔者有幸参与了由生态环境部海洋生态环境司主持的《海环法》修订工作，通过具体参与生态环境部环境规划院负责统筹推进的《海环法》与国内相关立法的比较研究，对《海环法》在制度层面与国内相关立法的衔接规律与规则产生了浓厚的兴趣，并据此开展了本书所记录的研究工作。就总体而言，我理解，以落实中央生态文明体制改革成果、建立完备海洋环境保护法律制度体系为主旨的本次修法，在功能和效果上主要以加强陆海统筹、完善治理体系、落实法律责任、优化制度衔接等为目标。而要实现这一目标，首先就需要对《海环法》与国内相关法律法规中同样调整海洋生态环境保护的制度进行关系梳理与定位比较，通过诊断矛盾点、理顺冲突点、挖掘空白点,为修法提出创新性意见和制度优化建议。具体来说,对《海环法》既有条文与执行中存在问题的归纳主要包括污染防治制度不完善、生态保护制度滞后、风险预防控制体系不健全、海洋生态监管制度部分缺失、法律责任亟须加强等项。为此,我们的研究便以这些已经梳理出的问题点为主线,通过对《海环法》与相关立法中有关海洋环境保护制度的关系分析,提炼《海环法》与相关立法存在调整重叠、调整空白的问题点;从《海环法》和其他法律法规的特定相关条款出发,结合我国新时期海洋生态环境保护的工作需要,指出在实现制度衔接中需要解决的法律规则与立法技术中的问题,并提出有针对性的理论支撑和参考建议。

以对接制度梳理、理论基础挖掘、比较分析研判、衔接方案论证为研究思路,我们的研究在范围上分为五个不同层次,分别对《海洋环境保护法》与环境保护法律部门重要法律、与其他法律部门重要法律、与下位法规、与部门规章、与地方性法规等在制度衔接上的逻辑关联性、匹配合理性、实践可行性进行了深入思考。就研究所涉的法律与规范性文件范围而言,覆盖了《海洋环境保护法》《环境保护法》《环境影响评价法》《环境保护税法》《水污染防治法》《固体废物污染环境防治法》《海域使用管理法》《行政许可法》《渔业法》《突发事件应对法》《刑法》等法律,《防治海洋工程建设项目污染损害海洋环境管理条例》《防治海岸工程建设项目污染损害海洋环境管理条例》《防治船舶污染海洋环境管理条例》《海洋倾废管理条例》《防治陆源污染物污染损害海洋环境管理条例》《建设项目主要污染物排放总量指标审核及管理暂行办法》《海洋工程环境影响评价管理规定》等下位法规以及《厦门市海洋环境保护若干规定》《辽宁省海洋环境保护办法》等地方性法规和规章,还参考了与《自然保护地法》《国家公园法》等拟制定法律相关的研究报告。我们力求通过治理机制溯源与文本功能推演,为各项重要制度寻得应然的法域归属,进而探索出兼具理论周延性与实践可行性的《海环法》制度衔接方案。

第一章 环境保护法律部门内部的涉海制度衔接

尽管学理上对环境法是否是一个独立的法律部门存在不同的见解,但从实践的角度,将主要调整环境污染与防治、自然资源能源开发利用与保护、生态保护与可持续发展的法律法规纳入一个相对周延的体系,有利于发挥这些法律执法部门的积极性,通过挖掘、归纳和提炼这些法律法规的共性特点与调整方式方法上的共通性,提升法律执行的效果、促进执法部门间的协调与合作。据此,我们首先就《海洋环境保护法》(以下简称《海环法》)与其所栖生的环境保护法律部门内部的涉海制度衔接问题进行分析和梳理。基于制度关联性的考察,在这部分我们主要比对了《海环法》与《环境保护法》《环境影响评价法》《环境保护税法》《水污染防治法》《固体废物污染环境防治法》,并研究了《海环法》与拟制定的《自然保护地法》《国家公园法》相关条文的关系。本章分析的重点与难点有两个,其一是把握好《海环法》与作为其法域内部一般法的《环境保护法》在制度供给与制度裁量幅度上的关系,充分利用好上位依据的授权性条款;其二是平衡好《海环法》与法域内各单行事项法在涉海制度功能与裁量逻辑上的一致性,从而赋予《海环法》以更强的针对性和可操作性。

一、《海洋环境保护法》与《环境保护法》衔接分析

《海环法》和《环境保护法》(以下简称《环保法》)均属于全国人大常委会颁布的重要法律。基于它们各自调整内容的不同,我们认为两者在环境法律部门内部是特别法和一般法的关系。尽管《环保法》在颁布机关、基本原则与效力层次上与基本法尚有一些距离,但从环境保护法律部门内在体系逻辑的角度,多数学者认为它扮演了生态环境保护基础性综合性法律的角色,应可担当一般法的地位;《海环法》中关于保护和改善海洋环境、保护海洋资源、防治污染和生态损害等内容在《环保法》中都有概括性要求和原则性表述。《海环法》与《环保法》相比,则更加专注于对涉海环境保护与污染防治中特色性制度的确立和规范,因此就体系逻辑而

言,它应定位为《环保法》在涉海领域上的特别法。在 2018 年全国人大常委会执法检查报告提出启动该法的修法工作后,对《海环法》现有制度的更新与完善就显得尤为必要。而这种必要又突出地体现在如何摆正与作为一般法的《环保法》的关系,做到在实现《海环法》新时期调整目标的同时,及时对《环保法》涉海制度的不足进行补位、细化而不越位、冲突。通过分析,我们认为《海环法》和《环保法》涉海制度的衔接与修订主要应体现在以下几个方面。

(一) 职责分配

1. 衔接冲突

《环保法》第 10 条规定,国务院环境保护主管部门,对全国环境保护工作实施统一监督管理;县级以上地方人民政府环境保护主管部门,对本行政区域环境保护工作实施统一监督管理。然而,由于 2018 年我国中央人民政府进行了新一轮机构改革,但立法中海洋环境保护工作仍隶属于国家海洋行政主管部门(原国家海洋局)管理,因此《海环法》中很多条文仍贯彻的是机构改革前的管理体制,带有较为浓重的分部门监管的痕迹。改革后,海洋生态保护的相关工作已被整合到生态环境部,因此应当对现行《海环法》因主管部门与改革方案出现冲突后的修订需求,及时调整相关表述,从而与《环保法》第 10 条相协调。《海环法》中关于职能分配需要进行调整的条文主要涉及 26 个条文,均应统一作出修改[1]。

2. 衔接空白

《环保法》第 6 条第 2 款规定,地方各级人民政府应当对本行政区域的环境质量负责。同样的规定也出现在《水污染防治法》第 4 条,县级以上地方人民政府应当采取防治水污染的对策和措施,对本行政区域的水环境质量负责。除此之外,类似的规定还出现在《大气污染防治法》第 3 条,《噪声污染防治法》第 4 条等。这是我国涉环境保护中央与地方事权划分在法律层面的具体体现。《海环法》同样应该贯彻这一基本规则。针对海洋环境保护领域,《环保法》第 34 条规定,国务院和沿海地方各级人民政府应当加强对海洋环境的保护。由此,地方各级人民政府均应负有保护本行政区环境质量,决定相关环境事项财政投入、监督管理环境状况的职能,并对本行政区内的环境质量负责。这里更深层次的原因在于,环境问

---

[1] 具体包括第 5 条、第 6 条、第 7 条、第 14 条、第 16 条、第 18 条、第 30 条、第 43 条、第 47 条、第 48 条、第 54 条、第 55 条、第 56 条、第 57 条、第 58 条、第 60 条、第 67 条、第 70 条、第 71 条、第 77 条、第 78 条、第 82 条、第 83 条、第 84 条、第 85 条、第 86 条。

题的出现往往与社会生活生产活动带来的负外部性密切相关[1],而各个行政区域内的生产活动多数由政府组织、管理或协调,因此,地方人民政府应对当地所产生的环境污染问题负责。《党政领导干部生态环境损害责任追究办法(试行)》中也明确要求党委和政府主要领导成员承担主要责任,此即为"党政同责",也是对前述规则的具体体现之一。

然而,《海环法》中并没有有关地方各级人民政府对本行政区内海洋环境质量承担相应责任的制度设计。2018 年,全国人大常委会执法检查组在开展《海环法》实施情况检查时也提出了应强化在海洋生态保护与污染防治领域践行"党政同责"的要求。因此,建议《海环法》中增加对沿海各级地方人民政府对其管辖范围内涉海事务的行政职责,明确"沿海各级人民政府应采取措施防治海洋环境污染,保护海洋生态,对本行政区域内海洋生态环境质量负责"。这一规定有利于将地方政府承担的陆上环境污染防治责任与涉海污染防治责任相连接,为实现陆海统筹提供管理体制上的制度依据。

(二) 排污许可制度

《环保法》第 45 条规定,国家依照法律规定实行排污许可管理制度。实行排污许可管理的企业事业单位和其他生产经营者应当按照排污许可证的要求排放污染物;未取得排污许可证的,不得排放污染物。《海环法》中只有第 55 条中对于倾倒废弃物的单位需取得许可证作出了规定,并无其他海洋工程、海岸工程项目排污许可制度的规定。

1. 涉海排污管理的理论依据及实践现状

排污许可是对排污者实施排污行为的一种管理制度,旨在管控各种基于开发、建设或经营活动对环境容量所进行的用益,防止因该排放行为超过必要的限度带来环境污染,损害公共健康与生态安全。通常在管理层面,采用排污单位提出申请,国家明确规定的主管部门对其排污事项进行许可的方式进行。具体包括排污种类、数量、排放路线等[2]。我国从 20 世纪 80 年代开始尝试开展排污许可制度,最初该制度表现为实施水污染物排放总量控制的环境管控手段,但早期的排污许可制度主要是由环保部门和地方政府的规章文件所确立,并无法律依据,

---

[1] 参见贺震.环保垂直管理背景下如何重新解读地方政府对环境质量负责?[J].中国环境监察,2016(Z1):40-45.

[2] 参见吕忠梅.环境法学[M].北京:法律出版社,2008:156-159.

因此一度陷入停滞状态。直到进入21世纪，2000年《水污染防治法实施细则》和《大气污染防治法》都对排污许可制度进行了规定，这使得排污许可制度得到了较大发展。自党的十八大以来，排污许可制度作为生态文明建设的关键环节，得到了进一步强化。《国务院办公厅关于印发控制污染物排放许可制实施方案的通知》中提出，要将排污许可制度建设成为固定污染源环境管控的核心制度，并提出了2020年要完成覆盖所有固定污染源的排污许可证核发工作的时间节点。《控制污染物排放许可制实施方案》（国办发〔2016〕81号）也提出了全面推行排污许可制度的时间表和路线图[1]。

目前，海洋排污的管理对象可以分为两类：一类是包括海岸工程污染等在内的陆源污染；另一类是海洋工程造成的污染。根据上述《实施方案》的要求，海岸工程等固定污染源将被纳入海洋排污许可制度，实行排污许可"一证式"管理。而海洋工程污染由于缺乏明确的法律规定，还处于管理空白阶段。有鉴于此，基于法律衔接的考虑，《海环法》须与《环保法》《水污染防治法》《大气污染防治法》相协调，将海洋工程污染也纳入排污许可体系，建立海上排污许可制度。与此同时，基于"陆海统筹"的考虑，也应当健全陆海联动、综合治理的制度载体，以维护海洋生态安全。这也是实践对《海环法》提出的新要求。

在排污许可方面，《海环法》存在的另一问题集中在排污口的管理上。我国《海环法》只明确对陆源污染物排放的排污口设置采取备案制，并未明确提出将海上移动污染源也纳入排污许可管理当中。根据《排污许可管理条例》第49条的规定，船舶等移动污染源的污染物排放管理，暂不适用该条例；而《排污许可管理办法（试行）》第3条对排污许可管理范围的规定中，也仅涉及船舶等运输设备制造领域，未考虑到海上移动污染源的管理问题。这种管理现状与船舶等海上移动源的真实排污需求之间存在差距。

当然，《海环法》虽然未明确提出将海上移动污染源也纳入排污许可管理中，但存在部分针对船舶排放的规定。比如，《海环法》第51条规定的海洋石油钻井船的含油污水和油性混合物必须经过处理达标后排放，并将残油、废油回收。再如《海环法》第62条、第63条和第87条针对船舶的一般规定，即船舶必须按照有

---

[1] 参见陈吉宁.建立控制污染物排放许可制为改善生态环境质量提供新支撑[J].中国有色建设，2016(4)：10-11.

关规定持有防止海洋环境污染的证书与文书,不得违反本法规定向中华人民共和国管辖海域排放污染物、废弃物和压载水、船舶垃圾及其他有害物质,在进行涉及污染物排放及操作时应当如实记录,未持有防污证书、防污文书或者不按照规定记载排污记录的,由依照本法规定行使海洋环境监督管理权的部门予以警告,或者处以二万元以下的罚款。但这些规定仅针对特定情势,无法进行体系化的运用。

据分析,之所以出现这种局面,与行政审批改革背景下,压缩许可事项有关。《海环法》在 2017 年曾经过一次修改。修改前,《海环法》第 70 条要求船舶在港区水域内进行洗舱、清舱、驱气、排放压载水、残油、含油污水接收、舷外拷铲及油漆等作业时,应当事先按照有关规定报经有关部门批准或者核准。这一规定在实践中被认为是海事机关依法实施排放许可的法律根据[1],具体体现在《海事行政许可条件规定》中。2016 年版的《海事行政许可条件规定》第 21 条中,在防止船舶污染港区水域作业许可方面,船舶在港区水域排放压载水、洗舱水、残油、含油污水的许可条件之一即为排入水域时应符合相应的排放标准。由此可知,在 2017 年以前,船舶在港区水域进行的排放是纳入排污许可管理的。2017 年,出于行政审批改革的需要,原《海环法》第 70 条和原《海事行政许可条件规定》第 21 条均被删除[2]。

从上文可知,在国家加大"放管服"改革力度的背景下,由于存在减少行政审批、行政许可的工作要求,《海环法》中关于陆源污染物排放的排污口设置管理经历了从审批制到备案制的变革,这一趋势也同样体现在船舶污染排放管理方面。《海环法》虽然删除了船舶在港区水域内排污前应经过批准的规定,但从《海环法》第 51 条、第 62 条和第 63 条看,船舶仍然需要进行达标排污。因此,如果无法将海上移动污染源再次纳入许可管理,可以探索将船舶等移动污染源的排污管理比照陆源污染物排放管理,同样实行一种特殊的备案制,以加强涉海排污管理的制度接口。

2. 国外相关经验

以美国为例,美国自 20 世纪 70 年代开始实行排污许可制度,1972 年通过的

---

[1] 参见周水平,梁万春,王维.关于"船舶在港区水域排放压载水、洗舱水、残油、含油污水许可"若干问题的探讨[C].中国航海学会.中国航海学会 2006 年度学术交流会优秀论文集.中国航海学会:中国航海学会,2007:126-129.

[2] 交通运输部海事局.《交通运输部关于修改〈中华人民共和国海事行政许可条件规定〉的决定》解读[EB/OL].(2017-06-19)[2020-06-28].http://www.mot.gov.cn/zhengcejiedu/haishixzxktj/.

《联邦水污染控制修正案》也首次确立了排污许可制度[1]。值得注意的是,美国的排污许可实行了陆海统筹管理,也就是说,无论是排入海洋还是河流的污染物,都统一实行排污许可制度,其在国家污染物质排放消除系统(NPDES)许可制度中也将海洋工程排污许可纳入补充[2],形成了陆海统筹管理。美国的经验值得我国在修订《海环法》时加以重视。

3. 衔接建议

目前,我国海上排污许可制度还未建立,没有达到"陆海统筹"的要求。一方面,考虑到实践对《海环法》提升涉海生态环境质量的需求,排污管理部门应考虑建立海上排污许可制度的正当性,以及不建立该制度是否可以替代的制度安排同样能够达到实现陆海统筹的管理目标。如有的学者认为目前我国的陆上排污许可管理也并未与总量控制制度很好地衔接。考虑到陆海统筹背景下,总量控制制度的作用与污染物总量确定依据均面临较大的不确定性,建议将陆上排污许可制度与海上排污许可制度整并于环境质量目标管理的体系下,建立新型的陆海污染物环境质量管理体制。另一方面,就体系完备的角度而言,《海环法》也应与《环保法》《水污染防治法》的相关条款进行衔接。在这方面,可以借鉴陆上排污许可制度体系的合理成分和国外海上排污许可制度,建立能够实现陆海统筹目标的海上排污许可制度体系。在立法技术上,可以将产生海洋污染的海洋工程单位纳入排污许可制度体系,并明确排放种类、浓度、条件等具体要求。由于现阶段我国陆上排污许可制度已经较为完备,如此次修订《海环法》中的许可制度,实行陆海统筹"一证式"管理,则可以为形成系统完备的排污许可体系奠定基础[3]。当然,管理部门对于陆海统筹条件下,采用总量控制制度进行管理效能评价还是采用环境质量目标体系进行管理效能评价,则需要在尊重环境科学规律的基础上进一步论证。

有关船舶等海上移动污染源管理方面,基于移动源具有随机性、点多、线长、

---

[1] 参见邓海峰.排污权:一种基于私法语境下的解读[M].北京:北京大学出版社,2008:136.

[2] 参见刘捷,陶以军,张健等.关于实施海上排污许可制度关键问题的思考[J].中国渔业经济,2017(5):89-95.

[3] 参见梁忠,汪劲.我国排污许可制度的产生、发展与形成——对制定排污许可管理条例的法律思考[J].环境影响评价,2018,40(1):6-9.

面广、流动性大等特点[1]，即使参照陆源污染物排放规则进行管理，也要考虑移动污染源的特殊性并作出特殊规定。在立法技术上，考虑到《海环法》的立法位阶，建议可以在《海环法》中对船舶等移动污染源的管理体制和管理制度作出原则性的表述，之后通过主管机关制定实施细则的方式对移动污染源的排放进行进一步规制。具体条文表述上，可以在《海环法》中采用指引性条款明确，船舶等海上移动污染源可以参照陆源污染物进行排放管理，实行备案制。

（三）联合防治协调机制

《环保法》第20条第1款规定，国家建立跨行政区域的重点区域、流域环境污染和生态破坏联合防治协调机制。而《海环法》中对于联合防治协调机制并没有明确的规定。虽然如此，2017年年初，原国家海洋局为维护海洋生态环境，加强联合防治协调机制，提出了"湾长制"的构想。目前，"湾长制"在实践中已经实行，但仍需要进一步优化与完善。

1. "湾长制"理论基础及实践现状

"湾长制"是由"河长制"延伸发展而来。"河长制"是由各级党政主要负责人担任"河长"，组织领导河流湖泊的环境保护工作。"河长制"最先出现在无锡[2]，随后在江苏省内广泛采用，2016年在全国推广。在"河长制"的经验基础之上，"湾长制"随之发展起来。"湾长制"本身带有一定的政治色彩，该制度以我国政治体制为基础，以我国行政管理体制为依托。"湾长制"的本质是逐级落实各级党委政府责任，湾长是海洋环境保护的第一责任人，其对于下属各级湾长进行管理监督，实行分级考核，测评结果将会被纳入政绩考核评价体系。中央全面深化改革领导小组第十四次会议审议通过《党政领导干部生态环境损害责任追究办法（试行）》，明确实行生态环境损害责任终身追究制；第二十七次会议上审议通过《生态文明建设目标评价考核办法》，建立对考核等级为不合格地区的通报批评、约谈机制。"湾长制"则体现了中央全面深化改革领导小组发布的文件精神。近年来，青

---

[1] 参见万毅.三峡库区船舶移动污染源的现状及对策[C].中国航海学会船舶防污染专业委员会.2010年船舶防污染学术年会论文集.中国航海学会船舶防污染专业委员会；中国航海学会，2010：290-293.

[2] 2007年4月，太湖爆发了藻类水华，继而引发饮用水危机。此事件过后，无锡市政府要求将河流水质监测结果纳入各级党政主要负责人政绩考核体系中。此后"河长制"在全市815条河流推行，无锡市很多党政领导都担任"河长"。无锡市的"河长制"设立四级管理体系，分别在组织架构、目标责任、监管规则、法律责任等方面提出了明确要求。

岛市、连云港市出台的"湾长制"都规定了严格的奖惩体系。这种问责制会倒逼各级湾长保护海洋生态,进行海洋环境治理,使其在经济发展和海洋环境保护中寻求平衡点,进行可持续发展。

我国海洋环境保护工作长期以来面临的很大问题是"九龙治海",这与海洋环境行政管理的体制交叉有关。因此在实践中,海洋环境保护常面临重复执法、重复检查、互相推诿、管理空白等问题。"湾长制"对于该种现象有一定的解决效力,其确立了地方党政主要负责人的重要角色,在负责人的带动下各个部门可以有效、协力解决海洋环境问题。此外,"湾长制"设立的领导小组也有信息、资源整合的作用[1],各个级别的政府部门被有效整合在一起,弥补了此前的制度交叉和管理盲点。自2018年我国启动国家机构改革后,陆海统筹、以海定陆也具备了更完备的基础[2]。"湾长制"能够充分发挥倒逼作用,将河流、湖泊、海洋贯通,打通陆海边界,建立联合防治协调机制。全国人大常委会执法检查组在开展《海环法》实施情况检查时也指出,要加快建立健全"湾长制"。

2."湾长制"在实践中面临的挑战

首先,"湾长制"面临治标不治本的风险。不可否认,"湾长制"是具有中国特色的联合防治协调机制,是对现有管理体制的突破。但目前面临的重要问题是,"湾长制"尚无明确的法律地位和完备的实施机制。由于"湾长制"是运用行政压力传送,倒逼各级政府实行海洋环境保护,因此"湾长制"很大程度上解决的是体制上的问题,诸如执法不统一、执法效率低下等。但是"湾长制"并不能解决一切问题,这里姑且不谈各级党政负责人决策的科学性。我们应当清晰认识到"湾长制"的本质和定位,意识到单靠"湾长制"实现长期环保效果很有难度。其次,"湾长制"还需考虑的问题是各个党政部门之间的协调。"湾长制"的设想是通过各个地区的部门协调,统一协同治理海洋生态,但并未考虑到实践中复杂的地方部门和流域管理机构的关系。这里还需注意的是,一方面,在当前陆海统筹的要求下,"湾长制"还需与"河长制"衔接,要有统一的顶层设计。原国家海洋局发布的《关于开展'湾长制'试点工作的指导意见》强调"治湾先治河",注重"湾长制"与"河长

---

[1] 参见王琪,辛安宁."湾长制"的运作逻辑及相关思考[J].环境保护,2019,47(8):31-33.

[2] 参见李晴,张安国等.中国全面建立实施湾长制的对策建议[J].世界环境,2019(3):23-26.

制"的联动作用,加强协调"湾长制"和"河长制",完善信息共享等制度[1]。另一方面,不同的地方部门和流域管理机构所面对的生态环境质量情况不一,影响湾区生态环境因素各异。因此,湾长要摸清其管理海湾的特殊性,认识到不同地区的差异,加强基础调研,做好生态污染的采集和数据整理,作出科学合理的判断与决策。

3. 衔接建议

尽管"湾长制"还没有看到长期效果,但《环保法》对联合防治协调机制作出了要求,加之实践中海洋生态保护也对"湾长制"做出了积极尝试,因此建议在《海环法》第二章海洋环境监督管理第9条第1款中加入建立"湾长制"的规定,要求分级分区组织、协调本行政区内的海洋环境治理工作,并协调跨区域的海洋生态保护工作。如此一来,由于《海环法》规定的完善,"湾长制"的落实有了明确的法律基础和条件。

(四) 重点海域排污总量控制制度

《环保法》中关于总量控制制度的内容规定在第44条,即国家实行重点污染物排放总量控制制度。重点污染物排放总量控制指标由国务院下达,省、自治区、直辖市人民政府分解落实。企业事业单位在执行国家和地方污染物排放标准的同时,应当遵守分解落实到本单位的重点污染物排放总量控制指标。总量控制制度此前也是海洋环境污染防治的重要制度载体,《海环法》在第3条第2款也规定了总量控制制度,即国家建立并实施重点海域排污总量控制制度,确定主要污染物排海总量控制指标,并对主要污染源分配排放控制数量。具体办法由国务院制定。表面上看,在总量控制制度的问题上,《海环法》与《环保法》已经实现了配合和衔接。但2018年全国人大关于海洋环境保护法专项执法检查的报告指出,重点海域排污总量控制制度落实不到位。该制度目前仍处于完善阶段,难以适应新时期改善生态环境质量为核心的要求。

1. 制度理论依据及实践现状

重点海域排污总量控制制度通过控制总量和指标分配,对主要陆源污染物进行分配排放。该制度能有效管控入海污染物总量,是我国海洋生态保护的重要手段。排污总量控制制度的理论来源于环境容量的发现及其法制化。环境容量这一概念最早由日本学者在1968年提出。20世纪时,日本最早将污染物排放总量

---

[1] 具体来说,湾长一要负责本湾区的生态环境质量,二要负责协调河长。对于入海河流与河流入海口所在海湾区域处于同一行政辖区内的,可以河长湾长同一人担任。

控制制度应用于防治水和大气污染,要求将水和大气的排污总量控制在一定限度内[1]。该限度即为环境容量,也即人类社会和自然生态所能承受的污染物排放的最大负荷量[2]。

然而,我国的重点海域排污总量控制制度并不是以海洋纳污容量为制定的基本依据,实践中海洋环境容量要明显小于我国目前的重点海域排污总量指标。当然,就此前的排海沉淀量与习惯性的管理模式角度看待这一问题,现有的排放总量是在平衡诸多因素的基础上设定的,在一定程度上可以理解。目前排污总量的设定通常要考虑重点海域污染物入海数量、入海污染源分布情况以及对海域环境质量状况调查和预测的结论。但是不可否认的是目前的重点海域排污总量控制制度无法满足"以质定量"的需求。

其次,根据"以海定陆"的要求,入海污染物种类应当决定入河污染物种类。但由于河流和海水的水质参数有别,入河排污物的种类并没有考虑到海洋水质标准。例如对于海水水质质量影响较大的"总氮",在入河水质指标中并没有关于"总氮"的控制,这与"以海定陆"的要求相悖。陆海水质标准上的差异已经制约以海定陆制度的实践。

再次,《海环法》规定的重点海域排污总量控制制度中,重点海域的概念和实施总量控制的污染物种类并不明确,也并未在相关配套文件中加以明晰。因此在实践中,既没有制定重点海域排污总量控制流程,也没有指出排污总量控制指标确定依据,导致该制度尚处于试点阶段,后续的实践效果仍有待观察。

但是,我国实行以改善生态环境质量为核心的重点海域排污总量控制制度势在必行。《国务院关于加快推进生态文明建设的意见》中明确要求建立并实施重点海域排污总量控制制度。《水污染防治行动计划》也有同样的要求,2017 年开始进行重点海域污染物总量控制的试点。目前该制度尚存在很多问题,因此亟须通过修订《海环法》中关于重点海域排污总量控制制度相关内容加以完善和修正。

2. 国内外排污总量控制实践

在总量控制制度的实践方面,日本的经验值得借鉴。日本濑户内海长期以来一直面临着较为严重的环境污染问题,1979 年后日本政府开始实行排污总量控

---

[1] 参见牛山積.现代的公害法[M].东京:劲草书房,1976:80-90.
[2] 参见曲格平.环境科学基础知识[M].北京:中国环境科学出版社,1984:41.

制制度,限制工厂废水和生活污水向该区域的排放,重点对于主要影响海水环境质量的氮、磷进行排放总量限制。在持续不断的努力下,东京湾、伊势湾和濑户内海海洋生态环境得到了明显改善。

我国部门沿海省份也对重点海域排污总量控制制度进行了探索并形成了规范性文件。例如《山东省海洋环境保护条例》要求省政府确定排海总量指标,制定排污计划,沿海各级市县政府应确定该地区的总量指标、排污计划以及具体的实施方案;《浙江省海洋环境保护条例》第四章中对排污总量控制制度进行了详细规定,其中包括重点海域的范围和审批,总量控制和排污计划的实施方案。

3. 衔接建议

目前的《海环法》条文仅对重点海域排污总量控制做出了原则性的规定。鉴于当前重点海域排污总量控制制度面临的困境以及实践侧的强烈需求,建议在《海环法》中设立专门的章节规定重点海域排污总量制度,对重点海域的范围、排放污染物种类、重点海域排污总量控制主体作出确定,在"以海定陆""以质定量"的框架下,平衡海洋排污的合理需求和海洋环境容量的高效用益。

事实上,将陆海统筹的污染控制思路纳入《海环法》体系过程中,有两种基本方式。一种是采用传统的总量控制体系,同时在其中突出环境质量目标管理。另一种是建立新的以质量目标管理为核心的环境治理体系。如果采用第一种方式,则应突出环境质量目标管理的牵引作用。如果采用新的管理模式,则应重塑以改善生态环境质量为核心的指标控制体系,将总量控制有机纳入以结构优化、污染治理、总量减排、达标排放、生态保护等改善环境质量的多元制度工具库中,形成工作合力和联动效应[1]。

(五)海洋生态保护补偿制度

《环保法》第31条规定,国家建立、健全生态保护补偿制度。第31条第2款和第3款指出,生态保护补偿资金应通过协商或者市场规则确定。《民法典》第1234条,第1235条也分别规定了侵权人造成生态环境损害应承担的修复责任和赔偿责任,明确了国家规定的机关或者法律规定的组织的索赔权。上述规定吸纳了《生态环境损害赔偿制度改革方案》的相关内容,是民法典"绿色化"、贯彻生态

---

[1] 陈吉宁.以改善环境质量为核心全力打好补齐环保短板攻坚战[EB/OL].(2016-1-15)[2020-7-11].http://www.gov.cn/guowuyuan/vom/2016-01/15/content_5033089.htm.

文明理念的具体成果之一。《海环法》在经历三次修订后,在海洋生态保护补偿及其法律地位认定上,已经实现了与《环保法》的衔接,在《海环法》第24条中对海洋生态保护补偿制度作出了原则性规定,即国家建立健全海洋生态保护补偿制度。这意味着我国海洋生态保护开启了由"事后污染处理"到"侧重预防保护"的新转变。遗憾的是《海环法》第24条对于海洋生态保护补偿的规定过于原则,实践中难以操作。

1. 制度理论依据及实践现状

生态保护补偿是生态补偿的衍生理论。生态补偿的终极目标是环境保护,多通过采用经济政策的方式加以实现,即生态补偿是为达到人与自然和谐并存,以生态保护为目标所采取的经济手段[1]。生态补偿的要求是平衡环境保护成本、经济发展预期收益、生态系统价值等各个方面,寻求高效而可持续的发展。但是实践中生态补偿制度落地的难点在于规则中的补偿主体、客体、标准等缺乏细化的规定,从而使其难以落地。海洋生态保护补偿是以保护海洋生态为核心,由海洋资源开发的获益者向利益受损者支付补偿资金,从而实现海洋生态保护可持续发展的一项制度创新。

现行《海环法》明确提出建立海洋生态保护补偿制度源于我国在海洋环境保护方面理念的转变。海洋生态保护补偿与传统的法律强制性措施不同,是采用经济手段来实现环境保护的一种创新性路径,可以有效平衡经济发展、社会发展与环境保护之间内在的紧张关系。我国海洋生态问题已经较为严峻,海洋环境风险不断增大,一味沿用事后救济的方式不仅无法实现海洋生态保护的目标,在很多情况下还可能导致海洋生态环境及其功能的永久性损伤。正是在这一背景下,海洋生态保护补偿制度应运而生。中央全面深化改革领导小组第二十二次会议要求健全生态保护补偿机制,强调促进保护者和受益者之间的良性互动,调动全社会保护生态环境的积极性。目前,虽然海洋生态保护理念有了可喜的转变,但现行《海环法》中的海洋生态保护补偿制度的具体实施细则却不够明晰。

2. 国外相关经验

在此方面,美国及加拿大的相关立法可以提供借鉴。美国海洋生态保护补偿制度的补偿标准严谨而明确,通过清晰的海洋环境损害评估标准,海洋生态保护

---

[1] 参见陈克亮,张继伟,陈凤桂.中国海洋生态补偿制度建设[M].北京:海洋出版社,2015:30.

补偿金额可以快速确定。当然,美国的海洋生态补偿制度得以发挥有效作用还有一个前提条件,即美国国家油污基金和墨西哥湾溢油响应基金等相关金融机制的设立。这些金融基础加上明确的补偿标准和损失评估计算,使得美国海洋生态补偿制度得以顺利实施。加拿大海上油污补偿机制等类海洋生态保护补偿制度也规定了明确的补偿主体,其船舶油污基金的资金来源主要是政府税收和来自污染者的征收款[1]。

3. 衔接建议

海洋生态保护补偿机制是采用经济手段调整海洋资源开发与利用当中的利益冲突,以法治方式推动海洋生态可持续发展的重要制度载体[2]。借此次《海环法》修订之时,建议健全现有海洋生态保护补偿制度,在第24条对海洋生态保护补偿制度作出原则性规定,确立补偿的原则并对制度的具体适用作出指引性的规定,明确海洋生态保护补偿的具体办法由国务院另行规定。通过下位立法或规范性文件对补偿主体、补偿客体、补偿标准、实施细则等涉及制度执行层面的机制加以细化,以全面提升海洋生态补偿保护制度的操作性,纠正因生态补偿不到位而出现的利益失衡格局。

(六)技术要求

《环保法》第4条规定,国家采取有利于节约和循环利用资源、保护和改善环境、促进人与自然和谐的经济、技术政策和措施,使经济社会发展与环境保护相协调;第7条规定,国家支持环境保护科学技术研究、开发和应用,鼓励环境保护产业发展,促进环境保护信息化建设,提高环境保护科学技术水平。

目前,海洋资源的开发利用和保护已进入全面依靠科技创新的新时期,海洋科技创新应该在建设海洋强国进程中发挥核心和支柱作用,引领和支撑经济富海、依法治海、生态管海、维权护海、能力强海,为海洋强国建设提供强大动力[3]。因此,应该以海洋强国战略为引领,以《"十三五"海洋领域科技创新专项规划》为基础,面向"十四五"规划的现实需求,实施海洋科技创新驱动发展,系统提升海洋

---

[1] 参见黄庆波,戴庆玲,李焱.中国海洋油气开发的生态补偿机制探讨[J].中国人口资源与环境,2013(12):81.

[2] See Shang Wenxiu, etc, Eco-compensation in China: Theory, practices and suggestions for the future, Journal of Environmental Management, Volume 210, 2018, pp.162-170.

[3] 参见自然资源部官网.王宏局长在全国海洋工作会议上的讲话(摘登)[EB/OL].(2018-01-22)[2020-7-11]. http://www.mnr.gov.cn/dt/hy/201801/t20180122_2333429.html.

科技自主创新能力,争取在深水、绿色、安全的高技术领域率先取得突破。要瞄准海洋领域的重大自然科学问题,加快实现重大科学问题的原创性突破,为认识海洋提供理论技术支撑;以技术创新为先导,提升海洋基础性、前瞻性、关键性技术研究与转化能力。加强海洋调查观测,提高海洋认知能力;加快核心关键技术的突破,推动"深海进入、深海探测、深海开发";加快技术创新和成果转化,加快高新技术成果产业化,促进海洋科技与海洋经济的紧密融合,引领海洋经济提质增效和空间拓展;加快科技成果集成创新,支撑海洋生态文明建设和海洋安全保障[1]。为此,《海环法》需要在《环保法》相关条文的基础上,将一般性的环保科技创新机制与海洋领域的重大特殊性需求相结合,建构适应新时期海洋发展战略需求的创新保障机制。

《海环法》第14条对海洋环境监测等作了原则性的规定。当前海洋环境监视监测,尤其是船舶污染监视监测,主要依靠近海设置监测网和船舶巡航的方式,设备和手段比较落后,难以及时发现广阔海域中的突发污染源和移动污染源。建议《海环法》应进一步充实海洋环境监测与预警条款,从而为开展海洋生态预警监测、灾害预防、风险评估和隐患排查治理,建设国家全球海洋立体观测网,组织开展海洋科学调查与勘测确立法律依据[2]。与此同时,建议本条增加国家支持卫星遥感、生态浮标、无人机、无人船等先进设备和技术手段运用的内容,以提高海洋环境监测预警能力。

二、《海洋环境保护法》与《水污染防治法》衔接分析

《水污染防治法》主要适用于我国的江河湖泊、运河、渠道、水库等不包括海洋的地表水体及地下水体的污染防治。而《海环法》适用于我国内水、领海、毗连区、专属经济区、大陆架在内的海域生态环境的保护。我国将入海河流水环境质量管理纳入流域水环境质量管理中,在《水污染防治法》中从水污染防治规划、排污口、总量控制、生态用水和协调机制等方面对河流管理提出了要求,但目前尚未针对

---

[1] 参见陈仕平,郭真.国际政治视域下中国建设海洋强国的路径选择[J].海军工程大学学报(综合版),2013,10(3):32-37;张良福.中国加快建设海洋强国的若干理念与原则[J].中国海洋大学学报(社会科学版),2019,3:5-8.

[2] 参见自然资源部官网.自然资源部海洋预警监测司的职能配置[EB/OL].(2018-9-11)[2020-07-11].http://www.mnr.gov.cn/jg/jgsz/nsjg/201809/t20180912_2188281.html.

入海河流制定专门的管理规范。联合国环境规划署的一份报告中显示,80%的海洋污染来自于陆源污染[1]。以我国深圳市为例,陆源污染占整个海洋污染总量的90%[2]。由此可见,在新时期有关构建陆海统筹的污染防治体系要求下,《水污染防治法》及其所确立的管理体制与制度架构对《海环法》有着重要的借鉴价值。具体来说,《海环法》与《水污染防治法》的制度交汇点及主要的衔接点包含以下几个方面：

(一) 水污染防治规划

《水污染防治法》第16条中对重要江河、湖泊的流域水污染防治规划作出了规定。第16条中对于国家确定的重要江河、湖泊的流域水污染防治规划,其他跨省、自治区、直辖市江河、湖泊的流域水污染防治规划,省、自治区、直辖市内跨县江河、湖泊的流域水污染防治规划的编制主体作了明确,并且规定县级以上地方人民政府依照流域水污染防治规划,组织制定本行政区域的水污染防治规划。该规定的核心理念在于明确了水污染防治按流域实施统一规划的原则,体现了流域综合治理的思路,解决了我国长期以来以行政区划为基础进行污染防治遗留的上下游水质保护与管理职责衔接不畅的问题。但《海环法》仅在第31条规定了国家根据海洋功能区划制定全国海洋环境保护规划和重点海域区域性海洋环境保护规划的一般性规定,并没有进一步明确入海河流水质量管理及其如何实现陆海统筹规划与治理的细化内容。《国务院关于印发水污染防治行动计划的通知》提出,要全面贯彻党的十八大和十八届二中全会、三中全会、四中全会精神,大力推进生态文明建设,贯彻水陆统筹、河海兼顾,推进水污染防治行动计划的落实。根据该《通知》,河北省和大连市分别出台了《河北省水污染防治工作方案》以及《大连市水污染防治工作方案》,两个方案中都对水污染防治工作做出了细化规定,注重形成"依法治水,系统治水,科学治水,全民治水"的新局面。因此,《海环法》需要进一步细化全国海洋环境保护规划和重点海域区域性海洋环境保护规划的实施机制。

1. 制度理论依据及国外相关经验

水污染防治规划的核心是保障水质量,目的是预防水污染问题,通过综合多

---

[1] 参见周波,温建平,张岩岩等.渤海污染现状与治理对策研究[J].中国环境管理干部学院学报,2006,16(4):70-73.

[2] 参见秦正茂,樊行,周丽亚.陆海统筹语境下的城市海洋环境治理机制探索——以深圳为例[J],特区经济,2018,7(4):56-58.

方因素,合理规划排污活动的安排[1]。水污染防治的科学依据是水环境容量理论。水环境容量与水体特征、污染物种类及水质目标有关,它是在一定环境目标下所能容纳的最大排污量[2]。目前,我国流域水污染防治规划以水环境容量理论为参照,结合流域经济社会发展的实际情况和生态环境质量管理的目标,进行排污量的分配并组织开展水污染防治工作。

法国的水污染防治明确以流域管理为基础,该国设立了6个流域管理局,负责制定水资源开发和水污染治理规划[3]。欧盟《水框架指令》中要求各个成员国制定流域综合治理计划,以达到各自水资源及环境保护的目标。日本也对濑户内海和东京湾等流域制订了水质保护计划[4]。由国外的实践我们可以看到,以水环境容量理论为基础,以水质的全面提升为目标,国外对水污染防治采用的是以流域为单位的综合治理策略。

目前我国的流域水污染防治规划以总量控制为主要手段,进行重点流域水污染防治规划的制定。尽管我国目前的水污染防治规划在技术体系、规划细则方面存在缺陷,但不可否认,水污染防治规划的制订对于控制河流污染物排放,改善水质方面有着有效作用。

2. 衔接建议

由以上分析可知,现行《海环法》应当与《水污染防治法》在水污染防治规划与实施机制层面相衔接,以流域综合治理为原则,按照流域制定入海河流水污染防治规划。这里应当注意的是,该入海河流水污染防治规划应当与重点海域总量控制制度或者海洋生态环境质量目标体系相匹配,确立陆海统筹的一体化水污染防治规划或者陆海兼顾的对接性水污染防治规划。

(二) 生态流量

《水污染防治法》第 27 条规定,国务院有关部门和县级以上地方人民政府开发、利用和调节、调度水资源时,应当统筹兼顾,维持江河的合理流量和湖泊、水库以及地下水体的合理水位,保障基本生态用水,维护水体的生态功能。《海环法》

---

[1] 参见雷丹妮,李嘉.水污染防治规划理论方法综述[J].四川环境,2006(3):109-112.
[2] 参见徐贵泉,褚君达,吴祖扬等.感潮河网水环境容量数值计算[J].环境科学学报,2000,20(3):263-268.
[3] 参见张联,陈明,曾万华.法国水资源环境管理体制[J].世界环境,2000(3):23-24.
[4] 参见高娟,李贵宝,华珞等.日本水环境标准及其对我国的启示[J].中国水利,2005(11):41-43.

中并无关于维持合理流量的规定。

1. 制度理论依据及实践现状

生态流量的概念于20世纪40年代出现,由美国渔业与野生生物保护组织提出,指防止河流生态系统退化的最小流量[1]。生态流量出现在我国法律制度体系中的时间较晚,从2006年开始,我国相继出台了3个规范性文件[2],对该理念有所提及。2015年《水污染防治行动计划》中正式提出科学确定生态流量,并在黄河与淮河等流域进行试点工作[3]。生态流量是帮助海域进行水质改善的重要因素,贯彻落实生态流量能够维持近岸海域水质处于良好状态。《水污染防治法》对江河湖泊及水库水质的管理制度中确立了对于生态流量的要求。《海环法》的修订也应在坚持科学依据的基础上,考虑确立维持入海河流合理流量的要求,以维护海洋生态系统与功能的完整性和可持续性。

同时也应该看到,《水污染防治法》明确的生态流量在制度层面也有创设不同位阶水权效力层级的作用。该规定在地表径流无法同时满足不同目的用水需求的条件下,具有确立水权优先权的实践效果。此点对于《海环法》和《民法典》物权编相关制度的适用都具有重要的启示价值。海洋用海与陆地用水一样都需要考虑水权设定及其发生冲突条件下的解决机制,而生态流量的确立对于保障生态水权的效力优位具有重要意义。

2. 衔接建议

现行《海环法》中没有关于生态流量的规定,建议在《海环法》中以流域陆海统筹为基础,明确各重点海域入海河流的生态流量。入海河流生态流量可以结合近岸水利工程的作用,充分发挥蓄水和防洪功能。同时也有利于明晰生态水权的效力位阶,保障海洋生态功能的可持续性。

(三) 入海排污口管理

《水污染防治法》在第19条、第22条、第32条、第64条、第75条、第82条和第84条中对入河排污口管理做出了要求,规定新建、改建、扩建排污口需经过行

---

[1] 参见王西琴,刘昌明,等.生态及环境需水量研究进展与前瞻[J].水科学进展,2002(4):507-514.

[2] 分别是2006年原国家环保总局颁发的《水电水利建设项目河道生态用水、低温水和过鱼设施环境影响评价技术指南(试行)》、2012年颁布的《国务院关于实行最严格水资源管理制度的意见》,以及2014年原环保部发布的《关于深化落实水电开发生态环境保护措施的通知》。

[3] 参见落志筠.生态流量的法律确认及其法律保障思路[J].中国人口资源与环境,2018(11):102-111.

政审批许可;应在规定位置设置入河排污口;应进行入河排污口风险管理及周边环境的监测工作等。值得注意的是,入河排污口的设置需要审批,但《海环法》在2017年修订时取消了入海排污口的审批许可,改为备案制。

1. 审批制和备案制的比较分析

审批制与备案制都是行政管理的重要方式,是影响具体行政行为生效的实质性要件。两者相比较而言,审批制语境下的行政机关是行为是否被批准的决策者,由政府对其排污口设置位置合理性进行考察后依据裁量标准作出是否准许设置排污口的决定。备案制则通常仅进行合规性审查,通常对于满足形式审查要件的申请即作出合规的判断,予以备案。2017年《海环法》修订取消审批制的背景是我国行政审批改革的结果。行政审批改革背景下,为实现"放管服"的效果,客观上要求较大限度地减少行政审批,提升服务能力,其结果必然导致行政许可设置数量的减少。备案制可以促进政府部门职能转变,提高办事效率,简化审核要求,缩短审查时限,能够使政府部门"抓大事,谋大局"[1]。但备案制也对强化事中与事后监管提出了更高的要求。

2. 制度实践现状

尽管当前备案制符合我国取消行政审批的大环境要求,但全国人大常委会执法检查组在检查《海环法》实施情况时则明确指出,在入海排污口备案管理办法尚未出台、备案程序模糊、还面临事后监管措施不完善等问题的情况下,入海排污口的管理目标并未落实。执法检查组同时指出,入海排污口设置不规范、监管不力等问题较为严重,非法设置、不合理设置排污口问题突出。综合以上实践中存在的问题,入海排污口改为备案制的前提是配套的事中事后监管措施完备而执行到位。而目前我国入海排污口设置的实际情况表明,现阶段将审批制改为备案制似条件尚不成熟。尽管这一改革削减了行政成本,但在配套措施尚未到位的情况下,效果恐怕并不理想。

3. 衔接建议

建议《海环法》根据目前我国入海排污口所面临的实际情况,继续保留入海排污口设置的审批制,而不要刻意追求形式意义上行政审批事项的减少。一方面,《水污染防治法》中对入河排污口设置明确要求应进行行政审批,这种设置不是随

---

[1] 参见刘吉,吴玉雄.登记备案制:广东路径与启示[J].中国投资,2005(3):70-73.

意的,是结合我国多年来排污口设置的实践所做出的理性选择。若《海环法》将审批制改为备案制,那么入海排污口与入河排污口则面临法律规制规则不一致的问题,却无法给出合理的解释,有违比例原则的要求。另一方面,实践中显示出的入海排污口设置面临的挑战表明,所谓的备案制改革在短时期之内无法确保海洋生态环境保护目标的实现,在备案制的效果无法在制度层面与实践层面得到确认之前,建议《海环法》不做此种重大调整。

(四) 联合防治协调机制

《水污染防治法》第 28 条规定,国务院环境保护主管部门应当会同国务院水行政等部门和有关省、自治区、直辖市人民政府,建立重要江河、湖泊的流域水环境保护联合协调机制,实行统一规划、统一标准、统一监测、统一的防治措施。现行《海环法》中没有关于跨区域、跨部门海洋环境保护工作的责任主体,也没有关于跨区域海洋生态环境保护合作机制的建设方案,在跨区域海洋生态环境保护组织建设方面存在空白。当前,我国海洋生态环境整体形势依然十分严峻,特别是部分重点海湾受陆源污染排放、湾内开发利用等因素影响,生态环境问题突出,治理修复难度较大。近年来,中央全面深化改革领导小组先后审议通过《党政领导干部生态环境损害责任追究办法》《关于全面推行河长制的意见》等重要文件,将压紧压实党政领导干部的生态环境和资源保护职责作为生态文明制度建设的重要发力方向。为此,2017 年年初,原国家海洋局为维护海洋生态环境,加强联合防治协调机制,印发了《关于开展"湾长制"试点工作的指导意见》,确定了"湾长制"试点的基本原则、职责任务和保障措施[1]。此后,在自主自愿、协商一致的前提下,在河北省秦皇岛市、山东省胶州湾、江苏省连云港市、海南省海口市和浙江全省均开展了"湾长制"试点工作。当然,"湾长制"的实践试点时间还不长,其中仍存在进一步优化与完善的空间。与此同时,我国在地方环境保护行政管理体制方面,也在进行以垂直管理为特征的改革,要求强化地方各级党委和政府生态环境保护的主体责任,完善党政领导干部生态环境保护目标责任考核制度,把生态环境质量状况和环境质量改善情况作为党政领导班子考核评价的重要内容。这一改革客观上为实践"湾长制"创造了条件。另一方面,环保垂改要求强化跨区

---

[1] 中国政府网.国家海洋局印发《关于开展"湾长制"试点工作的指导意见》[EB/OL].(2017-09-14)[2020-07-12].http://www.gov.cn/xinwen/2017-09/14/content_5224996.htm.

域、跨流域环境管理,推动联合监测、联合执法、交叉执法。推动建立健全生态环境保护联动协作机制,强化生态环境行政执法与刑事司法的衔接协作,加大环境违法犯罪打击力度。实施环境监测执法信息共享,实现湾区生态环境部门与市县两级政府及其生态环境部门互联互通、实时共享、成果共用。这些需求恰是"湾长制"设计本身的管理目标,所以湾长制的实施也充分体现了环保垂改的客观要求。

1. "湾长制"实践中存在的问题

如前所述,"湾长制"由"河长制"发展而来。它能够在一定程度上有效解决"九龙治海"等海洋环境行政管理职责交叉与重叠并存的问题,但在实践中,"湾长制"并未臻于完善,难以仅凭该制度解决海湾环境管理中的所有挑战。首先,"湾长制"的制度依据是前述的《关于开展"湾长制"试点工作的指导意见》,该文件位阶层次较低,无法赋予"湾长制"充分的法律地位;其次,该指导意见更多的还是授权性与建议性条款,对于解决湾区内执法不统一、执法效率低等问题作用不彰;最后,"湾长制"的设定需要考量各个党政部门之间的协调机制与制度配套实施机制,例如在陆海统筹的背景下,"湾长制"与"河长制"的衔接机制,海湾管理的特殊性与地区差异性的协调,湾区海洋生态环境监测数据的采集、整理、分享与责任认定机制等。

2. 衔接建议

《水污染防治法》对联合防治协调机制作出了要求,但是这种协调机制并未考虑陆海统筹条件下的特殊适用问题。而对于《海环法》而言,则必须将制度设计放置在陆海统筹的背景之下来考虑。因此,建议在《海环法》第二章海洋环境监督管理第9条第1款中加入确立"湾长制"的内容,要求以该制度为基础,分级分区组织、协调本行政区内的海洋环境治理工作,并将其作为跨区域海洋生态保护工作的组织基础。

(五)排污许可证制度

《水污染防治法》第21条规定,直接或者间接向水体排放工业废水和医疗污水以及其他按照规定应当取得排污许可证方可排放的废水、污水的企业事业单位和其他生产经营者,应当取得排污许可证;城镇污水集中处理设施的运营单位,也应当取得排污许可证。排污许可证应当明确排放水污染物的种类、浓度、总量和排放去向等要求。如前所述,《海环法》除了第55条中对于倾倒废弃物的单位需取得许可证作出了规定,并无其他相关规定。

目前，我国海上排污许可制度还未建立，这与新时期在"陆海统筹"条件下全面提升海洋生态环境质量的目标需求之间存在较大差距。对此，《海环法》应在对陆海统筹实现机制进行顶层设计的基础上，进一步探寻许可证制度对于实现陆海统筹目标的制度价值并与《水污染防治法》相关条款进行有机衔接。在制度设计上，可借鉴《水污染防治法》中有关陆上排污许可制度体系和前述国外海上排污许可制度的表达方式，建立海上排污许可制度，在海洋生态环境质量目标的牵引下，将产生海洋污染的海洋工程单位纳入排污许可制度体系，并明确排放种类、浓度、条件等具体要求。

（六）污染物排放管理

在当前"陆海统筹""以海定陆"的管理目标要求下，入海河流治理是防治海洋污染的关键。我国入海污染物排放管理是按照江河淡水污染物排放标准来执行的。自"水十条"实施开始，我国一直大力控制入海河流污染物排放。但入海河流整治并未当然导致近岸海域水质得到改善。通过梳理影响海洋生态环境的关键指标，我们不难发现，我国的陆上排污管理与标准侧重点与海洋排污管理与标准侧重点存在割裂的现象。陆上生活污水处理厂、工业企业排放标准决定了入海河流污染物的标准设定与考核，该标准更关注对于陆地地表径流水质影响明显的化学需氧量、氨氮等指标，但影响海洋污染的主要指标则是无机氮。所以实现陆海统筹、以海定陆的关键在于理顺污染物排放管理的指标体系与标准体系[1]。

日本于1979年后开始采用污染物排放总量控制系统，囿于当时的科学技术水平，起初排污总量控制的目标仅局限于COD。随着对氮磷对水质影响的深入研究以及污水处理技术的发展，2001年第五阶段的污染物排放总量控制系统中添加了氮磷。

由此可见，当前的入海污染物排放管理无法满足新时期海洋生态保护需要，生活污水处理厂、工业企业排放标准对无机氮指标的漠视势必会使得入海河流治理效果大打折扣。因此，在"以海定陆"的要求下，建议将影响海洋污染的重要指标如无机氮纳入到《水污染防治法》中有关陆源污染物排污许可制度的规制之中，通过有效降低入海陆源污染负荷的制度设计，确保两法在标准等管理工具上的

---

[1] 参见章轲.中国工程院院士王金南：建议抓紧制定和实施"海十条"[EB/OL].(2019-03-12)[2020-07-12].https://www.yicai.com/news/100136639.html.

衔接。

（七）法律责任

1. 责任程度

（1）违法设置排污口

《水污染防治法》第84条规定，在饮用水水源保护区内设置排污口的，由县级以上地方人民政府责令限期拆除，处十万元以上五十万元以下的罚款；逾期不拆除的，强制拆除，所需费用由违法者承担，处五十万元以上一百万元以下的罚款，并可以责令停产整治。《海环法》第77条规定，违反本法第30条第1款、第3款规定设置入海排污口的，由县级以上地方人民政府环境保护行政主管部门责令其关闭，并处二万元以上十万元以下的罚款。

由此可见，《水污染防治法》中对饮用水水源保护区内违法设置排污口的处罚力度明显大于现行《海环法》。《海环法》的规定显然已经难以对违法行为产生足够的威慑力。实践中违法设置排污口、不合理设置排污口的现象较为普遍，在相当程度上与相应的法律责任过轻，违法成本显著低于守法成本有关。因此，亟须加大入海排污口违法设置及超标排放的处罚力度，以提高《海环法》的威慑力。

（2）违反石油勘探开发规定

《水污染防治法》第85条规定，向水体排放油类的，由县级以上地方人民政府环境保护主管部门责令停止违法行为，限期采取治理措施，消除污染，处以罚款；逾期不采取治理措施的，环境保护主管部门可以指定有治理能力的单位代为治理，所需费用由违法者承担；并处十万元以上一百万元以下的罚款；情节严重的，报经有批准权的人民政府批准，责令停业、关闭。《海环法》第84条规定，违反本法规定进行海洋石油勘探开发活动，造成海洋环境污染的，由国家海洋行政主管部门予以警告，并处二万元以上二十万元以下的罚款。此处两法在处罚标准上的差异同样彰显了《海环法》对于违法行为成本控制方面的滞后。因此，建议参考《水污染防治法》的罚则，至少将违法进行海洋石油勘探开发活动造成海洋环境污染行为的罚金范围提高至十万元以上一百万元以下。

2. 责任形式

（1）违法设置排污口

《水污染防治法》规定了违法设置不同类型排污口的处罚规则，在构建相关规则时，区分了在饮用水水源保护区、风景名胜区水体、重要渔业水体和其他具有特殊经济文化价值的水体的保护区、其他违反法律、行政法规和国务院环境保护主管部门的规定设置排污口的罚则。这种类型化的责任归责机制与处罚机制与实践中的违法样态紧密对应，有利于有针对性地遏制相应的违法行为，强化了制度的可操作性。

因此，建议在《海环法》中应当建立更有针对性的罚则体系，明确入海排污口违法设置不同情形下的处罚规则。如针对市政排污口、工业排污口等不同类型的排污口，采用不同的罚则；针对在自然保护区、生态红线区违法设置或超标排放等不同性质的违法行为确立不同程度的处罚标准。

（2）未编制应急计划

《水污染防治法》第93条规定，不按照规定制定水污染事故的应急方案的，由县级以上人民政府环境保护主管部门责令改正；情节严重的，处二万元以上十万元以下罚款。《海环法》第87条规定，违反本法规定，船舶、石油平台和装卸油类的港口、码头、装卸站不编制溢油应急计划的，由依照本法规定行使海洋环境监督管理权的部门予以警告，或者责令限期改正。

由此可见，现行《海环法》对于船舶、石油平台等违反规定不编制溢油应急计划的违法行为仅规定警告、责任限期改正两种形式的行政处罚。建议针对违法行为的特点，借鉴《水污染防治法》的责任形式体系，纳入罚金等责任形式，以提升法律的威慑力。

三、《海洋环境保护法》与《固体废物污染环境防治法》衔接分析

海洋垃圾是造成海洋生态环境污染的主要固体废物，包括陆源和海源两大类。其中造成海洋污染的陆源污染物包括来自沿海地区生产生活垃圾等固体废物、沿岸河流排入的污染物等。针对固体废物污染的防治，各地主要依照《固体废物污染环境防治法》（以下简称《固废法》）等法律法规的要求加以规制，就现有的执法环境来看，并无根据海洋环境保护的特殊性对海洋垃圾防治作出特殊规定。

《固废法》是根据三化管理、全过程管理、分类管理等原则确立固体废物污染防治的一般规定性法律规范，鉴于海洋环境污染所具有的特殊性，《固废法》第2条有关适用范围的条款规定固体废物污染海洋环境的防治和放射性固体废物污染环境的防治不适用本法。亦即通过适用范围的界定，对《固废法》与《海环法》各自的适用领域进行了界定。但除此之外，无论是《海环法》还是《固废法》，对于两

法在固体废物污染海洋环境防治制度层面的具体界分与衔接适用,均缺乏进一步的规定。因此,《海环法》需要在本次修订中,根据陆海统筹、以海定陆的原则对上述制度进行系统设计。

针对此前《海环法》执法检查中发现的问题以及对地方性法规实践效果的总结,《海环法》修订过程中针对固体废物海洋污染问题应当着重注意以下几个方面:第一,海域或者海岸线的使用者产生固体废物的管制及其与《固废法》的衔接,主要包括海上养殖生产与生活垃圾的源头管控,对可能造成海洋环境污染的固体废物尤其是生活垃圾的管控;第二,强化政府在防止固体废物污染海洋环境方面的主体责任,明确监管部门的职责并设立海上环卫制度;第三,在立法技术上化解部分条款的冲突,如因行政机构改革造成的主体不同,过境转移危险废物责任的统一,免责条款适用等,分述如下:

在《海环法》修订背景下,良好的固废管理首先需要积极寻求陆海统筹制度设计的理论关联点。陆源污染物管理与近岸固体废物污染环境防治制度不能割裂为两个互无交集的体系,之后两者紧密衔接,才能是《固废法》《海环法》各自实现预期的立法目的。在现有立法框架下,两部法律法规中的制度关联点与冲突点主要包括:规划编制统筹中是否考虑了海洋环境保护;固体废物统一监督管理部门存在冲突;环境质量标准制定主体的变更;固废污染环境监测制度与海洋环境监测在涉海层面的衔接;固废生产工艺和设备标准的统一;岸滩固体废物(海滩废物)管控制度的统筹;固体废物污染海洋环境防治责任主体与职责义务的设定;固废过境转移的责任设定;免责条款适用等。

在上述制度关联点中,以下制度运行效果良好,在本次修法的制度衔接中可以不做调整。

(1)规划编制中对固体废物污染环境防治的统筹设计。《固废法》第13条明确规定县级以上人民政府将固废防治工作纳入国民经济和社会发展计划;国务院有关部门、县级以上地方人民政府及其有关部门组织编制各类规划应当统筹考虑固废污染。《海环法》也在第8条第1款规定国家根据海洋功能区划制定全国海洋环境保护规划和重点海域区域性海洋环境保护规划。根据以往实践,海洋环境保护规划内容中包含有固体废物污染海洋环境的防治内容。这说明以陆海统筹为目标的固废防治在规划层面具有制度基础,这里需要注重的是规划编制思路的调整,而非制度本身的设计,所以《海环法》修订中无需对该制度进行调整。

(2) 单位与个人普遍环保义务。《固废法》第 2 章监督管理中的多个条文规定了单位和个人所应承担的防止固体废弃物污染环境的义务,其中第 31 条规定任何单位和个人有权对造成固体废物污染环境的单位和个人进行检举和控告。而《海环法》第 4 条规定单位和个人同样有权对污染损害海洋环境的单位和个人,以及海洋环境监督管理人员的违法失职行为进行监督和检举。公民环境监督权已经较为完整地体现在了两部环境保护法律中,因其内容各有侧重,所以无需再进行调整。

(3) 建设产生、贮存、利用、处置固废项目的环境影响评价。《固废法》第 17 条规定,建设产生固废的项目以及建设贮存、利用、处置固废的项目,必须依法进行环境影响评价,同时在第 18 条规定了"三同时"制度。《海环法》的现行条文也有同样的要求,第 28 条规定了新建、改建、扩建海水养殖场,应当进行环境影响评价;第 43 条、第 47 条分别规定了海岸工程建设项目与海洋工程建设项目的环境影响评价制度;第 44 条与第 48 条则分别针对前两类项目的环境保护设施规定了"三同时"制度。需要注意的是沿海产生固体废物相关项目在进行环评时不能忽视对海洋环境的污染,这就要求对涉海环境影响评价的标准建设要充分兼顾陆海指标的兼容性,以实现以海定陆、有机统一的目标。对于此类具体的标准建设,需要由下位的条例加以规定,《海环法》的条文则无需拓展。

(4) 监督管理部门的现场检查。《固废法》第 26 条规定生态环境主管部门及其环境执法机构和其他负有固体废物污染环境防治监督管理职责的部门,在各自职责范围内有权对从事产生、收集、贮存、运输、利用、处置固体废物等活动的单位和其他生产经营者进行现场检查。被检查的单位应当如实反映情况,提供必要的资料。检查机关应当为其保守技术秘密和业务秘密。检查机关进行现场检查时,可以采取现场监测、采集样品、查阅或者复制与固体废物污染环境防治相关的资料等措施。检查人员进行现场检查,应当出示证件。《海环法》第 19 条第 2 款及第 3 款亦规定行使海洋环境监督管理权的部门有权对管辖范围内排放污染物的单位和个人进行现场检查。被检查者应当如实反映情况,提供必要的资料。检查机关应当为被检查者保守技术秘密和业务秘密。第 19 条第 1 款则根据海上执法的特殊性规定了多部门海上联合执法的程序。与《海环法》相比,《固废法》对现场检查制度的规定更为细致,如详列了多项检查措施及检查出示证件的程序,值得《海环法》加以借鉴。

（5）意外事故防范与应急预案。《固废法》第 85 条规定产生、收集、贮存、运输、利用、处置危险废物的单位，应当依法制定意外事故的防范措施和应急预案，并向所在地生态环境主管部门和其他负有固体废物污染环境防治监督管理职责的部门备案；生态环境主管部门和其他负有固体废物污染环境防治监督管理职责的部门应当进行检查；第 86 条规定了因发生事故或者其他突发性事件，造成危险废物严重污染环境的单位，应当立即采取有效措施消除或者减轻对环境的污染危害，及时通报可能受到污染危害的单位和居民，并向所在地生态环境主管部门和有关部门报告，接受调查处理；第 64 条规定了在发生或者有证据证明可能发生危险废物严重污染环境、威胁居民生命财产安全时，生态环境主管部门或者其他负有固体废物污染环境防治监督管理职责的部门的报告义务及有关人民政府的职责和所应采取的防止或者减轻危害的措施。《海环法》第 17 条规定发生事故或者其他突发性事件，造成或者可能造成海洋环境污染事故时，责任单位和个人应当采取的措施，以及沿海县级以上地方人民政府在本行政区域近岸海域的环境受到严重污染时应当采取的措施；第 18 条及第 54 条规定了环境污染事故应急备案制度及备案的主管机关。《海环法》并未规定发生或者有证据证明可能发生危险废物严重污染环境、威胁居民生命财产安全时，政府应当采取的措施，也未要求环境保护行政主管部门对已经备案的应急预案进行检查，这在程序上明显较《固废法》简略。考虑到两法在调整固体废弃物污染环境防止领域所具有的一般法与特别法的关系，对于《海环法》缺少规定的事项，可以直接适用《固废法》的相关规定，因此从详略得当的角度出发，《海环法》可以暂不对上述内容加以细化。

（6）固废加工回收工艺、技术、设备创新与淘汰的规定。《固废法》以第 7 章专章的形式对于促进固体废弃物实现三化管理的技术、政策保障措施进行了系统规定，涉及国土空间规划、土地利用政策、产学研联合攻关、事权与财政支持匹配、税收与保险支持、政府采购导向等多个领域，全面确立了我国固体废弃物综合管理的制度支持体制与机制。如第 92 条规定了国务院有关部门、县级以上地方人民政府及其有关部门在编制国土空间规划和相关专项规划时，应当统筹生活垃圾、建筑垃圾、危险废物等固体废物转运、集中处置等设施建设需求，保障转运、集中处置等设施用地，这为突破此前固废集中处理设施建设中的环境邻避制约创造了条件；再如第 95 条将各级人民政府应当加强固体废物污染环境防治资金投入的事项作了清晰的列举，即固体废物污染环境防治的科学研究、技术开发；生活垃圾分类；固体废物集中处置设施建设；重大传染病疫情等突发事件产生的医疗废物等危险废物应急处置；涉及固体废物污染环境防治的其他事项，有利于在明确资金用途的前提下，确保资金使用效益。

与《固废法》的系统规定相比，《海环法》的规定就显得原则得多。该法第13条规定国家加强防治海洋环境污染损害的科学技术的研究和开发，对严重污染海洋环境的落后生产工艺和落后设备，实行淘汰制度。从实践层面来看，两法的规定在实施的过程中均需要依托于发改委发布的《产业结构调整指导目录》。该目录将工艺技术或设备区分为明确鼓励类、限制类、淘汰类三种。鼓励类是指对经济社会发展有重要促进作用，有利于满足人民生活需要并推动高质量发展的技术、装备、产品等；限制类则指工艺技术落后，不符合行业准入条件和有关规定，禁止新建扩建和需要督促改造的生产能力、工艺技术、装备及产品；而淘汰类则指不符合有关法律法规规定，不具备安全生产条件，严重浪费资源、污染环境，不允许继续采用的工艺技术、装备及产品。[1] 推广先进生产工艺和设备与淘汰落后生产工艺、落后设备是固体废物污染防治的基础性措施，且此一制度并不因海洋环境保护领域所具有的特殊性而改变，因此作为特别法出现的《海环法》并无必要就该部分的内容作另行规定。但为了体现海洋科技创新对于促进海洋生态环境保护所具有的重要意义，建议《海环法》第13条的主旨应予保留，在表述上进一步突出涉海先进工艺、设备与技术应纳入相关名录建设的必要性与重要性。

除上述无须做较大调整的一般性制度之外，建议《海环法》修订过程中，需要在下列制度的建构上处理好与《固废法》的衔接关系。

（1）2018年国务院机构改革后，我国海洋生态环境保护的管理体制进行了较大调整，《海环法》不同条文的执法主体发生了不同程度的变化，因此在涉固体废弃物管理体制方面，相关条文需要根据机构改革方案后的职能配置进行匹配性调整。如固废污染防治技术标准、海洋倾倒废弃物的标准制定主体等。

（2）陆源、沿海及海上垃圾污染防治监管机构及责任的明确。陆源垃圾尤其是农村生活垃圾、海源垃圾的监管机构在目前《海环法》中缺少具体的规定；沿海及海漂垃圾的监管主体和责任主体同样需要进一步明确；此外，对于违反《海环

---

[1]《产业结构调整指导目录（2019年本）》，中华人民共和国国家发展和改革委员会令第29号，2019年10月30日发布。

法》第 38 条、《固废法》第 20 条的法律责任,现行立法存在空白;对于海上养殖生产与生活废弃物的防污责任等也有待进一步明确。

(3) 海漂垃圾的清理及代执行、与环境监测相结合的海上环卫制度。这两项制度都是陆海统筹背景下,海洋固体废弃物处置方面的重要制度载体,遗憾的是《固废法》及《海环法》均未对此类问题做出回应。实践中,我国不少地方已经取得了成功经验,应适时纳入立法之中。

(4) 过境转移危险废物责任的衔接统一。对于危险废物跨境转移问题,《固废法》与《海环法》均有禁限性条款和责任条款,但两者的规定存在重叠,对于近年来我国在危险废物管理方面的实践,又缺少提炼,需要进一步厘清。

(5) 免责条款的适用。《海环法》规定第三人原因、不可抗拒的自然灾害、战争等免责条款,这是《海环法》依据海洋环境保护的特殊需要做出的特殊安排。由于《固废法》中并无相关上位规范,因此《海环法》有必要对这些规定做进一步细化,以夯实制度执行的立法基础和裁量逻辑。

(一) 监督管理主体、环境质量标准制定主体的表述变更

1. 制度概述

《固废法》第 9 条规定,国务院生态环境主管部门对全国固体废物污染环境防治工作实施统一监督管理。国务院发展改革、工业和信息化、自然资源、住房城乡建设、交通运输、农业农村、商务、卫生健康、海关等主管部门在各自职责范围内负责固体废物污染环境防治的监督管理工作。地方人民政府生态环境主管部门对本行政区域固体废物污染环境防治工作实施统一监督管理。地方人民政府发展改革、工业和信息化、自然资源、住房城乡建设、交通运输、农业农村、商务、卫生健康等主管部门在各自职责范围内负责固体废物污染环境防治的监督管理工作。《固废法》的修订是在新一轮中央国家机关机构改革完成后进行的,因此其相关条文的表述已经实现了与新版政府机构及其职能的统一。《海环法》针对不同污染源也分别规定了各自的管理部门,其第 5 条规定国务院环境保护行政主管部门作为对全国环境保护工作统一监督管理的部门,对全国海洋环境保护工作实施指导、协调和监督,并负责全国防治陆源污染物和海岸工程建设项目对海洋污染损害的环境保护工作。国家海洋行政主管部门负责海洋环境的监督管理,组织海洋环境的调查、监测、监视、评价和科学研究,负责全国防治海洋工程建设项目和海洋倾倒废弃物对海洋污染损害的环境保护工作。《海环法》目前条文的表述仍是与中央国家机关改革前的部门职责对应的,如其规定海洋固废污染防治的监管主体是国家海洋行政主管部门,这是目前《海环法》修订中需要统一调整的一类问题。

另外,《固废法》第 14 条规定国务院生态环境主管部门应当会同国务院有关部门根据国家环境质量标准和国家经济、技术条件,制定固体废物鉴别标准、鉴别程序和国家固体废物污染环境防治技术标准。这与《海环法》第 10 条有关"国家根据海洋环境质量状况和国家经济、技术条件,制定国家海洋环境质量标准"及第 56 条有关由"国家海洋行政主管部门根据废弃物的毒性、有毒物质含量和对海洋环境影响程度,制定海洋倾倒废弃物评价程序和标准"的规定均存在职责与表述上的差异,需要考量两者监管主体的衔接问题。

2. 衔接建议

鉴于监管主体与监管职责是立法的基础性问题,因此《固废法》与《海环法》均应根据中央国家机关机构改革方案的内容,调整监管主体的范围并明确其在各自立法项下具体职责。由于《固废法》第 2 条已经排除了固体废物污染海洋环境适用《固废法》予以调整的可能,所以有关涉海类固废污染防治技术标准的制定有必要在《海环法》中加以具体申明。

建议在《海环法》修订时调整第 5 条、第 56 条的表述。目前我国海洋生态环境保护的职责已经由自然资源部(国家海洋局)整体转隶至生态环境部(海洋生态环境司),因此在管理体制方面,此前的交叉与重叠不再存在。这有利于进一步强化海洋生态环境保护的统筹规划与行政执法力度。上述两个条文应将本条所规制的职能明确赋予国务院生态环境主管部门。参照《固废法》第 14 条的职责设置,《海环法》应明确将涉海固废污染防治技术标准、国家海洋质量标准、海洋倾倒废弃物标准的牵头制定主体赋予国务院生态环境主管部门,由其会同国务院有关部门制定涉海的各类环境标准,从而为实现陆海统筹、以海定陆提供重要的裁量基准与行为尺度。

(二) 海洋垃圾监管制度

1. 制度概述

关于垃圾监管主体《固废法》有较为详细的规定。其第 48 条明确县级以上地方人民政府环境卫生等主管部门应当组织对城乡生活垃圾进行清扫、收集、运输和处理,可以通过招标等方式选择具备条件的单位从事生活垃圾的清扫、收集、运输和处理。为配合垃圾分类管理的实施及给农村地区固废防治提供充分的立法授权,该法第59条还明确省、自治区、直辖市和设区的市、自治州可以结合实际,制定本地方生活垃圾具体管理办法。就我国固体废弃物防治的实践来看,多数地方性法规对于农村固废防治问题还存在制定缺位,导致农村生活垃圾管制存在较大立法空白,因此现有立法需要进一步加强农村生活垃圾的管制。海岸线地区的固废管理制度补位是否及时将直接影响海洋固废防治的效果。此外,沿海地区清扫、收集、运输、处置生活垃圾,也应当遵守国家有关环境保护和环境卫生管理的规定,依照以海定陆原则,实现与固废法中生活垃圾处置的主体与标准的有机统一。

现行《固废法》中详尽规定了固体废物生产、收集、运输、处置制度,但其管控措施的设计并未重点考量海洋环境保护对陆源固体废物管控的制度需求。《海环法》第38条规定,在岸滩弃置、堆放和处理尾矿、矿渣、煤灰渣、垃圾和其他固体废物的,依照《固废法》的有关规定执行。《固废法》中可兹参照的条文是第20条第2款,即禁止任何单位或者个人向江河、湖泊、运河、渠道、水库及其最高水位线以下的滩地和岸坡以及法律法规规定的其他地点倾倒、堆放、贮存固体废物。该条所涉及的内容与海洋固废防治还是有一定的差距,因此《海环法》第38条的指引适用效果并不理想。

关于海上养殖生产、生活废弃物等垃圾的污染防治,《固废法》中并无涉及,《海环法》仅在第69条第1款规定了港口、码头、装卸站和船舶修造厂必须备有足够的用于处理船舶污染物、废弃物的接收设施,该条款的缺陷在于仅针对特定范围的污染防治规定的特定主体的义务与处理步骤,并未形成对此类情势普遍使用的制度规则,没能建立起涉海场所固体废物的制度规范体系。

2. 制度实践现状

中央国家机关机构改革后,海洋生态环境保护以生态环境保护部门为主导,从而在体制机制层面有效缓解了此前存在的"九龙治海"的局面。但转隶后,目前职能部门的整体监管能力仍然较弱,而海洋生态环境监管工作又具有负荷重、难度大、专业性强等特点,因此实践中还存在以罚代管等问题需要进一步完善。

以宁波市为例,造成海洋污染的固体废物来源主要有两类:一是渔业生产弃置物;二是沿岸居民、船舶抛弃的垃圾通过河流入海。在上述固体废物中,海洋微塑料问题尤为严重,但目前尚未引起足够的重视。"粒径5毫米以下的塑料颗粒被称为微塑料,通常以碎片、纤维等形式存在。海洋垃圾中微塑料占比很大,而河流是海洋中微塑料的重要输送来源。中国科学院水生生物研究所助理研究员熊雄表示,虽然没有确凿证据可以追溯这些微塑料从何而来,但可以推测人们日常生活生产中使用的塑料制品是微塑料污染的主要来源。"[1]针对生活垃圾的规制,《固废法》已经有了较为详细的规定;针对渔业生产弃置物,在各地海洋环境保护条例中多有针对海域和海岸线使用者的禁止性规定,如《福建省海洋环境保护条例》第18条规定海上养殖生产、生活废弃物应当运至陆地场所作无害化处理,不得弃置海域……不符合渔业水质标准的区域,不得从事养殖生产活动;《山东省海洋环境保护条例》第21条规定从事海上生产、经营的单位和个人,不得将未经无害化处理的生产、生活废弃物弃置海域;《广东省实施〈中华人民共和国海洋环境保护法〉办法》第30条规定不得将海上养殖生产、生活废弃物弃置海域……沿海县级以上人民政府渔业行政主管部门应当定期对养殖区域的海洋环境质量进行监测,对不符合渔业养殖环境要求的,不得批准从事养殖生产活动;《大连市海洋环境保护条例》征求意见稿第56条规定,在海域或者海岸线作业活动的单位和个人不得违反规定向海域排放污染物、生活垃圾,并应当负责清除其使用的海域范围内的生活垃圾和固体废弃物。

此外,岸滩堆存固体废物造成海洋环境污染的问题也值得重视。根据全国人大执法检查报告,实践中岸滩堆存工业废物的现象较为普遍,由此产生的环境污染可谓触目惊心。以广西北海市诚德镍业有限公司为例,该公司产生的固体废物——大量强碱性冶炼废渣堆填侵占滩涂约600亩。瑞德公司作为利用处置诚德精炼炉渣的下游企业,以综合利用冶炼废渣为名,行违规倾倒之实,致使铁山港约1400亩区域满目疮痍。[2] 北海市近岸海域入海污染物严重污染海洋环境,但北海市有关部门对诚德、瑞德两公司的监督管理却未能起到应有的作用,对其违法行为监管不力,导致北海沿岸环境及海洋环境污染问题进一步加剧。正如中央环境保护督察组有关负责人所言,"北海市有关部门及铁山港区没有动真碰硬,监

---

[1] 任芳言.微塑料:一场不知不觉的污染[N].中国科学报.2019-04-25(3).
[2] 参见杜察文.北海铁山港堆填百万吨冶炼废渣[N].中国环境报.2018-06-13(1).

督管理形式化,督察整改走过场。"[1]应当说此类现象不仅在北海存在,在其他地区的近岸海洋污染管理中也不乏实例。

分析此类现象的原因,大体有以下几个方面:一是制度设计虽然较为周延,但未能得到有效实施,固废生产单位违法处置废物,环境保护主管部门对违法行为监管流于形式,执法不严或根据中央环保督察的力度选择性执法,导致固废污染陆地环境进而污染海洋环境的恶性循环未能有效被斩断;二是制度本身不完善。与陆源和海上固废污染紧密相关的《海环法》和《固废法》都存在制度不周延和未能有效衔接的问题。《固废法》与《海环法》针对陆源固体废物入海和海洋垃圾(主要是塑料类垃圾)的处理不仅存在制度供给上的缺失,两者还未能实现有效的衔接。

3. 衔接建议

目前两部立法衔接的核心问题主要体现在对实践困境的有效制度破解。《固废法》按照源头控制的精神,已经规定了对可能造成海洋污染的陆源固废的减量、无害等要求,这部分内容无须《海环法》另行规定。但是有关陆源固废的减量化、无害化处理的规定能否适应海洋环境保护的需要,则需要通过对《固废法》实施效果做进一步的执法检查才能得出有价值的判断。此外,《固废法》还需要就近岸固体废物尤其是塑料类垃圾管控做出明确规范,需要从在陆海统筹和以海定陆的语境下去考量生活垃圾、农业生产垃圾、旅游垃圾、海漂垃圾、建筑垃圾等的规制规则和禁限标准产生,并严格禁止陆源垃圾等入海。就《海环法》而言,则可以在承接《固废法》实施效果的同时,增加对海上养殖生产、生活废弃物等海上污染物污染防治的规定并做好相关标准的对接工作。

(三) 海漂垃圾清理制度:代履行制度及海上环卫制度

1. 制度概述

《固废法》第79条规定,产生危险废物的单位,应当按照国家有关规定和环境保护标准要求贮存、利用、处置危险废物,不得擅自倾倒、堆放。目前《海环法》中并无此类规定,考虑到危险废物对环境的潜在威胁,《海环法》有必要结合海洋环境保护的特点,探索建立涵盖法律、法规和地方性规范文件在内的涉海危险废物、

---

[1] 章轲.诚德镍业废渣露天堆放多份处罚决定书管不住"北海金蛋"[EB/OL].(2018-06-12)[2020-07-18].https://www.yicai.com/news/5431139.html.

漂浮物等管理制度体系。

2.制度实践现状

目前针对已经进入海洋并造成环境污染的固体废物,我国各地实践中形成了两种各具特色管理制度。

第一,是污染者负责及行政代履行制度。如《福建省海洋环境保护条例》第21条规定港口、码头、船舶修造(拆)厂、海滨旅游点等使用海域或者海岸线的单位应当防止污染物、废弃物进入海域,并负责清除本单位使用的海域范围内的生活垃圾和固体漂浮物。拒不清除的,由海洋行政主管部门指定人员代为清除,所需费用由使用海域或者海岸线的单位承担;《山东省海洋环境保护条例》第33条规定拒不清除本单位用海范围内的生活垃圾、废弃物或者将生产、生活废弃物弃置海域的,由生态环境主管部门指定有关单位代为清除,所需费用由用海单位承担;《广东省实施〈中华人民共和国海洋环境保护法〉办法》第33条规定使用海域的单位、个人应当及时清除其用海范围内的生活垃圾和废弃物;拒不清除的,由海洋行政主管部门强制清除,所需费用由使用海域的单位、个人承担。

第二,是海上环卫制度。它一般是指政府相关部门负责海洋环境保护的兜底责任,在无法确定责任人等特殊情况下,由政府主管部门组织实施打捞、清理无主海洋垃圾。《固废法》第16条规定,国务院生态环境主管部门应当会同国务院有关部门建立全国危险废物等固体废物污染环境防治信息平台,推进固体废物收集、转移、处置等全过程监控和信息化追溯。承接此前《固废法》的相关制度设计,《海环法》在第14条中规定国家海洋行政主管部门按照国家环境监测、监视规范和标准,管理全国海洋环境的调查、监测、监视;在第15条中规定国务院有关部门应当向国务院环境保护行政主管部门提供编制全国环境质量公报所必需的海洋环境监测资料。由于《固废法》并未规定固体废物,特别是入海塑料类垃圾的清理、打捞制度,而《海环法》中亦缺少对此种情况的兜底保护条款,所以就国家立法层面还存在明显的制度缺陷。实践中,海上环卫制度已在海南、福建等地取得了成功经验,相关地区的地方性法规中也对海上环卫制度作了规范。如《大连市海洋环境保护条例》(征求意见稿)第56条规定,无法确定海洋垃圾归属或海上溢油来源时,应当由政府代为处置。第58条规定,建设主管部门应当建立海上环卫工作机制,定期对无主海洋垃圾进行清理、打捞。另外也可通过奖励捕捞无主固体废物行为激励个体捕捞。

3. 国外相关经验

日本在海洋垃圾防治方面建立了较为全面的海洋垃圾监测体系。日本环境省从 2010 年开始建立海岸观测点对全国海岸垃圾和漂浮垃圾的情况进行监测，由此组成的海洋垃圾监测体系为海洋垃圾处理政策的制定与实施提供了重要的数据支撑。与此同时，日本《海岸漂浮物处理推进法》还明确规定，对于海岸漂浮垃圾，海岸管理者负有清理的责任，海岸所有者负有保持海岸清洁的责任，而地方政府则需要向海岸管理者提供支持，国家和地方公共团体负有妥善处理部分海洋垃圾的责任。[1]

4. 衔接建议

海洋垃圾清理及代履行制度、海上环卫制度是具有鲜明海洋保护特色的制度设计，由于《固废法》中已经针对危险废物的管理规定了一般意义上的代履行制度，因此建议《海环法》结合海洋固体废物污染防治的特殊性，引入海洋垃圾清理及代履行制度、海上环卫制度作为对《固废法》一般规定的补充。建议《海环法》修订中应当规定海域或海岸线使用者的清理职责与行政代履行制度。具体表述上，可以参考《固废法》的规定，明确污染者负有清除使用海域范围内生活垃圾与固体漂浮物的责任，拒不清除的，由生态环境主管部门指定有关单位代为清除，由污染者承担垃圾清理的费用。此外，《海环法》还应当以海洋环境监测制度为基础，对各地成功经验加以借鉴，确立海上环卫制度，对已经造成的固体废物污染提供制度救济。

（四）过境转移危险废物责任

1. 制度概述

《固废法》第 89 条规定禁止经中华人民共和国过境转移危险废物。第 116 条规定，违反本法规定，经中华人民共和国过境转移危险废物的，由海关责令退运该危险废物，处五十万元以上五百万元以下的罚款。而在《海环法》中，第 39 条第 1 款规定，禁止经中华人民共和国内水、领海转移危险废物。但在其他海域并不绝对禁止，但需取得相关部门书面同意，并规定了各主体的法律责任。第 39 条第 2 款规定，经中华人民共和国管辖的其他海域转移危险废物的，必须事先取得国务院环境保护行政主管部门的书面同意。第 78 条规定，违反本法第 39 条第 2 款的规定，经中华人民共和国管辖海域，转移危险废物的，由国家海事行政主管部门责

---

[1] 参见张耀旋.浅析日本海洋垃圾的相关法律及现状[J].法制与社会,2019(6):20-21.

令非法运输该危险废物的船舶退出中华人民共和国管辖海域,并处5万元以上50万元以下的罚款。

对于已经非法入境的固体废物,《固废法》第117条规定由省级以上人民政府生态环境主管部门依法向海关提出处理意见,海关应当依照本法第115条的规定做出处罚决定;已经造成环境污染的,由省级以上人民政府生态环境主管部门责令进口者消除污染。第116条规定,违反本法规定,经中华人民共和国过境转移危险废物的,由海关责令退运该危险废物,处五十万元以上五百万元以下的罚款。第115条规定,违反本法规定,将中华人民共和国境外的固体废物输入境内的,由海关责令退运该固体废物,处五十万元以上五百万元以下的罚款。承运人对前款规定的固体废物的退运、处置,与进口者承担连带责任。

针对这一问题,《海环法》第86条规定,如违反禁止境外废弃物倾倒的规定,将中华人民共和国境外废弃物运进中华人民共和国管辖海域倾倒的,由国家海洋行政主管部门予以警告,并根据造成或者可能造成的危害后果,处10万元以上100万元以下的罚款。

2. 衔接建议

《固废法》与《海环法》均对危险废物过境转移及已经非法入境或非法倾倒固体废物的法律责任做出了规定,所不同的是两者的着眼点存在一定差异。《海环法》侧重的是在涉海领域相关行为的禁限条件与法律责任范围。其中《海环法》第39条第1款规定禁止经内水、领海过境转移危险废物,第78条责任条款指引适用了第39条第1款的规则。两相比较,针对已经非法入境的固体废物责任承担,《固废法》规定的管理措施显然更为严格,由海关责令退运(恢复原状)与罚款,甚至追究刑事责任。造成环境污染的,相关部门可责令进口者消除污染。而《海环法》的处置及责任形式仅包括由国家海洋行政主管部门给予警告与罚款,显然其法律责任条款有进一步强化力度的必要。两法之所以出现上述差异,主要是在2018年我国政府依据《巴塞尔公约》相关附件的规定,颁布更为严格地禁止国外固体废弃物跨境转移负面清单(禁止洋垃圾)后对作为其立法依据的《固废法》及时进行了修订,而《海环法》的相关条文目前还没有在此方面得以体现[1]。当然

---

[1] 参见《国务院办公厅关于印发禁止洋垃圾入境推进固体废物进口管理制度改革实施方案的通知》,国发〔2017〕70号,2017年7月18日发布。

在相关条文的设计方面,需要考虑其适用情形与责任要件应予我国在《巴塞尔公约》项下的权利与义务相一致。

(五)免责条款适用

1. 制度概述

《海环法》第 89 条规定,造成海洋环境污染损害的责任者,应当排除危害,并赔偿损失;完全由于第三者的故意或者过失,造成海洋环境污染损害的,由第三者排除危害,并承担赔偿责任。对破坏海洋生态、海洋水产资源、海洋保护区,给国家造成重大损失的,由依照本法规定行使海洋环境监督管理权的部门代表国家对责任者提出损害赔偿要求。同时第 91 条规定了其他免责条款,即完全属于下列情形之一,经过及时采取合理措施,仍然不能避免对海洋环境造成污染损害的,造成污染损害的有关责任者免予承担责任:战争;不可抗拒的自然灾害;负责灯塔或者其他助航设备的主管部门,在执行职责时的疏忽,或者其他过失行为。值得注意的是在《固废法》第 122 条第 1 款中,也涉及了造成污染损害责任者的责任承担事宜,该条规定固体废物污染环境、破坏生态给国家造成重大损失的,由设区的市级以上地方人民政府或者其指定的部门、机构组织与造成环境污染和生态破坏的单位和其他生产经营者进行磋商,要求其承担损害赔偿责任;磋商未达成一致的,可以向人民法院提起诉讼。此处并无第三人原因等免责条款的规定。考虑到海洋生态保护的特殊性,《海环法》将不可抗拒的自然灾害这种在各国立法上普遍被确认为"不可抗力"的事由设置为免责条款,具有较强的正当性。现行条文中的第 3 项,即"负责灯塔或者其他助航设备的主管部门,在执行职责时的疏忽,或者其他过失行为"则属于可归因于第三人原因的免责事由。如果海洋生态环境损害可以完全归因于第三者的行为,通常应当承认此时免除行为人的法律责任而由第三人承担法律责任更为公平。当然,这就产生了《海环法》的规定是否有迁移至《固废法》,将《海环法》的免责事由拓展至一般规则的问题。

2. 衔接建议

关于《固废法》等环境法在法律责任章节中是否需要规定免责条款的问题,学界尚存在一定争议。此前在《环境保护法》修订过程中,因删除了旧法(1989 年版)第 41 条第 2 款"完全由于不可抗拒的自然灾害,并经及时采取合理措施,仍然不能避免造成环境污染损害的,免予承担责任"这一免责条款,也曾有学者提出质疑。事实上,《环境保护法》第 64 条已经明确将因污染环境和破坏生态造成损害的侵权责任适用问题指引到了《侵权责任法》，而《侵权责任法》第三章用6个条文对其侵权责任的免责与减责事由做出了十分详尽的规定，所以认为环境侵权属于特殊侵权，因适用无过错归责原则而排除了行为违法性要件的判断，据此各类环境侵权均不应设置免责事由的认识是片面的。这种认识实则是将违法性简单地等同于违法，片面的将受害人权益绝对化，规则设计倾向责任绝对化，忽视环境侵权行为的经济效益，难免矫枉过正。[1] 我国《民法典》第1233条规定因第三人的过错污染环境、破坏生态的，被侵权人可以向侵权人请求赔偿，也可以向第三人请求赔偿。侵权人赔偿后，有权向第三人追偿，就严格区分了第三人过错条件下环境侵权责任的承担问题，其内在的立法逻辑足资《海环法》与《固废法》借鉴。

此外，《海环法》规定的免责条款除了包括第三人原因免责与不可抗力免责之外，还有一项因战争行为而免责。关于第三人原因免责的条款前文已经做了肯定，该条文体现了立法对正当权利行使的尊重和对致害人权益平衡保护的初衷。但在不可抗力免责条款中引入战争一项则值得商榷。战争在性质上属于社会异常事件，社会异常类不可抗力通常应适用于合同责任领域，而对于侵权责任一般难以因该项事由加以免除[2]。我国民法典侵权责任编中亦未将战争行为作为侵权责任的免责事由，据此建议在《海环法》修订过程中对将战争作为免责事由采取谨慎的态度。

四、《海洋环境保护法》与《环境影响评价法》衔接分析

环境影响评价是指在作出关于环境与自然资源的开发利用规划和建设项目决策以前，对规划和建设项目实施后可能造成的环境影响进行事前分析、预测和评估，提出预防或者减轻不良环境影响的对策和措施，进行跟踪监测的方法与规则体系[3]。1979年《环境保护法（试行）》将环境影响评价作为法律制度确定下来，2002年《环境影响评价法》（以下简称《环评法》）在以往立法和国内外实践经验的基础上增加了规划环评（战略环评）。时至今日，环评制度已逐步发展为我国环境保护领域的一项基本法律制度。

环评作为一项强制性法律制度，充分体现了环境保护领域注重预防的理念和

---

[1] 参见刘超.环境侵权行为违法性的证成与判定[J].法学评论,2015,33(5):179-186.

[2] 参见袁文全.不可抗力作为侵权免责事由规定的理解与适用——兼释《中华人民共和国侵权责任法》第29条[J].法商研究,2015,32(1):129-135.

[3] 参见《环境影响评价法》第2条立法定义。

传统侵权法领域救济走在权利之先的逻辑。禁止权利滥用是近现代法治的核心原则之一,侵权法中要求任何民事主体在进行某种活动时,有义务防止发生对他人的损害。而作为受害者则有权要求加害人停止侵害、采取防范措施或者赔偿损失。据此在环境法的制度建构逻辑中,也本于预防理念的要求和禁止权力滥用的原则,对各种可能影响环境从而给社会或他人造成损害的建设项目或者规划事先实施环境影响评价程序,并以此为据采取防范措施,避免造成环境污染和其他方面的损害。[1] 由于环境侵害往往都会伴随着对公共利益的侵害,因而将环评制度的环境管理话语置换为行政管理话语更有利于环评法律制度的建立与运行。为此,环保部2017年《关于做好环境影响评价制度与排污许可制衔接相关工作的通知》中明确环评制度是建设项目的环境准入门槛,是申请排污许可证的前提和重要依据。

环评制度的重要性于海洋环境保护领域同样不容小觑。十九大报告提出加快建设海洋强国,大力推进生态文明建设的要求。海洋经济将成为国民经济发展的重要引擎之一,在此背景下,能否将环境影响评价制度作为海洋环境保护的基础性制度有效纳入《海环法》就成为检验《海环法》立法效能的重要指标之一。

我国现行法律法规已经基本廓清了海洋环境影响评价制度的框架及特殊需求,就目前的制度建设完备性而言,仅需在整合的基础上纳入近年来的成功实践,突出陆海统筹、以海定陆的新管理标准即可适用。自《环评法》2003年施行至今,基础性的环境影响评价制度体系已较为完备,包括海洋工程、海岸工程等涉海项目的环境影响评价制度也由《海洋工程环境影响评价管理规定》等行政法规和部门规章予以确立,这些立法探索为《海环法》制定统一的海洋环境影响评价制度奠定了较为坚实的基础。

海洋环评制度区别于陆地环评制度的实践在国外也有先例,韩国曾于2007年制定《海洋环境管理法》,该法详细规定了海洋环境影响评价制度。在立法定位上,将该制度独立于韩国的《综合影响评价法》,并确定由国土海洋部而非环境部来统一组织实施海洋环评工作。韩国学者也多支持海洋环评与普通环评分别实施,认为分离的制度布局具有两点优势:其一,在法律上划分管理明确的监管主体与执法主体,可明确相关机关的法定责任,在维持海洋环境保护管理主体一元化的前提下,发挥专业机构的作用;其二,以海洋环境保护为中心制定的海洋环评

---

[1] 参见金瑞林主编.环境法学[M].北京:北京大学出版社,2013:84.

制度可以更为充分地考量海洋环保的特殊需求,具有针对性与可操作性。但也有反对者认为,两个机关分别管理将人为导致海洋环评出现更为复杂的局面,且环境要素之间联系密切,陆地海洋互相影响,环评标准应当有机联系而非割裂[1]。另外,《联合国海洋法公约》对各国环境影响评价的适用范围应以整个海洋为线,其重视程度也反映着国际上对于海洋环境影响评价制度重要性的肯定趋势[2]。

就制度内容而言,海洋环评制度同样包括环评对象、环评报告书(表)的编制主体与编制内容、环评标准、审批主体与审批程序、后评价与跟踪检查、公众参与及法律责任指引适用等,除环评制度本身要满足制度建构的一般规律之外,也需着眼于与排污许可制度等其他法律制度的衔接与配合。因而如果以实现陆海统筹为目标,海洋环境影响评价制度的视野和制度内在结构就要在体现海洋环保特殊性的同时,更能兼顾陆海统筹、以海定陆的格局与实践需要。

然而,在《海环法》制定时,对于如何将海洋环评纳入相关的条文存在一定的争议。通常的做法有两种,其一是以环境影响评价为核心线索,集中将不同领域与类型的建设项目或规划所应完成的环评程序规定于该章节中,这种立法又被称为"事项型立法"。其二则是将海洋环评的具体内容分散规定在不同领域、不同类型的用海规划或用海活动项下,这种立法又被称为"环节型立法"。我国《海环法》采用的就是第二种模式,以污染种类为区分标准,将不同污染对应的原因行为所涉的环评制度分散规定于海水养殖场、海洋工程建设项目的相关条款之中(第28条、第42条、第43条、第44条、第47条、第48条、第80条及第82条),这一体例也使得相对完整的海洋环境影响评价制度难以通过专章的形式得以确立。在陆海统筹、顺法承规的要求下,《海环法》的修订应当深入研究如何能更有效地与规范环评制度的一般法《环评法》实现理念与形式上的更紧密衔接。

实践中,海洋环境保护中的环评类型通常可以直接适用《环评法》的具体规定,仅在体现海洋环境保护特殊性时,《海环法》才有必要另行规定。至于实施层面的细节性规范则有下位规章等可以进一步明确。从地方性法规与部门规章的内容和实践效果来看,对海洋环评制度的反馈和意见并不突出。这也在一定程度上反映出《环评法》与其他海洋环评相关制度体系对实践的回应尚能满足基本需

---

[1] 参见林宗浩.韩国的海洋环境影响评价制度及启示[J].河北法学,2011,29(2):173-179.

[2] 参见蒋小翼.《联合国海洋法公约》中环境影响评价义务的解释与适用[J].北方法学,2018,12(4):116-126.

求,需要进一步分析的是两者的互动与衔接是否顺畅。目前,《海环法》与《环评法》的关联制度主要体现在如下几方面。

(1) 环境影响报告书(表)的编制主体。《环评法》第19条规定建设单位可以自行或委托与审批部门无利益关系的其他技术单位对其建设项目开展环境影响评价,编制环境影响报告书(表);第20条规定技术单位应对其编制的环境影响报告书承担责任。在《环评法》已经做出规定的基础上,《海环法》不必再就该制度进行重复规定,具体实践中可以直接适用下位规章的相关内容。

(2) 环境影响报告书(表)的内容。《环评法》对规划与建设项目环评文件的编制内容作了区分,第10条规定专项规划的环境影响报告书应当包括实施规划影响评估、影响减弱措施及环评结论,而第17条则规定建设项目的环境影响报告书除前述三者外还应当包括:项目概况,周围环境现状,对环境影响的经济损益分析以及实施环境监测的建议。《海环法》并未对这一细节性问题做出规定。环境影响报告书(表)的内容根据涉海项目情况复杂程度各有不同,《海环法》应以《环评法》的规定为准,无需再做规定。

(3) 审批程序受理、批准的情形。《环评法》并无审批受理与否情形、批准与否情形的要件性规定,《海环法》也无此类细节性规定,而在下位规章中则有详细规定。涉海规划或建设项目对海洋生态影响各异,且属于实践中的细节性问题,现行由行政法规、规章加以规定的模式较为合理。

(4) 后评价制度与重新编制。《环评法》第27条规定后评价制度,在第24条规定重新审核的情形。《海环法》未做规定,建议直接适用《环评法》的相关规定为妥。由于环境影响报告书编制受现有科学技术水平的制约,其结论并非绝对正确,只能作为决策的依据之一,而后评价制度则在一定程度上弥补了这一时空缺陷与技术缺陷,有利于明确建设项目对环境产生的实际影响并作出针对性的调整,因此确立后评价制度在海洋环境保护领域同样必要。建设项目对海洋环境造成的影响、对同一海域建设项目后评价的整合、指标体系的建设等等均是海洋环境后评价制度建构中需要注重的内容。

当然,在《海环法》与《环评法》关联制度中,仍存在需要做好衔接的制度空白点或冲突点,主要包括:

第一,在国务院机构改革后,海洋环境保护行政管理纳入生态环境部的职责,这是打通陆地与海洋环境保护之间既存隔阂的重大体制创新,《海环法》应当及时修订相关条款,以法律的形式将这一重要变化加以固定并体现在涉海环评的具体工作程序中。

第二,环评审批主体应加以明晰。《环评法》第 23 条规定国务院环保主管部门负责审批以外的建设项目的环境影响评价文件的审批权限,由省、自治区、直辖市人民政府规定。在实践中,不同省市就海洋环评应否保留县级环保行政主管部门审批权问题给出的答案各不相同。据此,《海环法》应当在总结实践经验的基础上,对该问题加以明确,以为相关政府部门依法行政提供法律依据。

第三,环境信息公开缺乏系统规范。全国人大在针对《海环法》的执法检查报告中指出"当前涉海工程环境信息公开缺乏明确的规范和要求,公开范围和力度不大,难以满足社会公众知情权。信息共享机制亟待健全,各级政府和部门间信息系统兼容互通性不强。"尽管下位规章中涉及对环评审批的公开要求,但并未形成政府内部的信息公开制度。因此该领域的法律保障工作应以明晰涉海环境信息公开的法律规范作为开端。

第四,《海环法》应当就涉海规划环评确立依据。《环评法》明确建设项目与规划均为环境影响评价制度的对象,但《海环法》并无针对涉海规划的特殊规定。实践中,地方性法规与部门规章已经明确涉海规划属于环评制度的对象,因此涉海规划的环境影响报告应当包括海洋环评的相关内容。《海环法》应当对此做出一般性的制度回应。

第五,环评技术规范标准的制定及与环境标准的衔接。环评指标体系主要包括环评技术导则、环评技术规范与具体环境标准,但大多不能体现陆海统筹的要求,这是《海环法》修订任务中需要平行完成的一项工作,作为《海环法》重要的实施保障,我国应当建立健全海洋生态环境保护标准规范体系。

第六,环评与排污许可制度的衔接。《海环法》第 30 条第 1 款规定,入海排污口的选择,应当根据海洋功能区划、海水动力条件和有关规定,经科学论证后,报设区的市级以上人民政府环境保护行政主管部门备案。而近年来在排污管理实践中,我国环保部门已经在强化环境影响评价制度与排污许可制度的衔接,"十四五"环境影响评价与排污许可改革方案的编制工作也已经于 2019 年启动[1],因

---

[1] 参见中国政府网.李干杰在全国环境影响评价与排污许可工作会议会议上的讲话[EB/OL].(2019-12-26)[2020-07-19].http://www.gov.cn/xinwen/2019/12/26/content_5464146.htm.

此《海环法》的修订应当充分考虑"十四五"期间环评与排污许可制度衔接的改革思路,对相关工作流程作出前瞻性的规定。

(一)建设工程环境影响评价书(表)审批程序

1. 制度概述

关于审批程序,《环评法》将海洋工程建设项目的环境影响报告书审批指引适用《海环法》,其第 22 条的规定建设项目的环境影响报告书、报告表,由建设单位按照国务院的规定报有审批权的生态环境主管部门审批。海洋工程建设项目的海洋环境影响报告书的审批,依照《海环法》的规定办理。《海环法》第 43 条、第 47 条分别规定了海岸工程与海洋工程建设环评影响书的审批特殊程序,海洋环境影响报告书(表)应在建设项目开工前,报海洋行政主管部门审查批准。且海洋行政主管部门在批准海洋环境影响报告书(表)之前,必须征求海事、渔业行政主管部门和军队环境保护部门的意见。

2. 衔接建议

《海环法》立法时对涉海环评审批程序作出特殊规定的原因之一是审批部门原有的陆、海环境污染监管部门,分置于生态环境部与国家海洋行政主管部门(原海洋局)。由于这一冲突在本次机构改革完成后已经不复存在,所以以该原因为据强调《海环法》对程序性问题的特殊规定理由已不充分。原因之二是涉海环评还需要征求海事、渔业和军队环保部门意见。这一原因在机构改革后仍然存在,所以《海环法》修订时仍应保留这种区分规定的模式,据此环评审批程序应由《环评法》和《海环法》共同确立并由《海环法》明确海洋环评审批程序的特殊性规定。

(二)环评审批主体

1. 制度概述

《环评法》第 23 条规定国务院环保主管部门负责审批以外的建设项目的环境影响评价文件的审批权限,由省、自治区、直辖市人民政府规定。但在《海环法》中,并未对此作出规定,在下位规章(以《海洋工程环境影响评价管理规定》为例)中,确认了县级海洋行政主管部门享有环评审批权。

2. 制度实践现状

在实践中,不同省市就海洋环评应否保留县级环保行政主管部门审批权的赋权实践各不相同。如福建省便保留了县级环保行政主管部门的审批权。《福建省海洋环境保护条例》第 24 条规定海洋工程建设项目的海洋环境影响报告书,由沿海县级以上地方人民政府海洋行政主管部门核准;《福建省建设项目环境影响评价文件分级审批管理规定》明确省级、设区市级环境保护行政部门的审批职责后,在第8条规定县级环境保护行政主管部门负责审批本行政区域内除应当由上级环境保护行政主管部门审批以外的建设项目的环境影响评价文件。

而江苏省、山东省则排除县级环保行政主管部门的审批权。《江苏省海洋环境保护条例》第31条,《江苏省海洋工程环境影响评价文件分级审批管理办法》第5、第6条分别规定省级、设区市级海洋环境保护行政主管部门的审批责任,排除了县级环境保护主管部门的审批权。同样,《山东省海洋环境保护条例》第25条规定,省人民政府授权的部门批准立项的海岸、海洋工程建设项目,以及跨设区的市的海岸、海洋工程建设项目的环境影响评价文件,由省生态环境主管部门批准;其他海岸、海洋工程建设项目的环境影响评价文件,由沿海设区的市生态环境主管部门批准。

3. 衔接建议

环评审批主体已由《环评法》规定,就规范本身而言《海环法》无须另作规定。《环评法》赋予各省级政府享有在审批主体问题上的自由裁量权,但就海洋环境保护所具有的形势严峻、利益复杂、牵涉面广等特点而言,不赋予县级环保行政主管部门以审批权较为稳妥;如从放管服的角度出发,希望将部分情况简单、争议不大的事项赋予县级环保行政主管部门审批,则应当在诸如《海洋工程环境影响评价管理规定》等下位规章的相关条文中作出明确,以示审慎。如考虑目前县级环保行政主管部门面临的巨大行政压力和地方保护压力,为防止此类审批行为可能给海洋环境造成的潜在损害,建议不再赋予县级环保行政主管部门环评审批权。当然此类改革还需要与不同省级区划环保管理体制的垂直管理实践相衔接,也不宜"一刀切"。

(三) 环境信息公开与公众参与制度

1. 制度概述

公开透明是行政权行使的必要,公众参与等集智机制的确立应当贯彻于各项环境法律中,各类环境保护类的法律应当对公民参与环境保护的范围、程度、形式进行规定,通过信息公开制度保障公民参与的前提,保证其参与的效力,包括参与时间与公民意见采纳的结果及原因。[1]

---

[1] 参见梁亚荣,吴鹏.论南海海洋环境保护公众参与制度的完善[J].法学杂志,2010,31(1):22-24+28.

《环评法》第 4 条将客观、公开、公正规定为环境影响评价的原则,第 5 条规定国家鼓励有关单位、专家和公众以适当方式参与环境影响评价。第 6 条规定环评基础数据库和评价指标体系建设及建立必要的环境影响评价信息共享制度。随后在第 11 条、第 13 条、第 14 条、第 21 条中分别对规划草案报送审批前征求有关单位、专家和公众对环境影响报告书草案的意见、专项规划草案决策前召集审查小组提出书面意见及对审查小组修改意见的采纳、对建设项目报批环境影响报告书前征求有关单位、专家和公众的意见作出了明确要求。《海环法》目前的规定较《环评法》则显得格外简略,并未在相应条款中对《环评法》第 6 条、第 16 条对公众的赋权具体化为海洋环境保护公众的知情权、参与权等权利。这说明《海环法》对公众参与的态度是尊重《环评法》的一般性规范,除有海洋环境保护领域的特殊需要,作为程序性权利的公众参与与信息公开条款直接适用《环评法》的规定。此外,《海环法》的下位规章中对于涉海环评的特殊事项作了一些有针对性的规定,如网上受理与办理过程全公开等,可以继续保留。

2. 制度实践现状

审视《环评法》与《海环法》下位规章中有关公众参与的细化规范可以发现,传统环评法中的公众参与存在制度设计方面的缺陷。由于邻避效应,公众与建设单位或其委托的第三方在利益结构上通常存在冲突,有关环评结论或者故意或者技术性回避公众的意见;偏向专家参与的决策过程也可能忽略公众价值判断和合理选择。公众参与的时间、形式选择也存在忽视公众参与所带来的利益协调。[1]

在实践层面,全国人大执法检查报告也曾指出"当前涉海工程环境信息公开缺乏明确的规范和要求,公开范围和力度不大,难以满足社会公众知情权。信息共享机制亟待健全,各级政府和部门间信息系统兼容互通性不强。"[2]这说明环评制度在制度建设层面与实践层面仍有相当多的问题有待立法作出回应。

3. 国外相关经验

美国是最早确立环评制度的国家,也是最早将公众参与纳入环评制度体系建构的国家。尽管美国《国家环境政策法》对公众参与规定得十分原则,但其明确规

---

[1] 参见吴宇.建设项目环境影响评价公众参与有效性的法律保障[J].法商研究,2018,35(2):15-24.
[2] 中华人民共和国全国人民代表大会常务委员会公报.2019-01-15.

定环境影响报告书及所征询的相关机关的意见,应按照《情报自由法》的规定对外公开[1]。这就为公众参与创造了信息获取的前提。此外,《关于实施国家环境政策法的条例》也要求联邦或者州机关在环评中应及时发布公告以保证公众知情权。美国信息公开的主体既包括政府也包括企业,主要方式是在联邦登记上发布公告。加拿大为确保公众有效参与,规定要为进行环评的每个项目开设公开档案室,方便公众获取该项目档案资料。日本同样重视信息公开,其《环境影响评价法》规定了从范围界定阶段、准备环境影响报告书草案阶段到最终环境影响报告书三个阶段各类信息的公开要求。信息公开也是日本公众参与环境影响评价的重要制度前提。[2] 美国墨西哥湾同样实行海洋环境信息公开,同时鼓励环保NGO的积极性。[3]

4. 衔接建议

信息公开与公众参与制度的一般性规定显然应由《环评法》加以规定,作为特别法的《海环法》无须对此作出专门性规定。《环评法》已经确立的信息公开、信息共享与公众参与制度本身便是涉海环评的重要制度依据,各类涉海环评也应当予以遵守。对于涉海环评中具有特殊性的内容,则可以通过《海环法》及相关下位法规与规章加以明确,也可以授权地方性立法作出有益的尝试。需要注意的是这些特殊性的规定应当主要是对涉海环评相关程序性问题的细化与补充,在整体设计上需要与环评制度的理念与公众参与的基本要求一致,而不应创设与一般原则相违背的例外。

(四) 环境影响评价的范围

1. 制度概况

明确环境影响评价范围是实现法律与法条衔接的前提,也是环评制度的起点。《环评法》第3条及第9条明确规定,编制综合性规划、专项规划以及领域、其他海域内建设对环境有影响的项目,都应当进行环境影响评价。《海环法》中并未涉及环评范围,第28条第2款规定新建、改建、扩建海水养殖场应当进行环境影响评价,第43、第47条分别规定海洋工程与海岸工程建设项目需要环评。值得

---

[1] 参见姜芳,高艳辉.美国"情报自由法"浅析——兼与中国《政府信息公开条例》比较[J].西安电子科技大学学报(社会科学版),2008(3):137-140.

[2] 参见牵艳芳.论公众参与环境影响评价中的信息公开制度[J].江海学刊,2004(1):126-132.

[3] 参见张影,张玉强.南海区海洋垃圾治理的公众参与研究[J].海洋开发与管理,2018,35(11):46-51.

注意的是《海环法》中仅在第 7、第 8 条明确国家规定海洋主体功能区规划,全国海洋环境保护规划及重点海域区域性海洋环境保护规划需要进行环评,但对普通涉海专项规划的环评事宜却无相关规范加以规定。

2. 制度实践现状

从实践层面看,沿海各省市多在海洋环境保护的地方性政府规章中对涉海规划环评加以规定,如《江苏省海洋环境保护条例》第 27 条规定沿海县级以上地方人民政府及其有关部门,在其组织编制的土地利用有关规划和区域、流域、海域的建设、开发利用规划的环境影响报告中,应当包括海洋环境影响评价的内容。规划草案环境影响报告中未包括海洋环境影响评价内容的,审批机关不予审批。辽宁省渤海综合治理攻坚战实施方案也要求"加强规划环评,深化沿海重点区域、重点行业、重点流域和产业布局的规划环评,调整优化不符合生态环境功能定位的产业布局。"

3. 国外相关经验

实行环评制度的各国立法例不尽相同,美国《国家环境政策法》规定的环评范围是"对人类环境质量具有重大影响的各项提案或法律草案(立法)、建议报告以及其他重大联邦行为";韩国则通过海域使用(包括倾倒行为、利用开发行为)影响评价制度和海域使用协议制度共同确立海洋环评。[1] 不同于这些国家将政府各类政策、污染行为等纳入环评范围,我国环评制度仅面向规划与建设项目,其中"规划"所指的范围较国外的实践而言也明显偏窄。

4. 衔接建议

环境影响评价的范围属于环评制度的基础性要素,应当由《环评法》作出规定,《海环法》作为特别法,通常不对环评的一般性问题做出回应。但从实践层面来看,《环评法》作为一般法并未对海洋环境保护的特殊性予以特别关注,且《规划环境影响评价条例》等下位规范目前的规制内容也未能体现更多的海洋环保特色,因此建议在《海环法》中确立指引性条款,将涉海规划的海洋环境影响评价制度指定适用专门的规章,同时建议生态环境部牵头制定涉海规划的海洋环境影响评价的规章作为《海环法》相关规则的补充。

---

[1] 参见林宗浩.韩国的海洋环境影响评价制度及启示[J].河北法学,2011,29(2):173-179.

(五) 环评技术规范标准与环境标准

1. 制度概况

《环评法》第 6 条规定，国家加强环境影响评价的基础数据库和评价指标体系建设，鼓励和支持对环境影响评价的方法、技术规范进行科学研究，建立必要的环境影响评价信息共享制度，提高环境影响评价的科学性。国务院生态环境主管部门应当会同国务院有关部门，组织建立和完善环境影响评价的基础数据库和评价指标体系。该技术问题在《海环法》中并未涉及，而其下位规章中则有具体的规定。由于环境影响评价方法与技术规范的统一关系着前置陆海统筹指标的设定、建设项目及规划环评的裁量标准，因此有必要对该问题的法制化进行探讨。

环评指标体系主要包括环评技术导则、环评技术规范与相关的环境标准。环评技术导则体系的构建关系着涉海建设项目环评的原则、内容、工作程序、方法及要求。环评技术规范则规定具体环境标准选择、报告编制的技术要求等。而现行的各项环境标准则基本上没有考虑到陆海统筹的需要，是在各自牵头单位带领下以标准的制定目标为依据单独制定的，因此在事实上，现行的环境标准在陆海统筹的意义上未能实现有效的衔接。例如我国水环境标准体系大致可分为水环境质量标准、排污标准、水环境基础标准、水环境方法标准等。与环评实质结果有直接联系的是水环境质量标准和排污标准。水质标准中，海水水质标准与陆地不同，地表水环境质量标准分为五类，而海水水质标准则分为四类，环评过程中陆海标准不一致，必然导致以海定陆指标设置出现困难。我国环境质量标准属于国家标准，实践中地方即使受到立法授权，也极少制定环境质量标准[1]。我国地面水环境的环境影响评价技术导则中要求："污染控制措施及各类排放口排放浓度限值等应满足国家和地方相关排放标准及符合有关标准规定的排水协议关于水污染物排放的条款要求"，"当受纳水体为近岸海域时，参照 GB18486（污水海洋处置工程污染控制标准）执行"，污水海洋处置排放点综合考虑海洋水质要求。导则已经对陆海统筹条件下，陆上涉水标准的影响因素有了一定认识，但其实践显然仅停留在理念阶段。在陆海统筹的目标导向下，水质标准与排污标准必须首先要实现"以海定陆"，打破此前陆海分置的标准制定路径，从而为可能造成海洋污染的陆上建设项目的环境影响评价提供标准依据。

---

[1] 参见《环境保护法》第 15 条。

2. 制度实践现状

目前环境影响评价技术性文件的制定工作已经初具规模。《环境影响评价技术导则总纲》等一般性导则和针对铀矿冶、地表水环境、土壤环境等具体性导则已经制定完成。涉海环评的技术导则与技术规范则尚未制定，建议在这些导则规定时应体现以海定陆原则，海洋工程建设项目的评价标准选择也应充分体现陆海统筹的需要。

实践中，环境标准与环评发展也出现了新的关系样态。2017年6月，浙江省全面推行"区域环评＋环境标准"改革，这是一种环评审批验收管理方式的创新。完成改革区域规划环评的，环保部门根据区域规划环评结论清单，制定改革区域统一的环境标准，作为项目环境准入的判断依据，并根据项目建设对环境影响的程度，推行免办环评、网上在线备案、降低环评等级等6项激励措施。以"降低环评等级"措施为例，因为有区域统一环境标准为前置，原要求编制环境影响报告书的可只编制环境影响报告表。由于报告书的编制时间通常需要3个月，而报告表的编制通常仅需1个月。原要求编制环境影响报告表的，建设单位只要在投入生产前在线自行填报环境影响登记表办理备案手续，在线备案即可[1]。这样的做法在确保环境质量不下降的前提下，较为明显地提高了行政效率与营商环境。

3. 国外相关经验

各国环境标准的制定不尽相同。瑞典并不存在全国统一的环境标准体系，有关环境质量、污染物排放等的环境标准散见于各类许可证中，而《瑞典环境法典》针对许可证制度则有详细、严格的规定，[2]环评制度采用的标准也与之一致；日本将水质标准分为健康项目环境标准和生活项目环境标准，前者运用于公共水域或地下水，标准统一；而后者则区分湖泊、海洋等不同水域，按使用目的划分区域确定标准。由于不同项目的管制目标不同，因此无法达到技术处理标准的统一，因而转向了行业处理的差异化策略。而日本针对海洋环境保护采取的措施是通过总量控制减少入海的污染总量。[3]

---

[1] 参见《浙江省人民政府办公厅关于全面推行"区域环评＋环境标准"改革的指导意见》，浙政办发〔2017〕57号，2017年6月29日发布。

[2] 参见赵国栋.我国环境标准制度研究[D].山东大学，2010.

[3] 参见高娟，李贵宝，华珞，杜霞.日本水环境标准及其对我国的启示[J].中国水利，2005(11)：41-43.

4. 衔接建议

环评技术规范标准的制定并无海洋保护层面的特殊性,因此由《环评法》及其下位制度加以确立的方式并无不妥,对于此类标准的设定依据,《海环法》无须加以额外规定。海洋环评与重点海域排污总量控制制度、入海河流环境质量管理制度、海洋生态环境保护标准规范体系等息息相关,因此在我国的标准体系中应当做出回应。考虑到以浙江省"区域环评＋环境标准"改革为代表的地方性实践取得了有益的效果,建议这类与环境标准紧密衔接的制度探索,可在《海环法》下位规章层面予以体现。

(六) 环境影响评价制度与排污许可制度的衔接

1. 制度概况

《海环法》第30条第1款规定,入海排污口的选择,应当根据海洋功能区划、海水动力条件和有关规定,经科学论证后,报设区的市级以上人民政府环境保护行政主管部门备案。申请备案需要出具入海排污口环境影响评价文件及科学论证意见。可见,我国入海排污许可由于环境影响评价等前置制度的存在,虽名为备案制实则还是有条件的。入海排污口排污许可无论是最初排污口选址,还是最终许可颁发与否都与环境影响评价制度密切相关。环境影响评价制度作为事前的污染防治措施与主要控制事中事后污染监管的排污许可制度的有机衔接,是现实的需要也是环境治理一体化逻辑的必然要求。

2. 制度实践现状

我国立法与实践中对二者的衔接均有尝试。为推进排污许可制度改革,2016年国务院办公厅颁布的《控制污染物排放许可制实施方案》首次规定"环境影响评价制度是建设项目的环境准入门槛,排污许可制是企事业单位生产运营期排污的法律依据,必须做好充分衔接,实现从污染预防到污染治理和排放控制的全过程监管。新建项目必须在发生实际排污行为之前申领排污许可证,环境影响评价文件及批复中与污染物排放相关的主要内容应当纳入排污许可证,其排污许可证执行情况应作为环境影响后评价的重要依据。"[1]应该说这一方案为强化环评与排污许可制度的行政联系与制度逻辑联系做了政策舆论准备。此外,我国《环评法》通过引入横向条款,授权环保机关在审核排污许可申请时可以根据环评结果做出

---

[1]《国务院办公厅关于印发控制污染物排放许可制实施方案的通知》,国办发〔2016〕81号.

实质性判断,且可以将环评结论体现在排污许可中。但在实际操作层面,碍于两项制度在衔接机制设计上的滞后,排污许可的发放并未完全与环境影响评价报告的结论相对应。目前存在的实践困境主要集中在指标的适用性等技术性问题与行政机关内部监管主体存在差异等体制性问题上。

3. 国外相关经验

美国、日本、瑞典等国在环评与排污许可关系上也有不同的实践,各国关于两者的衔接方式设计也各有不同。

首先来看环评与排污许可的关系。瑞典的排污许可制度与环境影响评价、环境标准、环境监测制度均存在内在的制度关联。排污许可与环评所依据的标准要求具有一致性,排污许可的授予也需要以环境影响评价报告为主要参考依据,环评报告书中各种环境要素的影响及环评结论在排污许可证上亦有体现。美国环评制度综合运用于战略、规划与建设项目中。按照《国家环境政策法实施条例》等法律法规的内在逻辑,环评是作为一项技术手段为排污许可的审批与发放提供依据的,因此两者在程序上具有紧密的关联关系。日本的环评在性质上不是行政许可,而是排污许可的前置程序,两者同样具有内在的逻辑依附关系。在国际公约层面,《1972年防止倾倒废物及其他物质污染海洋公约》1996年议定书附件二[1]第17条对许可证和授予许可证的条件作了规定,即颁发许可证的决定只能在所有的影响评估均已完成、监测要求已被确定后作出。许可证的规定应尽可能确保对环境的干扰和损害被减至最低程度,其好处增至最大程度。颁发的任何许可证应载有说明下述者的数据和信息:(1)拟倾倒的物质的类型和来源;(2)倾倒区的位置;(3)倾倒方法;(4)监测和报告要求;第18条规定应根据检测结果和监测方案的目标对许可证作出定期检查。对检测结果的检查应指明现场方案是否需要继续、修改或终止,并会有助于对许可证的继续、修改或废止一事作出知情的决定。由此可见,将环评与排污许可的审核与发放紧密联系在一起已经成为国际社会在推行排污管理实践时的重要制度设计逻辑。

其次是环评与排污许可的审批主体问题。对于这一问题各国的实践并不相同。德国环评审批主管机关不负责计划与许可之裁决;美国国家环境保护署并无环境影响评价审批权;而奥地利《行政改革法》规定除有特殊规定同一项目由同一

---

[1] 参见《防止倾倒废物及其他物质污染海洋公约》1996年议定书附件二。

机关通过同一程序确立,可见其认为环评与排污许可的审批主体应具有同一性。

4. 衔接建议

总结国内实践与国外经验,结合海洋环境保护的实际需求,环境影响评价制度与排污许可制度应当作出衔接性的机制安排。在具体制度设计时,建议注重以下几点:第一,涉海陆源与涉海建设项目应实行一证化管理,建立事前事中事后相结合的综合排污管理体系,排污许可与环评的技术标准、监测数据应当统一共享并将环评后评价制度作为排污许可监管的重要依据;第二,以排污许可为主导进一步统筹除环评以外的其他海洋环境保护基本制度,包括环境标准、环境监测等,从而实现制度逻辑与程序的统一;第二,明晰环评审批与排污许可审批主体的关系,出于对海洋保护专业性与一致性考虑,建议应由生态环境保护主管部门统一负责以减少不必要的体制梗阻。在立法体例上,作为环境保护的两项基础性法律制度,环评制度与排污许可制度的衔接应由具有环境保护基本法属性的《环境保护法》加以规定为妥。至于在涉海领域两项制度的特殊性制度安排,则可由《海环法》加以明确。

(七) 法律责任

1. 制度概况

吸取 2002 年《环评法》法律责任规定屡弱的教训,修订后的《环评法》对各类主体在环评各环节中因实施违法行为所应承担的法律后果做了详尽的规定。其中第 28—34 条分别规定了规划编制机关、建设单位、受委托技术单位、失职渎职的审批部门及相关工作人员的法律责任;第 31 条规定了建设单位未依法报批、未重新报批或者未报请重新审核环境影响报告书、报告表,或者未经批准、未经原审批部门重新审核同意擅自开工建设的法律责任并规定了由县级以上生态环境主管部门可对责任主体作出责令停止建设、处罚款和责令恢复原状的行政处罚。第 31 条对海洋工程建设项目的建设单位有本条所列违法行为的,依照《海环法》处罚做出了指引性的规定。《海环法》第 82 条规定未编制海洋影响报告书便进行海洋工程建设项目的,由海洋行政主管部门责令其停止施工,根据违法情节和危害后果,处建设项目总投资额百分之一以上百分之五以下的罚款,并可以责令恢复原状。可见指引适用的主要原因在于两法在修订时的执法机关不统一。鉴于中央国家机关机构改革后,海洋环境保护的职能已经划转至生态环境主管部门,《海环法》修订时可结合管理体制的调整,对该条文作出调整。就实践层面而言,还有一个授权问题需要关注。由于海洋环境影响报告书的审批主体不包含县级政府的生态环境主管部门,所以《海环法》在对该条进行修订时,需要考虑审批机关的层级授权问题。

《海环法》中并未对环境影响评价中各主体不履行相应义务引发的法律后果进行逐一规定。因此对于《海环法》未作规定而又可以归入《环评法》调整事项的一般性法律责任问题,可以直接适用《环评法》。需要特别指出的是在此种情况下,存在责任竞合的可能。如海洋环境保护主管部门违法批准不合规的环评项目,依据《海环法》第90条、第93条,可以追究造成污染事故的单位及海洋环境监督管理人员因违反规定造成污染事故的法律责任;而依据《环评法》第34条,此时仍有进一步追究审批部门工作人员违法批准建设项目环评文件行政责任与刑事责任的空间。于此场合,两部法律的对应条文应如何适用,需要进一步研究。

2. 衔接建议

由于《环评法》采用了指引适用的立法技术,致使在《海环法》相关条文的适用中可能因法条竞合导致部分违法行为在《环评法》与《海环法》中责任评价与处断后果不一致的情形。因此,建议《海环法》修订时,本于与《环评法》法律责任设定一致的原则,对现有可能导致法条竞合的不一致责任设定作出调整。

五、《海洋环境保护法》与《环境保护税法》衔接分析

1. 环境保护税制度概述

环境保护税是为了保护和改善环境、减少污染物排放,以直接向环境排放应税污染物的企业事业单位和其他生产经营者为纳税义务人的一项税收[1]。环境保护税制度来源于庇古税原理,该原理首先由剑桥学派的代表人物庇古于1920年出版的《福利经济学》一书中提出。他认为在市场经济体制下,作为一种调节资源配置的直接手段,市场无法自动对市场主体实施的正外部性行为与负外部性行为加以区分,进而自动地对正外部性行为给予补贴,对负外部性行为给予惩罚。在环境污染的场合,市场无法自发地对产生或者排放污染物以致危害社会公共利益的排污人给予处罚,使其排放成本内部化。需要通过税收这种财富二次分配方式对负外部性为加以矫正,从而实现私人成本和私人利益与相应的社会成本和社

---

[1] 参见《环境保护税法》第1条、第2条。

会利益相等[1]。根据庇古理论发展而来的环境税,主要税收形式是对私人成本和社会成本进行合理分配,通过税收的形式使污染物排放者承担其排放污染物所造成的成本,从而体现"谁污染谁治理、谁开发谁保护、谁破坏谁恢复、谁利用谁补偿、谁收益谁付费"的原则[2]。

《海环法》和《环境保护税法》均对环境保护税制度作出相应规定且存在内在的制度关联。根据《海环法》第12条,直接向海洋排放污染物的单位和个人,必须按照国家规定缴纳排污费。依照法律规定缴纳环境保护税的,不再缴纳排污费。向海洋倾倒废弃物,必须按照国家规定缴纳倾倒费。根据本法规定征收的排污费、倾倒费,必须用于海洋环境污染的整治,不得挪作他用。具体办法由国务院规定。根据《环境保护税法》第22条,纳税人从事海洋工程向中华人民共和国管辖海域排放应税大气污染物、水污染物或者固体废物,申报缴纳环境保护税的具体办法,由国务院税务主管部门会同国务院生态环境主管部门规定。同时,《环境保护税法》第27条规定,自本法施行之日起,依照本法规定征收环境保护税,不再征收排污费。

应当承认当前我国实行环境保护税制度有重要的现实意义。其一,促使海洋生态环境负外部成本的内部化,减少经济活动对环境与资源产生的不利影响。通过向应税用海行为主体征收环境保护税,可以引导市场经营者充分考虑排污行为和开发利用行为带来的环境成本,并将其用海行为已经或可能造成的污染治理成本内部化,使开发利用行为所引发的生态成本得到合理分配,促使用海行为人理性决策、理性实施用海行为,实现海洋生态资源可持续发展。其二,建立在税收法定原则基础上的环境保护税能够有效约束地方政府的自由裁量权,减少因权力寻租而导致的地方保护主义甚至恶意透支环境的违法现象。环境保护税不仅具有一般税收的固定性、强制性、公益性等特点,还具有技术性、专用性和间接性等特点。实行环境保护税制度能够有效地限制地方政府在应税行为或资源方面收费标准不一致、滥用自由裁量权等乱象,使环境负外部性的克服走向制度化、法治化,确保应税收入更加稳定、公开和透明,保护全社会的环境福祉。

---

[1] See Cabe, R. and J. Herrige, "The Regulation of Non-Point Sources of Pollution Under Imperfect and Asymmetric Information", Journal of Environmental Economics and Management, vol. 22, (1992), pp. 134-146.

[2] 参见杨静.完善我国环境保护税法研究[J].经济研究参考.2016(5):56-58+69.

2. 制度理论依据

环境保护税的理论基础之一是经济学中的外部性。外部性是市场失灵的一种典型情况,外部性定义归纳起来有两种,一种是从产生主体的角度来对外部性进行定义,另一种则是从接受主体的角度来定义外部性。经济学家萨缪尔森(Paul A. Samuelson)把外部性定义为"部分为生产和消费对团体强征不可补偿的成本或给予无需补偿的收益情形";美国经济学家兰德尔·克罗茨纳(Randall S. Kroszner)将外部性定义为"当一个行动的某些效益或成本不在决策者的考虑范围内时所产生的低效率现象。即某些效益被给予或某些成本被强加给没有参加这一决策的团体"[1]。

除了概念界定的不同角度之外,经济学界对于外部性分类也有深入研究。针对环境的外部性可以被界分为正、负两个方面。正面的影响也称为正外部性或外部经济性,是指部分人的消费或者生产行为使另外一些人受益,但无法向后者索取报酬的现象,此时的状态可以描述为社会收益大于私人收益;负面的影响又称为负外部性或外部不经济性,是指部分人的消费或者生产行为对其他社会成员造成了有害的影响,但产生外部性影响的一方并未承担消除影响的部分或全部费用,从而造成社会分配不公。外部性有两个明显的特征:一是它们须伴随生产或消费活动才能产生;二是它们的后果抑或产生正面(积极)的影响抑或产生负面(消极)的影响。[2] 在环境问题的场合,外部性主要表现在生产和消费的外部不经济性上。在环境法教材中经常列举这样的例子,在一条河流内有两家企业,位于河流上游的 A 是电镀厂,位于下游的 B 是养殖场。A 和 B 都需要利用河水作为自己经营的自然资源,A 对该河流的利用是将其作为生产代谢污水的排污场所,把未处理的废水直接排入河流;而 B 利用该河流则是通过引入河水不断更新其鱼塘内的水质,确保养殖场的鱼处于较为适宜的水生环境中。然而,当 A 和 B 的所有者或者经营者并非同一人时,就会因水污染而出现对河流的非有效性利用,从而出现 A 的产量越大,河流污染就越重,而 B 的收入就越减少,直至可能导致 B 关闭的现象。此时在经济学上便将 A 的行为给 B 带来的不利影响定义为负外部性,亦称"外部不经济"[3]。外部性产生之后,要从制度上对其进行抑制的前

---

[1] 参见杨志宇.欧盟环境税研究[D].吉林大学,2016.
[2] 参见金瑞林主编.环境法学[M].北京:北京大学出版社,2013:83-84.
[3] 参见金瑞林主编.环境法学[M].北京:北京大学出版社,2013:84.

提是对其产生根源有准确的认识。在这方面,学界已经形成了共识。环境外部不经济是某些环境资源的用益人在生产和消费时给他人带来损失,但其自身并未承担消除影响的部分或全部费用,以致因其行为而利益受损的群体无法得到有效补偿的现象。

而在如何解决环境外部性问题上,国外学者大体形成了两种截然不同的理论。其一,是前文提到的以英国著名福利经济学家庇古为代表的庇古税理论（Pigou tax）,庇古认为要想克服环境的外部性,实现环境外部不经济性的内部化,应建构起相应的制度框架,将外部性作为负价格加以制度化。通过对污染者征税,用税收来弥补私人成本和社会成本之间的差距。后来,采用这种制度的国家便将其环境税命名为"庇古税"。

其二,是以科斯（Coase）为代表的环境产权理论（environment property）。科斯认为,从根本上说外部性是因为产权界定不明确或界定不恰当造成的,所以不一定要通过税收、补贴或管制等方法消除社会成本或收益与私人成本或收益之间的差异,只要能界定并保护产权,随后产生的市场交易就能使资源的配置达到最优化。将产权与外部性相联系,对于理解外部性起源是重大的突破。此后的西方经济学界研究多以此为基础,认为是"公共财富"的存在造成了社会成本的产生。例如,本（Ben）和尼克斯（Nix）便主张外部性的发生是因为公共财富出于制度上或技术上的原因,使其价值属性无法有效实现的结果[1]。在这一认识的启发下,后来学者提出可以通过为作为公共财富的环境产权寻找市场化实现方式的方法来解决困扰人类多时的环境外部不经济性问题[2]。当然,外部性理论仅仅是揭开了环境税可能被应用的场景,而真正谈及环境税的内在运行机理我们还要对作

---

[1] See Bohm, P and Kneece. A, The Economics of Environment,（London: Macmiliam Press Ltd, "1971"）, p.16.

[2] 在对待外部性内部化的问题上,有学者认为应将美国著名管理学和公共选择学家埃莉诺·奥斯特罗姆女士近来提出的以"公共池塘水资源分配"为模型的"公共事物治理理论"作为区别于前述两种学说的第三种解决路径来看待。奥斯特罗姆认为在限定区域范围内,建立在资源使用人团体组织基础上的内部协商机制是最为可取的方式,而其根据则缘于一种被称之为治道变革的理论。关于治道变革与公共选择理论可参见[美]埃莉诺·奥斯特罗姆:《制度激励与可持续发展》,任睿译,上海,上海三联书店,2000年版,第1-3页;See Elinor Ostrom, Governing the Commons: The Evolution of Institutions for Collective Action,（New York: Cambridge University Press, 1990）, pp.19-28; Elinor Ostrom, Institutional Incentives and Sustainable Development: Infrastructure Polices in Perspective, with Larry Schroeder and Susan Wynne,（boulder: Westview Press, 1993）, pp.1-8.

为其制度蓝本的庇古税理论作一番考察。

2. 庇古税理论

为揭示对外部性的抑制机理，庇古对边际私人产出与边际社会产出进行了深入研究。他认为造成外部性问题的根源在于边际私人成本与边际社会成本之间存在差异。由于外部性的存在，使自由竞争的市场"出现失灵"，无法通过市场自发调节来实现社会福利最大化。因此，需要政府通过行政干预手段来矫正外部不经济。如通过税收或补贴方式调整企业的私人成本，使其与社会成本相一致，从而实现外部成本的内部化，即达到"帕累托均衡"状态。[1] 庇古税的环保效应主要体现在以下两方面：其一，从静态角度看，"庇古税"始终伴随着环境污染而存在，污染越严重企业承受的税负越高。因此，庇古税直接成为企业减少污染的外在压力；其二，从动态角度看，"庇古税"对技术进步与清洁能源有着极大的促进作用，属于企业改善生产工艺和生产技术的内在动力[2]。

尽管"庇古税"在理论层面设计得比较理想，但其在实践操作层面却面临着重大挑战。其一，庇古税的作用原理是通过税收调节，使企业承受的庇古税等于其污染行为造成的边际社会成本和边际私人成本之间的差额，使企业将产量调整到均衡状态。因此，庇古税隐含的假设是我们对成本和收益的信息占有非常充分，但实践中全面、精确地掌握所有导致外部性活动的信息几乎是不可能的。其二，环境损害具有加害主体多元性和因果关系复杂性等特点，确定造成环境污染损害的主体也存在一定困难[3]。当侵害行为人和致损原因均无法确定的情况下，如何使成本与损害相匹配也是庇古税理论无法回避的重大挑战。

3. 衔接建议

《海环法》第12条规定，直接向海洋排放污染物的单位和个人，必须按照国家规定缴纳排污费。依照法律规定缴纳环境保护税的，不再缴纳排污费。向海洋倾倒废弃物，必须按照国家规定缴纳倾倒费。而《环境保护税法》第22条规定，纳税人从事海洋工程向中华人民共和国管辖海域排放应税大气污染物、水污染物或者固体废物，申报缴纳环境保护税的具体办法，由国务院税务主管部门会同国务院生态环境主管部门规定。两部法律对环境保护税制度的规定略有不同。由于海

---

[1] 参见杨志宇.欧盟环境税研究[D].吉林大学.2016.
[2] 参见杨志宇.欧盟环境税研究[D].吉林大学.2016.
[3] 参见汪劲.环境法学[M].北京：北京大学出版社，2014：79-89.

洋环境保护有其特殊性，对于涉及用海行为的环境保护税制度应由《海环法》和《环境保护税法》共同确立并由《海环法》加以适当规定，具体建议如下：

(1) 建议《海环法》第12条改为征收环境保护税

根据《海环法》第12条的规定，直接向海洋排放污染物和向海洋倾倒废弃物的行为人应当缴纳排污费和倾倒费；但根据《环境保护税法》第22条规定，排放应税大气污染物、水污染物或者固体废物应当缴纳环境保护税。据此，两部法律对用海行为实施后法律后果的规定存在不一致。《海环法》的规定仍倾向于既有的排污收费制度，而《环境保护税法》则已经实行了以征税为一般、缴费为例外的制度。考虑到《环境保护税法》是调整各类环境用益应税行为的一般法，其所确立的税收法定与"费改税"的监管理念应当在海洋环境保护领域也得以遵行，因此建议《海环法》修订时严格贯彻"费改税"的监管理念，将《海环法》第12条中的排污费和倾倒费改革成为相应税种。

(2) 建议《海环法》第12条增加"生产经营者"的范围限制

根据《环境保护税法》第2条规定，在中华人民共和国领域和中华人民共和国管辖的其他海域，直接向环境排放应税污染物的企业事业单位和其他生产经营者为环境保护税的纳税人，应当依照本法规定缴纳环境保护税。而根据《海环法》第12条规定，直接向海洋排放污染物的单位和个人，必须按照国家规定缴纳排污费。依照法律规定缴纳环境保护税的，不再缴纳排污费。向海洋倾倒废弃物，必须按照国家规定缴纳倾倒费。《海环法》目前规定的缴费主体并没有限定在企事业单位和"生产经营者"范围之内[1]，亦即《海环法》规定的缴费主体范围较《环境保护税》法规定的应纳税主体范围更为宽泛。为了保证《环境保护税法》与《海环法》在缴费主体与应纳税主体范围的一致性，建议在《海环法》修订后的环境保护税制度中将其征收对象限制在企事业单位和"生产经营者"范围之内，从而确保我国环境保护税制的统一。

(3) 建议《海环法》新增有关应税污染物的条文

我国《宪法》第56条规定："中华人民共和国公民有依照法律纳税的义务。"同时，我国《立法法》第8条规定，关于基本经济制度以及财政、税收、海关、金融和外贸的基本制度，只能制定法律。上述规定均体现了税收法定原则。据此，在我

---

[1] 参见秦天宝,胡邵峰.环境保护税与排污费之比较分析[J].环境保护,2017年第2期(Z1):24-27.

国生态环保部门与财税部门已经明确以费改税的形式作为环境保护成本内部化的主要形式,《海环法》有必要在其环境保护税的制度建构中,对应税污染物作出规定,并参照《环境保护税税目税额表》和《应税污染物和当量值表》以适当的形式对应税污染物的税额与应税当量作出规定。

六、《海洋环境保护法》与自然保护地相关法律法规的衔接分析

目前,我国《自然保护地法》以及《国家公园法》尚在立法进程中,国家立法机关或主管的行政机关尚未形成具有官方意义的阶段性立法文本。我国现行的与自然保护地相关的下位条例包括《自然保护区条例》和《风景名胜区条例》。但由于两部条例的上位法将出现重大变化,因此对《海环法》与自然保护地相关法律法规的衔接问题应更注重中央一系列文件精神的解读。中央全面深化改革领导小组第十九次会议在批准设立三江源国家公园体制试点改革时强调要着力对自然保护区进行优化重组,增强联通性、协调性、完整性,坚持生态保护与民生改善相协调。2015年1月,国家发改委等13个部门联合通过的《建立国家公园体制试点方案》也强调要坚持生态保护,保护自然生态系统和文化自然遗产。2017年9月,中共中央办公厅、国务院办公厅印发的《建立国家公园体制总体方案》的核心是加强中国特色国家公园体制及自然保护地体系建设。2019年6月,中共中央办公厅、国务院办公厅印发了《关于建立以国家公园为主体的自然保护地体系的指导意见》。这份指导意见吸收了此前多份文件的实践成果,明确将未来我国的自然保护地划分为国家公园、自然保护区、自然公园三大类型。在自然保护地改革启动之前,我国有关海洋自然保护地的建设已经形成了一整套机制。自1963年辽宁蛇岛老铁山国家级自然保护区建立以来,我国目前已初步建成了以海洋自然保护区、海洋公园、海洋特别保护地为代表的海洋保护地网络[1]。未来,海洋保护地也将作为国家自然保护地的有机组成部分而存在并不断发展。在制度建设层面,《海环法》第76条规定,违反本法规定,造成珊瑚礁、红树林等海洋生态系统及海洋水产资源、海洋保护区破坏的,由依照本法规定行使海洋环境监督管理权的部门责令限期改正和采取补救措施,并处1万元以上10万元以下的罚款;有

---

[1] 国家林业网.海洋保护地基本概况[EB/OL].(2019-09-20)[2020-07-20].http://www.forestry.gov.cn/main/5563/20190920/150329369103095.html.

违法所得的,没收其违法所得。该条文明确了海洋自然保护地的行政执法主体及其职责,规定了对于海洋自然保护区等保护对象的保护政策。在未来自然保护地相关立法制定过程中,有关自然保护地的一般性规定应由《自然保护地法》或《国家公园法》进行规定,在涉海保护地和涉海国家公园的特殊规定方面,应由《海环法》加以明确。据此,建议《海环法》在涉海自然保护地以及自然公园的保护规定上,以《自然保护地法》或《国家公园法》的一般性规定为基础,对保护地的类型和具有涉海管理特色的制度内容加以明确,由其下位条例对涉海保护地的具体管理与保护制度进行补充。

第二章 《海洋环境保护法》与其他法律部门的涉海制度衔接

本章的内容主要分析《海环法》与异法域立法之间的涉海制度衔接。之所以需要在这个层面对《海环法》与其他法律部门的涉海制度进行比较研究,根本原因在于以法律体系自洽性为考量依据的法律部门技术化划分标准在事实上难以与普遍联系的社会生活与法律关系保持精确一致。这就必然会出现同一社会关系需要由多个法律部门在不同角度进行调整的现象。涉海制度建构领域的实际情况也是如此。《海环法》与异法域立法之间主要存在两种不同的关系,其一是异法域立法的调整对象具有一般性,如《刑法》调整涉及犯罪与刑罚的社会关系,涉海环境开发利用行为如果在违反《海环法》行政性规范的同时还触犯了刑事法律规范,就会同时落入刑法的调整范围;同理,《行政许可法》调整以许可作为依据的行政行为,涉海许可是广义行政许可的一种,自当遵守《行政许可法》所确立的基本原则,因此,在这种关系模式下,《海环法》与《刑法》《行政许可法》便是一般法与特别法的关系,此时《海环法》型构涉海制度的出发点应以在一般法确立的基本制度框架下,确立涉海特殊规定为宜。其二是两者均调整涉海事项,处于平行关系,如《海环法》与《海域使用管理法》和《渔业法》的关系,三者均属于对涉海社会关系进行调整又分属于不同法律部门的特别法,此时对三者共同规范事项的一般性规定应遵循《海域使用管理法》和《渔业法》等平行法的规范,而对该事项的涉海适用则应由《海环法》加以明确。

一、《海洋环境保护法》与《海域使用管理法》衔接分析

(一)海洋功能区划制度

1. 制度概况

根据《海环法》第 94 条的立法定义,海洋功能区划是指依据海洋自然属性和社会属性,以及自然资源和环境特定条件,界定海洋利用的主导功能和使用范畴。我国自 20 世纪 80 年代开展有关海洋自然环境与人文环境的调查研究工作,至今

已编制并实施三轮海洋功能区划。海洋功能区划是我国海洋空间开发、控制和综合管理的整体性、基础性、约束性文件，是编制地方各级海洋功能区划及各级各类涉海政策、规划，开展海域管理、海洋环境保护等海洋管理工作的重要依据[1]。

海洋功能区划制度是由《海环法》与《海域使用管理法》共同确定的一项涉海管理基本制度。《海环法》第7条规定，国家海洋行政主管部门会同国务院有关部门和沿海省、自治区、直辖市人民政府根据全国海洋主体功能区规划，拟定全国海洋功能区划，报国务院批准。沿海地方各级人民政府应当根据全国和地方海洋功能区划，保护和科学合理地使用海域。除此之外，根据《海环法》规定，制定规划、开发利用海洋资源、选择入海排污口的位置和开展海洋工程建设项目等都应当以海洋功能区划为科学依据[2]。《海域使用管理法》第4条也明确规定，我国实行海洋功能区划制度，海域使用必须符合海洋功能区划。

我国实行海洋功能区划制度具有重要的现实意义。其一，海洋是承载诸多涉海生产方式的重要物质基础，在诸多用海方式之中，难免会发生基于用海目的、用海区域、用海时间甚至用海方式上的冲突和矛盾，因此需要建立必要的事前规划制度，统筹解决上述矛盾或给定解决上述矛盾与冲突的规则，为行为人选择适当的用海方式提供充分的制度指引。因此确立海洋功能区划制度，有利于协调解决不同行业、不同地区之间的用海矛盾，实现科学合理地开发利用海洋资源。改革开放以来，我国沿海地区开发利用海洋资源的广度和深度都出现了新的变化，逐步由传统的渔业、航运业向矿产开采、石油勘探、海上风力发电等多元化方向发展。海洋功能区划以海洋的自然属性和社会属性为基础，科学确定海域最适合的利用方向和最合理的功能分区，实现经济效益与生态效益兼顾，促进海洋产业结构和生产力布局得到不断优化和提升。其二，保护和改善海洋生态环境，实现可持续性发展。通过实行海洋功能区划制度，对特定海域的自然条件、环境要素和经济社会发展水平进行综合分析，不仅能够防止各类不当用海行为对海洋环境的负面影响，而且能够对生态脆弱区提前做好精准判断，为维持良好的海洋生态环境奠定制度基础。其三，促进我国海洋经济健康发展。海洋功能区划制度贯彻保护优先的理念，根据海域的自然条件和经济社会发展目标，统筹判断某一海域的

---

[1] 参见岳奇，徐伟，李亚宁，等.国土空间视角下的海洋功能区划融入"多规合一"[J].海洋开发与管理，2019(6)：3-6.

[2] 《中华人民共和国海洋环境保护法》第8、第24、第30、第47条.

优先开发利用方向,协调传统产业与新兴产业的用海紧张关系,促进生产力的合理布局,从而助推我国海洋产业转型升级,促进海洋经济的高效发展。

2. 制度理论依据

海洋功能区划制度产生于用海紧张导致的海洋空间布局的冲突关系,正是由于这种用海需求的紧张关系,促成了人们对涉海资源稀缺性的承认与重视。在这一背景下,海洋功能区划制度以及配套制度应运而生。就目的而言,海洋功能区划旨在通过合理规划海洋空间利用格局,减少或避免不同领域的用海矛盾,提高海洋精细化管理水平,从而达到海洋资源用益与生态环境保护得到兼顾的制度效果。

就制度内在逻辑而言,海洋功能区划制度主要在两个阶段发挥作用:(1)拟定阶段。该阶段的主要目的是研商区划未来发展方向问题。申言之,该阶段应当依据区划所在海域的自然与社会属性和自然资源禀赋条件,界定海洋利用的主导功能和用海范畴。因此,海洋功能区划制度在拟定阶段的主要理论来源为区域规划理论。(2)执行阶段。该阶段的主要目的是解决既定海洋功能区划的实施问题。具体来说,在已经明确特定海域用途和优先发展方向的基础上,结合海洋规划制度、海域使用审批制度、环境影响评价制度等相关配套制度,贯彻落实海洋功能区划确定的海域使用发展布局。因此,海洋功能区划制度在执行阶段的主要理论来源为海洋综合管理理论。

区域规划理论是在20世纪70年代引入我国并在海洋功能区划等实践中得到应用和发展的。区域规划理论由区域开发理论、区域空间结构理论和区域规划调控理论共同构成。进入21世纪以来,随着全球化进程的不断加快,区域规划理论也发生了一系列深刻的变化。由于资源环境瓶颈约束日益明显,传统的粗放式工业化、城市化发展模式难以为继,区域协调发展战略日益重要[1],而海洋功能区划也正是在这一大的历史背景下愈发受到关注。所谓区域规划是指在一定地域范围内对国民经济建设和土地利用的总体部署。区域规划的目的是发挥区域的整体优势,达到人与自然的和谐共生,促使区域社会经济快速、稳定、协调和可持续发展[2]。我国作为一个拥有广阔海洋国土和丰富海洋资源的沿海大国,既

---

[1] 参见周春山,谢文海,吴吉林.改革开放以来中国区域规划实践与理论回顾与展望[J].地域研究与开发,2017,36(1):1-6.

[2] 参见曹可.海洋功能区划的基本理论与实证研究[D].辽宁师范大学,2004.

要将拓展和深化海域开发利用作为发展方向和新的增长点，又要兼顾海域资源与生态治理和保护的现实需要。这就为研究、确立和发展海洋功能区划制度奠定了坚实的基础。海洋功能区划制度建立在区域规划理论的基础上，通过统筹协调特定海域的短、中、长期利益，经济与生态效益，跨区域和跨部门利益，实现经济、社会发展成果与生态保护效益的公平分配，进而推动我国不同海域走上在用海精细化管理基础上的可持续发展道路。

海洋综合管理是指政府通过统一管理、专业管理和分级管理相结合的组织体系，制定科学合理的战略、政策、法律，以规划、区划、环境生态管理制度、资源管理管理制度、权属管理制度、权益保护制度等的贯彻落实为手段，对海洋开发利用和生态环境保护实施统筹协调，以提高海洋开发利用的整体效益，维护海洋开发利用的正常秩序，促进海洋经济的协调发展，保护海洋生态环境和国家海洋权益[1]。世界上最早的海洋综合管理实践可以追溯到美国1972年依据《海岸带管理法》建立的"海岸带管理计划"。此后，澳大利亚、韩国、加拿大、经济合作与发展组织和欧盟等沿海国家和由包括沿海国家在内国际组织也相继建立起了本国或本地区的综合型海洋管理机构，并以此为组织依托，建立了适应于本国或本地区海洋管理需求的海洋综合管理体制。从各国或各地区的实践来看，海洋综合管理理论与海洋功能区划制度的对接主要分为两个方面。其一是海洋资源管理。它指的是通过资源权属制度、海域的功能区划和开发规划，指导推动约束海区资源开发利用，以形成合理的海洋产业布局，以实现资源持续利用的目的，保证海洋开发良性循环和最佳功效[2]。其二是海洋环境管理。它指的是通过经常性的海洋监测、监视、规范、标准和环境法律法规的贯彻执行，控制陆源、海上、大气等途径的入海污染源，以及开发利用对海洋环境的影响，减少或避免海洋生态系统、生态环境和生物多样性遭受人类活动的损害[3]。

就区域规划理论和海洋综合管理理论之于海洋功能区划的意义而言，两者发挥的恰好是一表一里的作用。区域规划理论侧重于海洋功能区划制度内涵的建构，而海洋综合管理理论提供的则是制度工具的借鉴，正是吸收了这两种理论的给养，海洋区域规划制度才得以不断完善和发展并在不同国家的海洋管理实践中

---

[1] 参见曹可.海洋功能区划的基本理论与实证研究[D].辽宁师范大学，2004.
[2] 参见曹可.海洋功能区划的基本理论与实证研究[D].辽宁师范大学，2004.
[3] 参见曹可.海洋功能区划的基本理论与实证研究[D].辽宁师范大学，2004.

扮演着愈发重要的角色。

3. 制度实践现状

(1) 海洋生态环境保护力度亟须提高

根据《全国海洋功能区划(2011—2020年)》的海洋功能分类体系,海洋保护区包括海洋自然保护区和海洋特别保护区。在实践中,海洋功能区划制度主要还是侧重于静态功能的实现,它能够较为清晰地将未来需要保护的海域划分为海洋保护区。但是海洋环境管理不仅是一个静态分区的过程,它还要求对具有重要经济、社会价值且已遭到破坏的海洋生态进行整治和恢复,而现有的区划分类并没有整治与修复的类别[1]。此外,我国海洋功能区划中的海洋保护区类型并没有涵盖目前尚未建成保护区的重要海洋生态系统区域。一些典型的海洋生态系统,如重要的海洋渔业资源产卵场、渔场水域以及滨海湿地、珊瑚礁、红树林、河口等,仍被作为渔业养殖、旅游等功能类型加以确认,从而导致全海域海洋生态保护格局不够清晰、明确,重要生态系统区域的海洋生态环境保护措施相对滞后[2]。

(2) 前瞻性和动态适应性亟须增强

海洋功能区划是根据海域的地理位置、自然资源禀赋、海洋生态环境、海岸带开发利用现状和沿海地区经济发展需求,确定特定海域用途和最佳使用功能的科学性、基础性工作,周期一般为10年。然而,随着经济社会的发展,陆海资源冲突日益加剧,用海供需矛盾日益突显。目前我国海洋功能区划制度的刚性有余而弹性不足,其动态调整机制尚未完善[3],导致实践中经常出现因区划前瞻性不足而出现的被动违规或违法现象。因此,如何赋予规划以严肃性的同时,增强其前瞻性与适应性,就成为今后构建海洋功能区划制度的重要课题。

(3) 公众实质性参与不足

我国海洋功能区划通常由行政部门主导,在不同地区,海洋功能区划编制和实施过程中的公众实质性参与呈现出不同的样态,部分地区的规划编制工作缺乏有效的公众实质性参与保障机制。在实践中,公众实质性参与不足主要变现为:

---

[1] 参见苗丰民.功能区划研究进展与相关问题初探[J].海洋开发与管理,2008,25(6):9-12.
[2] 参见王权明,黄杰,李滨勇,等.基于海洋环境保护视角的海洋功能区划评价问题研究[J].海洋开发与管理,2016(12).
[3] 参见岳奇,朱庆林,刘楠楠,等.我国海洋功能区划的回顾性评价和新一轮编制建议[J].海洋开发与管理,2019,36(2):5-9.

海洋功能区划的公众参与范围主要局限于涉海部门的行政管理者以及有关专家，而较多部门行政管理者的参与使这种公众意见难以摆脱部门利益的窠臼。缺少真正意义上的公众的实质性参与，不仅会影响政府决策的科学性、包容性，还易因规划缺乏群众基础和必要的支持而导致执行困难，不利于海洋功能区划的有效实施[1]。

（4）对陆源污染的控制约束力亟须提高

海洋功能区划重点对海域的开发利用与保护进行指导与约束，而多年海洋环境监测评价结果显示，陆源污染物仍是海洋污染的主要来源，对近岸海域污染作用达到80%左右。我国辽东湾、渤海湾、莱州湾、胶州湾、象山港、长江口、杭州湾、珠江口等海域的污染多与陆源污染物相关。同时，我国的近海海域也是船舶溢油事故的多发区和重灾区[2]。在"陆海统筹""以海定陆"理念已经被明确为是本次《海环法》修订及未来我国海洋生态管理的主旨思想之后，海洋功能区划制度的执行有必要从基础性的理念搭建入手，全面提升区划对陆源污染的控制约束力。

4. 国外相关经验

（1）比利时

在规划未来海洋空间使用方面，比利时政府确立了根据海域使用目标的重要性不同，确定用海活动空间和时间分布的制度。具体来说，比利时政府根据本国的实际用海情况，最终制订了6个海洋空间使用计划，每一个计划的重点目标均互有差异；每一份方案都针对某类目标组合而成。例如，"自然海洋"方案针对的是第一类目标——生态和生物多样性，旨在保护和维护相关管理区域的生态功能和生物多样性；"财富海洋"方案集中关注第二类目标——经济，旨在确保相关海域海洋资源利用行为的最大经济回报；其他方案集中关注第三类目标——社会与文化[3]。比利时关于制定未来海洋空间使用前景的经验，对我国海洋功能区划制度中界定海洋利用的主导功能和使用范畴、有针对性地提高海洋生态保护制度

---

[1] 参见王佩儿,洪华生,张珞平.试论以资源定位的海洋功能区划[J].厦门大学学报(自然科学版),2004,43(S1)：205-210.

[2] 参见刘岩.陆海统筹保护海洋生态环境[J].中国国情国力,2014(9)：12-14.

[3] 参见许莉.国外海洋空间规划编制技术方法对海洋功能区划的启示[J].海洋开发与管理,2015(9)：28-31.

的有效性具有重要的借鉴价值。

在功能分区的方法体系方面,比利时海洋空间规划的海域分区技术方法体系也具有特色。该体系首先阐明了港口航运、旅游娱乐、渔业养殖、海洋油气、电缆管线、海岸防护、军事区、科学调查等一系列海域利用现状的空间分布位置、类型与特征、对周边用海环境以及社会经济的影响;其次该体系运用地理信息技术叠加图谱的情景分析法,表达人类用海活动的地质、化学、生态等各方面的环境影响,为进一步分区奠定基础[1]。比利时的上述经验,对我国海洋功能区划制度中界定海洋利用的主导功能和使用范畴、增强海洋功能区划的前瞻性和动态适应性具有重要的借鉴价值。

(2)美国

美国海洋空间规划的一大特色是特别注重对规划编制与执行过程中利益相关者意见的收集、整理和尊重。举例来讲,在美国佛罗里达群岛国家海洋保护区的一部分——托尔图加斯生态保护区的选划和扩张中,规划编制者通过互联网向社会公众发布了技术文件、地图以及其他可视化数据,使公众较好地分享和理解划分保护区的信息,进而增加了他们对保护区建设最终决策的支持与参与[2]。美国关于在海洋空间规划组织阶段和规划阶段提高公众参与度方面的经验,对我国海洋功能区划编制和实施过程中建立公众实质性参与的保障机制具有重要的借鉴意义。

5.衔接建议

根据《海环法》第1条规定,该法的制定目的是保护和改善海洋环境,保护海洋资源,防治污染损害,维护生态平衡等。而《海域使用管理法》第1条规定,其制定目的是加强海域使用管理,维护国家海域所有权和海域使用权人的合法权益,促进海域的合理开发和可持续性利用。因此,建议海洋功能区划制度由《海环法》和《海域使用管理法》共同确立。具体到制度建构方面,建议将海洋功能区划制度中涉及保护和改善海洋环境、防治污染损害的内容在《海环法》中予以明确;将海洋功能区划制度中涉及海域使用管理的内容则由《海域使用管理

---

[1] 参见许莉.国外海洋空间规划编制技术方法对海洋功能区划的启示[J].海洋开发与管理,2015(9):28-31.

[2] 参见许莉.国外海洋空间规划编制技术方法对海洋功能区划的启示[J].海洋开发与管理,2015(9):28-31.

法》予以规定。

(1) 由《海环法》确定的内容

① 海洋功能区划的定义

根据《海环法》第94条,海洋功能区划是指依据海洋自然属性和社会属性,以及自然资源和环境特定条件,界定海洋利用的主导功能和使用范畴。该立法定义应继续由《海环法》加以规定。

② 海洋功能区划的地位作用

根据《海环法》第7条第2款,沿海地方各级人民政府应当根据全国和地方海洋功能区划,保护和科学合理地使用海域。该条文应予保留,该项职能的具体承担部门则应授权各级地方人民政府加以明确。

③ 海洋功能区划与海洋环境保护规划的关系

根据《海环法》第8条,国家根据海洋功能区划制定全国海洋环境保护规划和重点海域区域性海洋环境保护规划。该项规定应予保留,但在中央国家机关机构改革后应明确具体的规划编制主体。

④ 海洋功能区划与开发利用海洋资源的关系

根据《海环法》第24条,开发利用海洋资源,应当根据海洋功能区划合理布局,严格遵守生态保护红线,不得造成海洋生态环境破坏。该条文应予保留但表述应与"三线一单"的管理方式相衔接。

⑤ 海洋功能区划与防治陆源污染物对海洋环境污染损害的关系

《海环法》第30条已经对此作了规定但仍需要进一步完善。建议海洋功能区划制度应与重点海域排污总量控制制度和环境质量目标管理要求相衔接,坚持海陆统筹、以海定陆的治理思路,确定主要污染物的排海总量控制指标或环境质量管理目标,推动海域污染防治与沿海地区污染防治工作的一体化。

⑥ 海洋功能区划与防治海洋工程建设项目对海洋环境污染损害的关系

根据《海环法》第47条,海洋工程建设项目必须符合全国海洋主体功能区规划、海洋功能区划、海洋环境保护规划和国家有关环境保护标准。由于《海环法》修订后,作为其下位规范性文件的《防治海洋工程建设项目污染损害海洋环境管理条例》《防治海岸工程建设项目污染损害海洋环境管理条例》也将进行必要的修订或重新制定,建议将海洋工程建设项目、海岸工程建设项目与海洋功能区划等相关区划的衔接机制在下位条例中加以具体规定。

(2) 由《海域使用管理法》确定的内容

其一,海洋功能区划的编制、修订、审批和公布程序已由《海域使用管理法》确定并在该法第二章作出了详细规定,但仍需要进一步完善。

① 建议海洋功能区划编制工作中,积极借鉴国外在海洋空间规划编制过程中形成的决策规则和技术方法,尤其是用海需求的预测方法,加强对海域使用的精细化管理。如可参考国外在实现生态环境和海洋学现状信息绘制时采用的生物区域轮廓法和生物价值评估法[1]。

② 建议建立海洋功能区划"一般性修改"和"重大修改"的常态化工作机制,明确不可修改的约束性指标和可适时修改的授权性指标,并详细规定不同类别修改的实施程序。如可以将对海洋功能区划目标、占用海洋保护区、扩大或缩小海洋保护区面积和涉及范围较大的修改界定为重大修改。此类修改必须经原批准机关审批;将微调海洋功能区划边界等修改界定为一般性修改。此类修改可由同级人民政府报上级海洋管理部门审批[2]。

③ 建议在海洋功能区划的编制、审批和修改程序中加强公众实质性参与的保障条款,在立法或者下位条例中进一步明确公众的范围、公众参与的途径和程序、救济渠道、监督机制,促进公众对海洋功能区划工作的了解、理解和主动参与。如调查对象的范围可界定为地方政府相关部门、军事机关、开发区、科研院校、沿海乡镇人民政府、村民委员会、海域使用者等;人员组成可涵盖管理人员、技术人员、科研人员、村民委员会(居民委员会)成员和海域使用利益相关者等;调查形式可以采用调查问卷、实地走访、咨询专家意见、座谈会、论证会、听证会等;调查时间可以分别设置在海洋功能区划编制工作启动时段和征求意见稿完成时段。对于公众反馈意见的处理应有严格的程序性保障,未采纳的意见要有充分的依据并说明理由[3]。

其二,对于海洋功能区划与涉及海域使用规划的关系,应坚持《海域使用管理法》第15条确立的原则。养殖、盐业、交通、旅游等行业规划涉及海域使用的,应

---

[1] 参见许莉.国外海洋空间规划编制技术方法对海洋功能区划的启示[J].海洋开发与管理,2015(9):28-31.

[2] 参见岳奇,朱庆林,刘楠楠,等.我国海洋功能区划的回顾性评价和新一轮编制建议[J].海洋开发与管理,2019,36(2):5-9.

[3] 参见杨顺良,罗美雪.海洋功能区划编制的若干问题探讨[J].海洋开发与管理,2008(7):14-20.

当符合海洋功能区划。沿海土地利用总体规划、城市规划、港口规划涉及海域使用的,应当与海洋功能区划相衔接。

其三,针对海洋功能区划与海域使用申请、海域使用权的关系,《海域使用管理法》第 17、第 22、第 28 条的现有规定较为合理,应予坚持。

(二) 海洋环境监测制度

1. 制度概述

海洋环境监测系指间断或连续地测定海洋环境中污染物的性质、浓度,观察、分析其变化及对海洋环境影响的过程。按照监测目的和监测对象不同,海洋环境监测主要分为如下四种类型:常规监测,它是按一定的要求和计划,定时、定点地测定污染源排放情况及其排污负荷变化情况,分析污染物超标程度和频率,评价环境质量,预测海洋环境变化趋势,为污染源的治理和管理提供科学依据;污染事故监测,系指因发生事故或者突发性事件造成或者可能造成海洋污染事故时,对受到或者可能受到污染危害的区域进行应急的监测。此类监测还有助于探究造成事故的原因,并为事故纠纷的解决提供技术监测资料和证据;研究性监测,系指在海洋环境科学研究工作中,为确定、研究某些污染物对周围环境的污染范围、污染强度及其迁移转化规律而进行的监测。此类监测有助于掌握特定海域的水文环境特点与污染物及其潜在影响的特性,为科学决策提供依据;调查性监测,系指国家或地方组织的全国海洋环境情况综合性调查、全国或者地方海洋环境专项调查对海洋环境进行污染源和环境质量状况两方面的监测[1]。作为海洋环境监测制度的组成部分,《海环法》还规定了海洋环境监视制度。海洋环境监视的主要作用在于预防、控制和治理海洋污染,包括巡航监视、定点监视、专项监视等。巡航监视来自于对监视工具的类型化,包括空中巡航监视和海上巡航监视;定点监视来自于对监视对象的类型化,包括监视点的选取,定期或不定期实施监视计划等;专项监视来自于对监视内容的类型化,如对船舶倾倒的专项监视、对海洋微塑料污染的监视等。海洋监视是海洋环境监测制度的实践形式之一,因而是海洋环境监测制度体系的重要组成部分。

海洋环境监测制度是由《海环法》与《海域使用管理法》共同确定的一项基本制度。根据我国《海环法》规定,国家海洋行政主管部门按照国家环境监测、监视

---

[1] 参见郭院,朱晓燕.试论中国的海洋环境监测制度[J].海洋开发与管理,2005(2):57-62.

规范和标准,管理全国海洋环境的调查、监测、监视,制定具体的实施办法,会同有关部门组织全国海洋环境监测、监视网络,定期评价海洋环境质量,发布海洋巡航监视通报;国务院有关部门应当向国务院环境保护行政主管部门提供编制全国环境质量公报所必需的海洋环境监测资料,环境保护行政主管部门应当向有关部门提供与海洋环境监督管理有关的资料;国家海洋行政主管部门按照国家制定的环境监测、监视信息管理制度,负责管理海洋综合信息系统,为海洋环境保护监督管理提供服务。根据《海域使用管理法》第5条规定,国家建立海域使用管理信息系统,对海域使用状况实施监视、监测。

确立海洋环境监测制度具有重要的现实意义。其一,作为基础性的海洋环境管制工具,组织海洋环境监测、监视工作可以为制定海洋环境保护的政策、制度提供科学依据。根据《海环法》第14条规定,国家海洋行政主管部门按照国家环境监测、监视规范和标准,管理全国海洋环境的调查、监测、监视,制定具体的实施办法。因此,实行海洋环境监测制度是有效推进编制海洋环境保护规划,制定和实施海洋环境保护法律、法规和标准的科学前提。其二,实行海洋环境监测制度可以为海洋环境保护监督管理提供服务。根据《海环法》第16条规定,国家海洋行政主管部门按照国家制定的环境监测、监视信息管理制度,负责管理海洋综合信息系统,为海洋环境保护监督管理提供服务。海洋环境监测是监督管理海洋环境的客观化手段,是海洋环境保护监督管理的技术保障,其所具有的证明力是海洋环境管理执法体系的基本证据支撑。通过监测,可以掌握海域中污染物的种类、数量和浓度,了解污染物在海洋环境中的迁移转化规律,从而提出防治污染的技术和措施,为实现海洋环境保护监督管理科学化、定量化奠定基础。[1] 其三,实行海洋环境监测制度可以为海洋环境科学研究和涉海国际合作提供可靠的信息。海洋环境监测是海洋环境科学研究的重要组成部分,其数据成果及信息产品具有客观性,能够确切地反映海洋环境质量状况或污染程度。[2] 其所提供的涉海监测数据与行为规律对于开展国际海洋管理与保护合作,对于厘清不同国家在海洋环境污染与保护方面的国家与国际责任具有重要的证据价值。

2. 制度理论依据

随着经济社会发展和科学技术进步,人类改造利用环境的能力不断提高,海

---

[1] 参见王宝峰,时文博等.浅谈我国海洋环境监测及改进措施[J].天津水产,2013(1):19-22.
[2] 参见郭院,朱晓燕.试论中国的海洋环境监测制度[J].海洋开发与管理,2005(2):57-62.

洋资源成为继传统陆上资源之后进入人类视野的重要资源依托,以海洋为客体的新能源开发与利用、矿产资源勘探与开采等涉海经济活动日益频繁。上述活动在带给我们经济富足的同时,也不可避免地造成海洋生态系统负荷沉重,甚至在部分海域出现"重开发、轻环保""无序、无偿、无度开发"的严峻景象,海洋资源和海洋生态环境受到了不同程度的破坏。为此,我国迫切需要通过有效实施海洋生态环境监测、监视制度,遏制海洋环境破坏和海洋自然资源掠夺性开发所造成的生态危机。要保证海洋生态环境的可持续性发展,必须将排污活动和涉海开发利用活动控制在一定范围之内,通过持续性的监测,确保上述管理措施的效果,将开发利用活动的影响限制在海洋生态环境承载力的范围之内。

对于海洋生态环境承载力,有学者认为它是衡量海洋可持续发展的重要标志,体现了一定时期和特定区域的海洋生态环境系统满足区域社会经济发展和人类生存、发展及享乐等方面的需求程度,因此应根据海洋资源与环境的实际承载力确定沿海人口与社会经济的发展速度,从而更好地解决沿海经济发展、资源配置与海洋生态环境承载能力之间的平衡与协调问题,以实现海洋生态系统的良性循环,促进沿海社会经济的可持续发展[1]。也有学者认为,海域承载力是指一定时期内,以海洋资源的可持续利用、海洋生态环境的不被破坏为原则,在符合现阶段社会文化准则的物质生活水平下,通过自我维持与自我调节,海洋能够支持人口、环境和经济协调发展的能力或限度。这就使得海域承载力具有了两层含义:一是海洋体现海洋承压效果的自持力与自我调适力;二是在海洋自持力限度内的人海互动能力,这体现出的是海洋满足人类需求与发展的供给力[2]。

海洋环境监测制度是监督监测海洋生态环境的重要手段,是海洋综合管理的重要组成部分,海洋生态环境承载力与海洋环境监测制度密切相关。开展海洋生态环境承载力研究有助于为海洋监测与监视制度确定监测与监视的客观标准,明晰监测行为的目的与后果,提升监测行为的科学性与客观性。因此海洋环境监测应当以海洋环境容量作为重要的参数或指标,通过对污染物、污染因素与污染行为的全面检监测,判断行为的危害与后果,判断排放污染物的行为强度是否超过

---

[1] 参见苗丽娟,王玉广,张永华,等.海洋生态环境承载力评价指标体系研究[J].海洋环境科学,2006,25(3):75-77;韩立民,栾秀芝.海域承载力研究综述[J].海洋开发与管理,2008,09:32-36.
[2] 参见狄乾斌,韩增林,刘锴.海域承载力研究的若干问题[J].地理与地理信息科学,2004(5):53-56+74.

了特定海洋环境在特定时间段之内的自净能力和承载力。

3. 制度实践现状

(1) 海洋环境监测制度体系亟须健全

目前我国《海环法》和《海域使用管理法》对海洋环境监测制度的规定宏观性、原则性较强,缺乏细节性的周延设计。而海洋环境监测是一项技术性、时效性、综合性很强的系统工程,需要在严密、细致的制度框架组织实施。因此,海洋环境监测制度迫切需要进一步对海洋环境监测的目标、任务与职责,海洋环境监测数据与信息的管理、披露与共享,海洋灾害与海洋污染事故损害评估,监测网络管理与有偿监测服务,海洋监测业务机构与从业人员的资质、考核与聘任,海洋环境监测及其结论在法律裁判中的地位、作用与司法证明力等加以规范[1]。

(2) 海洋环境监测技术与标准有待提升

就本质属性而言,海洋监测活动本身是一项高度科学化与标准化的活动,因此需要建立在对涉海科学规律的充分认知基础之上,而目前我国还没有形成海洋环境监测技术研究、开发与推广应用的成熟机制。即使国家海洋环境监测中心在新监测技术方法的研究开发、标准的建立、规范的修订等方面做了一些工作,但多数技术尚未进入业务转化的过程,也未能形成相应的技术标准和规范,满足不了监测工作的需要[2]。此外,海洋环境监测高度依赖于科学仪器与设备,对软硬件环境的保障需求同样与目前的实际情况存在较大差距。这些不利因素都需要尽快加以克服。

(3) 海洋环境监测领域需要拓展

经过多年的建设与探索,我国海洋环境监测介质已从单一的水质监测发展到包括水质、沉积物、生物体内污染物含量监测并重的阶段,监测内容也开始探索从单一的趋势性监测向趋势性监测、监督监测、功能区监测、灾害监测等多种监测相结合的方向转化[3]。但是也必须要承认,我国的海洋生态监测能力与领域仍需进一步拓展。特别是应当加强对重点海域环境与生物资源影响的监测和研究,将

---

[1] 参见许丽娜,王孝强.我国海洋环境监测工作现状及发展对策[J].海洋环境科学,2003(1):64-69.

[2] 参见许丽娜,王孝强.我国海洋环境监测工作现状及发展对策[J].海洋环境科学,2003(1):64-69.

[3] 参见许丽娜,王孝强.我国海洋环境监测工作现状及发展对策[J].海洋环境科学,2003(1):64-69.

监测的结论与海洋生物资源的保护有机结合起来,使海洋环境监测的结论服务于海洋生态环境质量改善的整体目标。

4. 国外相关经验

(1) 美国

美国政府对海洋观测系统的规划和建设有缜密的思考。通过对监测站点选址的精准设计,形成了布局完整且资源利用高效的站点格局。美国目前的监测网络拥有动物遥测、滑翔器等在内的多种监测方式,同时辅之以先进传感器、高效资料收集与分析平台,使得美国的综合海洋监测系统达到了世界领先水平;在海洋生态系统修复方面,美国的先进理念与技术也发挥了重要作用。在大沼泽等类型的修复项目中先后发明了跨营养级的系统模拟模型和沼泽地综合动态模型等工具,为海洋生态修复工作提供了科学指导[1]。美国关于海洋观测系统建设和海洋生态系统修复方面的经验,对我国完善海洋环境监测制度技术标准的设计与监测方法时选取均具有重要的借鉴意义。

(2) 日本

日本的海洋监测技术研发主要由中央和地方政府、研究机构、大学等多元主体共同开展,目前的监测内容包括海洋污染调查、公共水域水质调查、大气和海洋环境观测等多个方面,覆盖了从海岸带、港湾、近海到专属经济区的多层次海域;在监测方法上,遥感、船舶巡航、潜水器巡视等多种手段并行使用。在系统集成上,日本整合了观测系统的研发与建设,按照共同使用原则配备设施并开发技术。日本高度重视海洋领域的信息收集与分享工作,积极参与国际海洋观测计划和信息共享机制,并以此为基础对海洋生态系统进行长期、持续的监测[2]。日本关于多元主体共同推进海洋监测技术、监测体系建设的经验及其对海洋环境监测国际合作的重视,均值得我国在构建海洋环境监测制度时借鉴。

5. 衔接建议

如前所述,海洋环境监测制度不仅能够为制定海洋环境保护的政策、制度提供科学依据,而且能够为实现海洋环境保护监督管理的客观化、科学化、定量化提

---

[1] 参见杨振姣,闫海楠,王斌.中国海洋生态环境治理现代化的国际经验与启示[J].太平洋学报,2017,25(4):81-93.

[2] 参见陈平,李翠,李俊龙.日本海洋环境监测实施情况及启示[J].环境与可持续发展,2012(3):88-91.

供工具。结合《海环法》"保护和改善海洋环境,保护海洋资源,防治污染损害,维护生态平衡"的立法目的,海洋环境监测制度主要应由《海环法》加以确立。目前《海环法》第5、14、15、16条已经对海洋环境监测制度作出了规定,但仍须进一步细化和完善,使之更好地为海洋环境保护服务。

(1) 健全海洋环境监测管理的制度体系

根据《海环法》第14条第1款的规定,生态环境部应尽快制定国家海洋环境监视、监测的规范和标准,作为其他相关部门制定具体实施办法和各系统、各级监测站开展海洋环境监测工作的依据。第一,应进行海洋环境监测规范和标准体系论证工作,建立科学、完整的规范和标准体系,确定规范和标准体系具体包含的项目,并以此为据编制海洋环境监测规范和标准制定规划。第二,应对现行规范和标准进行梳理,在此基础上进行立改废释工作,当前较为突出的任务是充实和完善国家海洋环境监测规范和标准的基本框架[1]。

(2) 推进海洋环境监测技术研发

海洋环境监测,是评价海洋环境状况的基础,是开展海洋环境保护和管理的前提,也是科学开发利用海洋国土的依据。针对当前海洋环境监测技术落后的现状,应当在如下几方面推进海洋环境监测技术的研发工作。第一,应当借鉴国外新的监测技术的研究开发的经验,以监测规范体系的构建为先导,努力形成一套海洋环境监测技术研究、开发与推广应用的有效机制,从而促成监测技术与监测方法多元研发的局面;第二,充分利用现有的卫星、飞机、调查船、浮标、岸基站、潜航器等监测手段,提高海洋环境监测的时效性、准确性和自动化水平。而上述两项任务的实现均需要制度的保障,因此建议《海环法》在相关条文中增加对多元监测技术与方法推进机制的保障性内容。

(3) 拓宽海洋环境监测领域

为了应对复杂的用海方式的挑战,海洋环境监测领域应当实现从重污染源监测到多元监测全面推进的跨越。为此建议《海环法》应就海洋环境监测的领域作出新的拓展性规定。例如为了积极发挥海洋环境监测对海洋生态环境保护的重要作用,应当将海洋环境监测的领域拓展至生物监测和赤潮监测;再如为了积极发挥海洋环境监测对海洋环境监督管理工作的引领作用,应当重点推进与海洋开

---

[1] 参见郭院,朱晓燕.试论中国的海洋环境监测制度[J].海洋开发与管理,2005(2):57-62.

发利用关系紧密的海域功能区监测,从而实现对海域使用的精细化管理。

(三) 围填海制度

根据《海域使用管理法》第 4 条,围填海是指填海、围海等改变海域自然属性的用海活动。围填海造地通过围垦或填埋形成新的土地,会改变海域原有的自然状态。与其他的海域使用方式相比,围填海活动具有以下特殊性:其一,作为原权利客体海域的灭失性。围填海造地会改变海域原有的自然状态,形成新的土地以及附着在土地上的新的权利群,而海域使用权则会因为海域本身的物理灭失而随之消失,其他海域使用方式通常不会以消灭海域使用权为权利或许可行使的效果。其二,行使效果的不可逆性。除国家强制纠正违法违规的围填海造地行为以外,合法围填海造地许可行使的效果通常是不可逆的。因此其对周边海陆地貌的改变也具有不可逆的特点。其三,行使效果的排他性。其他海域使用方式通常具有可重复性,即原有的海域使用权终止后可以在此基础上重新设定内容相同或内容不相排斥的权利,而围填海许可行使的效果则是直接消灭了海域使用权且不存在复效的可能。其四,行使效果与土地管理的竞合性。围填海会改变海域原有状态,使得原有的海域区域转化成为新的陆地土地,由此会衍生出海域系统和陆域系统的衔接和权利竞合管理问题。其他海域使用方式通常不存在与陆域土地管理的衔接与竞合调整问题。[1]

《海域使用管理法》对围填海制度本身有较为详细的规定。该法第 4 条指出国家严格管理填海、围海等改变海域自然属性的用海活动。第 18 条规定下列项目用海,应当报国务院审批:(一)填海五十公顷以上的项目用海;(二)围海一百公顷以上的项目用海;(三)不改变海域自然属性的用海七百公顷以上的项目用海;(四)国家重大建设项目用海;(五)国务院规定的其他项目用海。前款规定以外的项目用海的审批权限,由国务院授权省、自治区、直辖市人民政府规定。第 32 条规定填海项目竣工后形成的土地,属于国家所有。海域使用权人应当自填海项目竣工之日起三个月内,凭海域使用权证书,向县级以上人民政府土地行政主管部门提出土地登记申请,由县级以上人民政府登记造册,换发国有土地使用权证书,确认土地使用权。此外,《海域使用管理法》第 42 条还规定未经批准或者骗取批准,非法占用海域的,责令退还非法占用的海域,恢

---

[1] 参见杨静娴.我国围填海造地与陆域土地管理衔接研究[D].浙江大学,2018.

复海域原状,没收违法所得,并处非法占用海域期间内该海域面积应缴纳的海域使用金五倍以上十五倍以下的罚款;对未经批准或者骗取批准,进行围海、填海活动的,并处非法占用海域期间内该海域面积应缴纳的海域使用金十倍以上二十倍以下的罚款。

随着我国沿海地区经济社会发展水平的不断提高,人口的迅速迁移与集聚不断加快,人地矛盾日益突出,陆域土地资源的紧缺成为限制城市化发展的重要瓶颈。围填海造地作为一种土地资源创生的路径,能够在很大程度上缓解人地紧张的矛盾,因此一段时期以来,在各沿海地区被广泛采用。但是与此相伴生的却是因围填海造地活动改变了海域原有的自然状态,给海岸带的生态环境带来的严重负面影响。围填海工程完成后形成的诸如水产养殖、港口码头和临港工业等开发利用活动增加了海域内污染物的排放,降低了海域的水交换能力和污染物自净能力,致使近岸环境持续恶化;围填海工程占用大量沿海滩涂湿地,进而改变了湿地的自然属性,导致湿地生态服务功能基本消失;由于沿海滩涂和河口是各种鱼类产卵洄游、迁徙鸟类栖息觅食、珍稀动植物生长的关键栖息地,而围填海活动严重侵蚀湿地生物聚落的栖息环境,导致围填海区域内生物种群数量大量减少甚至濒临灭绝,危害生物多样性的实践。[1]

1. 制度理论依据

本次《海环法》修订的主要理念是实现在污染防治与生态保护上的陆海统筹。这就要求在规则制定的过程中,要根据海、陆两个地理单元的内在联系,运用系统论的思想,从生态整体主义的视角出发综合考虑海、陆环境资源的特点,系统考察海、陆各相关要素的经济功能、生态功能和社会功能,在海、陆环境生态系统的承载力和社会经济系统韧性范围内,统筹规划中国沿海陆域与濒陆海洋两大系统的资源利用、生态安全和经济社会发展政策,把海陆地理、社会、经济、文化、生态系统整合为一个整体的可持续发展系统,[2]从而实现陆海统筹、以海定陆思想的制度化和法治化。在确立了陆海统筹的理念后,相应地体现这一理念的制度形态的构建便被提上了议事日程。

陆海统筹战略思想的提出和形成可以回溯20世纪末期。我国于20世纪

---

[1] 参见侯西勇,张华,李东,等.渤海围填海发展趋势、环境与生态影响及政策建议[J].生态学报,2018,38(9):323-331.

[2] 参见王芳.对实施陆海统筹的认识和思考[J].中国发展,2012,12(3):36-39.

90年代初编制的全国海洋开发保护规划曾提出了"海陆一体化"原则。海陆一体化理论是海洋开发活动、海陆空间要素有效结合以及海洋产业向陆地扩散政策的理论依据和指导原则。而围填海造地是实现陆海统筹在物理和制度层面的重要探索。围填海造地就是在解决人地矛盾的过程中,发挥科技和人类的主观能动性,通过将海洋转换为陆域土地,将沿海地区的海洋融入城市整体发展的重要开发活动。[1]因此,海陆一体化理论为围填海造地管理与生态保护提供了理论支撑。

2. 制度实践现状

(1) 海岸带生态破坏严重

海岸线是陆海统筹的关键节点,在生态脆弱敏感、海水自净能力弱的海域实施围填海造地活动会不断蚕食我国的海岸线,据统计除开发价值低的区域之外,我国海岸带资源已基本开发殆尽。[2] 2003年,我国围填海的面积为2123公顷,到了2004年则翻倍达到了5352公顷。2005年以后,我国每年围填海的面积都超过1万公顷,相当于这些年来我国每年都能新增100平方公里以上的土地。据不完全统计,近几十年来,江苏、浙江、福建、广东等省市的围海造田面积就将近800万亩。[3]陆地面积增加所带来的产出背后,是围填海活动的严重危害。此类活动严重破坏滨海湿地,这会导致海岸带地区生物多样性遭受严重损害。有学者通过对海南文昌椰林湾珊瑚礁生态系统的研究得出结论,围填海建设改变海域自然属性、产生悬浮泥沙改变水质环境,进而造成珊瑚种类数量锐减。[4]围填海工程实施及运行后,还会不断加剧海洋环境污染和生态破坏。此外,围填海对潮汐等海洋环境要素亦会带来不利影响,破坏海岸线的原生态。[5]

---

[1] 参见杨静娴.我国围填海造地与陆域土地管理衔接研究[D].浙江大学,2018;胡斯亮.围填海造地及其管理制度研究[D].中国海洋大学,2010.

[2] 樊成友."向海要地"仍触目惊心!海南一些被点名项目还在施工[EB/OL].[2020-07-27]. https://zj.zjol.com.cn/news/868250.html.

[3] 樊成友."向海要地"仍触目惊心!海南一些被点名项目还在施工[EB/OL].[2020-07-27]. https://zj.zjol.com.cn/news/868250.html.

[4] 参见陈海洲,李元超.文昌椰林湾珊瑚礁生态系统的健康状况及其对围填海建设的生态响应[J].海洋环境科学,2019,38(4):533-539.

[5] 参见张文娟.违法围填海,控住了没有?[J].中国生态文明,2019(4):51-53.

(2) 管理措施有待强化

从 2017 年开展的以围填海专项督查为重点的海洋督察结果来看,各地在围填海领域存在着共性问题。如盲目填海、填而未用、长期空置、违法违规等。上述现象之所以在多地持续发生,根本原因是我国在围填海管理方面存在着"失序、失度、失衡"问题。自 2018 年《国务院关于加强滨海湿地保护严格管控围填海的通知》印发以来,尽管各级自然资源主管部门持续以高压态势震慑违法围填海,违法围填海势头得到有效遏制,[1]但并未从根本上杜绝。2019 年前三季度仍存在涉嫌违法填海行为,涉及海域面积约 2.52 公顷。之所以违法围填海活动屡禁不止,深层原因与中央和沿海地区在围填海问题上存在利益分歧紧密相关。分税制背景下地方政府通过围填海活动可以获取更多的城镇建设用地指标,这些指标再与传统的土地财政相挂钩,通过土地出让,能够为地方带来可观的土地出让金,以致多地均出现"向海要地"的倾向。[2] "陆海分割,多头管理,政出多门,部门间缺乏有效协同等"[3]问题在围填海活动中表现得淋漓尽致,管理体制上的弊端已经严重制约我国海洋生态管理的效能。

(3) 公众参与偏低

围填海活动因为涉及土地财产的创生、海域使用权的限缩或消灭、濒海生态与资源的改变与退化,因而会产生广泛的社会影响。因此,对于围填海活动应当进行审慎的科学决策。但当前围填海决策中的公众参与却缺乏充分的法律依据,公众参与程度较低,主要表现在:其一,知情权保障机制缺乏。围填海活动是具有高度技术性壁垒的工程活动,这使得有效的公众参与者必须要能够获取围填海的工程选址、用海面积、规划目标、海岸形态与功能布局、潜在生态影响与社会影响、围填海方式和主要区块功能等重要信息,且对上述信息的真实含义要具有可及性。遗憾的是目前在我国的现有法律框架下,公众的此类知情权缺乏必要的机制加以保障,从而导致决策者在客观上难以有效获知公众等利益相关者对围填海的态度与建议。其二,表达权实践存在障碍。正如前文所言,围填海是一种技术密集型的工程活动,普通公众即使能够获取相关决策信息,也难以达到有效表达意见所需的知识可及性,因此其表达权在客观上具有实现的障碍。其三,监督手

---

[1] 张文娟.违法围填海,控住了没有?[J].中国生态文明,2019(4):51-53.
[2] 参见张良.围填海热潮不减的原因分析与对策建议[J].中国海洋社会学研究,2019:115-126.
[3] 全国政协人口资源环境委员会.保护沿海滩涂 走可持续发展道路[N].人民政协报,2014-08-29(4).

段单一。围填海工程施工现场通常在离岸海域,普通公众难以实时监督围填海活动。通常公众仅能通过卫星图片、出海观测等成本较高的手段获取部分非实时的工程信息,难以开展有效的事前与事中监督,这使得围填海活动无法在决策期得到有效的社会监督。[1]

(4)与土地管理制度的衔接

由于不同地区的土地与海域管理的理念与制度上存在差异,地方实践中围填海造地与土地管理制度之间必然会存在若干衔接问题亟待明确。这类问题主要包括:其一,围填海后建设的项目与土地利用规划的符合性问题;其二,海域使用权向土地使用权转化在法律程序上的衔接问题,此类问题需要明确围填海造地后海域使用权证换发土地使用权证的程序;[2]第三,海域使用权转化为土地使用权后权利内容与义务承继问题。[3]《海域使用管理法》对前两个问题有所规定,但并未对第三个问题,即海域使用权转化为土地使用权后权利内容与义务承继作出规定。

3. 国外相关经验

围填海造地对生态造成的负面影响在同为沿海国家的韩国、荷兰和日本等国也都普遍存在。比如,荷兰迫于生态压力,将围填海造地管理的重点由早期的防护和围垦转向生态保育和可持续利用,并开始实施"还地为湖"和"退滩还水"计划。[4]在日本,因围填海活动也造成了严重的海洋环境污染与生态破坏,近年来也相继采取了"先围填,后治理"的紧急干预措施。

(1)韩国

韩国为应对生态破坏,近年开始实施第二次公有水面围垦计划。为限制大规模填海所引发的生态破坏,韩国的第二次公有水面围垦计划改变了第一次公有水面围垦计划的规划方向,提出最大限度遏制对滩涂的直接填埋。对于已经毁坏并无法恢复或环境损害较少的规划区域,允许采用环境友好型的工程方法进行小规

---

[1] 参见张良.围填海热潮不减的原因分析与对策建议[J].中国海洋社会学研究,2019(1):115-126.
[2] 参见胡斯亮.围填海造地及其管理制度研究[D].中国海洋大学,2010.
[3] 参见孔昊,杨顺良,罗美雪,胡灯进.围填海造地与土地管理制度衔接的地方实践研究——以福建省为例[J].海洋环境科学,2019,38(5):720-725+729.
[4] 参见胡斯亮.围填海造地及其管理制度研究[D].中国海洋大学,2010.

模围填海作业。[1] 韩国围填海规划目标的调整说明韩国的围填海目的已从早期的以扩大国土面积为主转变为以修复和提升海洋环境兼及国土面积为主。韩国以规划为先导对围填海目标的调整方式值得我国《海环法》借鉴。

在规划之外,为进一步保护湿地的生态价值,韩国还提出了营造人工湿地的生态修复方案。即对于必须进行填埋的湿地,应根据填埋面积、生态损失、经济成本等方面的综合评价,选择合适的区域,建造人工湿地来弥补围填海带来的生态损失。[2] 这一制度给我国的围填海管理制度提供了一种值得参考的思路,也有利于湿地生态环境的保护和修复,遏制不合理的围填海需求。

(2) 荷兰

在围填海造地制度建设方面,荷兰结合其行政管理体制,创建了与我国颇为相似的分散型围填海管理体系,这使得对荷兰围填海管理体制的研究体现出了独特的参考价值。

荷兰的国家涉海事务最高决策机构是一个部长委员会,由水利、交通、建设、农业、环保等部门的负责人共同组成。该委员会由一个特别议事委员会和一个由产业界、科学界共同组成的非政府咨询委员会为其提供咨询。这一管理模式的特点是将政府、研究机构和利益相关者联系在一起组成决策系统。[3]

在1998年建立的国家海洋机构(IDON)作为国家层次上的海洋协调管理机构,主要负责协调、审议各部委制定的有关北海的政策、指令和法律,促进不同行业管理部门进行协同管理。IDON不仅负责国家海洋主管部门间的协调工作,还负责中央与地方之间的联系。在 IDON 的作用下,荷兰的海洋行政管理分级严格,并对中央和地方的管理范围和权限进行了明确界定[4]。正是由于存在这个协调机制,荷兰采用的分散型围填海管理体系非但没有削弱国家对围填海活动的管理效能,还促成了基于不同视角协商决策管理机制的形成。反观我国,现行的围填海管理体制分散于多个涉海部门,其间的权力配置重叠或空白,权力行使秩

---

[1] 参见刘洪滨.韩国21世纪的海洋发展战略[J].太平洋学报,2007,(3):80-86;孙丽,刘洪滨,杨义菊,谭勇华,王小波.中外围填海管理的比较研究[J].中国海洋大学学报(社会科学版),2010(5):40-46.

[2] 参见孙丽,刘洪滨,杨义菊,谭勇华,王小波.中外围填海管理的比较研究[J].中国海洋大学学报(社会科学版),2010(5):40-46.

[3] 参见胡斯亮.围填海造地及其管理制度研究[D].中国海洋大学,2010.

[4] 参见孙丽,刘洪滨,杨义菊,谭勇华,王小波.中外围填海管理的比较研究[J].中国海洋大学学报(社会科学版),2010(5):40-46.

序的失序、失度和失衡,导致我国对围填海管理效能与较为先进的荷兰等国家存在较大差距。因此,急切需要理顺现行的围填海管理体制。

除了建立国家级协调管理机构的荷兰模式之外,韩国采取的集中型综合海洋管理体制也有其一定的参考价值。韩国于1996年设立了海洋水产部,由其对全国涉海行业进行统一管理,自此韩国确立了以海洋行政一元化为特征的综合海洋管理体制。就实践层面而言,韩国现行的体制能够较为有效地避免各行政部门之间因部门利益冲突而出现的缺位或越位现象。

由于荷兰的围填海管理体制与我国现行的管理体制有较大的相似性,因此建议以荷兰的管理模式为蓝本,对我国的围填海管理体制进行必要的改革,以提升我国的围填海行政管理效率与服务效能。

(3) 日本

日本在围填海管理领域最大的贡献在于形成了程序扎实而又兼顾利益相关者利益平衡的公众参与制度。上述特色在对围填海造地的审批流程和合理性进行审查控制的过程中得到了充分体现。

日本的围填海造地审批流程包括:首先,项目申请人对项目进行环境影响评价并在完成利益相关者之间的协调后,向都道府县知事提出项目申请。其次,都道府县知事对申请材料进行审查。审查通过后,通过公示向公众公开征求意见,征求意见的范围还强制性地包含了项目所在村、街基层管理部门、海上保安署、环境保全局、地方公共团体和其他相关机构在内。都道府县知事需对公众参与形成的意见做出评价。[1]再次,由都道府县政府做出关于填海范围与面积、公共空间保证、围填海收费、施工与使用年限、利益相关者处理等的许可决定,并向国土交通省提交许可认可申请。最后,由国土交通省对许可认可申请进行审查,向都道府县知事出具认可意见。如果填海面积在50公顷以上,国土交通省在出具认可意见前,还需要征求环境省的意见。都道府县知事根据认可意见向申请人发放填海许可证。[2]

也就是说,在日本的围填海审批流程中,都道府县知事对围填海造地的申请材料进行审查后,必须通过公示征求公众意见,不仅要征求项目所在地的管理机

---

[1] 参见胡斯亮.围填海造地及其管理制度研究[D].中国海洋大学,2010.
[2] 参见孙丽.中外围海造地管理的比较研究[D].中国海洋大学,2009.

构的意见,还要征求项目所在基层自治组织及居民的意见。这样做有效地保证了围填海信息的公开和公众参与的可及性。

4. 衔接建议

(1) 建议强化围填海与其他相关制度的衔接

陆域管理与海域管理的体制机制及其制度载体应当统筹。《海域使用管理法》应进一步突出陆海统筹规划的一致性;进一步规定海域使用权和土地使用权转化中权证换发及补交土地出让金的程序性事宜;确立包括权利人衔接及使用期限衔接在内的权利转换内容衔接的制度节点和接口。根据福建省的实践经验,权利人衔接可区分为自用型填海项目衔接与政府收储型填海项目衔接分别加以规制。使用期限问题则应当与既有各类型用地期限规定相一致。

(2) 建议完善围填海公众参与的制度化渠道

建议以日本围填海公众参与制度为模板,在《海环法》的下位规章中结合海洋环境保护其他相关制度对公众参与制度的需求,统筹明确公众范围、公众参与的途径和程序、救济渠道和监督机制。如:公众参与的范围是与规划有关的专家、社会团体、公众和利益相关者等;公众参与应被告知的内容包括规划目的、工程选址、用海面积、地理位置、海岸形态与功能布局、围填海方式和主要区块功能等,从而确保信息的有效公开和可及性;公众参与的方式可以包括问卷调查、现场访谈、座谈会、论证会、听证会以及其他多种形式。公众意见收集后,还应当综合评述,并对采纳或不采纳的情况分别说明理由等。

(3) 建议《海域使用管理法》根据《国务院关于加强滨海湿地保护严格管控围填海的通知》精神进行相应的修订

《通知》要求,除国家重大战略项目外,全面停止新增围填海项目审批。原则上,不再受理有关省级人民政府提出的涉及生态脆弱敏感、自净能力弱海域的围填海项目。国家重大战略项目涉及围填海的,由国家发展改革委、自然资源部提出审核意见,按程序报国务院审批。但《海域使用管理法》第18条规定,"下列项目用海,应当报国务院审批:(一)填海五十公顷以上的项目用海;(二)围海一百公顷以上的项目用海;(三)不改变海域自然属性的用海七百公顷以上的项目用海;(四)国家重大建设项目用海;(五)国务院规定的其他项目用海。前款规定以外的项目用海的审批权限,由国务院授权省、自治区、直辖市人民政府规定。"这一条文的内容显然已经落后于管理实践,建议对《海域使用管理法》进行修订以适应新时期围填海管理的需要。

二、《海洋环境保护法》与《渔业法》衔接分析

(一) 保护区制度

1. 制度概述

海水除了具有生态功能之外,还具有重要的经济功能,渔业就是附着在海水经济功能上的重要产业。为了保护水产种质资源及其生存环境,我国建立了保护区制度。规定具有较高经济价值和遗传育种价值的水产种质资源的主要生长繁育区域应当建立水产种质资源保护区,予以特殊保护和管理。实践中根据《渔业法(征求意见稿)》《自然保护区条例》的规定及渔业生产所需的自然环境、保护对象资源状况及保护管理工作条件,可以将水产种质资源保护区划分为核心区和实验区。这里的核心区是指在保护对象的产卵场、索饵场、越冬场、洄游通道等主要生长繁育场所设立的保护区域。在此保护区域内,未经相关渔业行政主管部门批准,不得从事任何可能对保护功能造成损害或重大影响的活动。这里的实验区是指核心区以外的区域。在此保护区域内,可以在相关渔业行政主管部门的统一规划和指导下,有计划地开展以恢复资源和修复水域生态环境为主要目的的水生生物资源增殖、科学研究和适度开发活动[1]。

根据《渔业法(征求意见稿)》第9条的规定,国家保护水产种质资源及其生存环境。鼓励和支持有关单位、个人依法开展水产种质资源保护工作。根据该征求意见稿第11条的规定,国务院渔业主管部门在具有较高经济价值和遗传育种价值的水产种质资源的主要生长繁育区域建立水产种质资源保护区,并加强建设和管理。未经省级以上渔业主管部门批准,任何单位或者个人不得在水产种质资源保护区内从事捕捞活动。在水产种质资源保护区、重要产卵场等水生动物苗种重点产区引水用水时,应当采取措施,保护水产种质资源。禁止非法占用或者破坏水产种质资源保护区。此外,《渔业法(征求意见稿)》第80条还对水产种质资源作了立法定义,指出此类资源又称为水产遗传资源,是指具有生物多样性和育种价值,可为捕捞、养殖等渔业生产以及其他人类活动所开发利用,或具有潜在用途或价值的水生生物遗传材料。根据《海环法》第21、第22、第23条的规定,海洋生

---

[1] 参见刘晓锋.黄河流域水产种质资源保护区建设及管理对策[J].人民黄河,2011(2):75 77.

物物种高度丰富的区域,或者珍稀、濒危海洋生物物种的天然集中分布区域,应当建立海洋自然保护区。凡具有特殊地理条件、生态系统、生物与非生物资源及海洋开发利用特殊需要的区域,可以建立海洋特别保护区,采取有效的保护措施和科学的开发方式进行特殊管理。

在我国建立水产种质资源保护区的制度价值十分明显。首先,有利于对水产种质资源保护区内的渔业资源进行有针对性的保护。建立水产种质资源保护区,禁止保护区内任何形式的捕捞活动,能够使整个海洋生物群落或生态系统内的物种按照自然规律生长繁殖,确保种群增殖与复苏,使渔业生态系统结构和层次更加完整,实现以生态系统为基础的资源保护。其次,有利于推进水产种质资源的重大科研攻关活动。在水产种质资源的主要生长繁育区域建立水产种质资源保护区,有利于开展具有针对性的生物学、生态学和遗传学研究。保护区的核心区完全禁止进入,因此也能提供一个不受渔业作业影响的天然实验场所[1]。

2. 制度理论依据

随着人类社会的不断发展,基于人类行为对自然和生态的负外部性影响也与日俱增。为了在维持人类社会发展的前提下,限制环境污染和生态破坏,遏制资源的掠夺性,维持生态系统的基本平衡和生物多样性的基本稳定,自然保护区的制度创新进入了人类的视野。随着我国生态文明建设理念与实践的不断展开,人与社会、人与自然的和谐共生、良性循环的期待日益成为全社会的主流生态需求,而自然保护区的建立和发展则顺应了这一期待并提供了巨大的制度创新空间。自然保护区制度的建立可以有效地保护动植物物种、自然遗迹以及特殊的自然地理地貌与自然生态系统,充分展现了可持续发展理论和环境正义理论于实践中的巨大价值。

可持续发展理论和环境正义理论都强调人与自然的和谐发展。要实现种际正义,就要从伦理起点上超越狭隘的人类中心主义,对人与自然、人与生态系统中的其他物种之间的关系进行深刻而富有自我批判精神的省思。在这一过程中,树立整体主义的生态伦理观是理论层面必不可少的重要准备。生态整体主义以生态系统的有机联系与普遍联系规律为出发点,将人类定义为是整个生态圈或生物圈的组成部分之一,而非主宰部分。在这种语境下,脱离了生态系统支持的人类

---

[1] 参见崔国辉.海洋保护区:生态环境保护新视角[N].中国气象报,2017-02-24(5).

是无法生存、无足轻重的,而人类背离生态规律的行为也必将在整体主义生态观的省思面前被彻底纠正或摒弃。当然,作为一种具有创新和发展意识的生物,人类之于生态系统的地位与价值也与其他生物有所区别。作为组成生态系统这一有机体的高端成员,人类能够认识和感知到生态系统的脆弱性、危险性,能够通过发挥创造性和主观能动性来维护生态系统的秩序与安全。如果人类坚持道德性的话,就应该能够认识到,这种特殊的认识能力与实践能力赋予人类的是更多的责任而非更优越的地位。其次,要强调的是人与自然的平等甚至是从属地位。"人定胜天""人有多大胆,地有多大产"等违反自然规律和科学规律的盲目实践已经向我们昭示,虽然人类在一定程度上具有认识和改造自然的某些实践能力,但是作为生物圈的一分子,人的自然性是不可改变的,人类对自然界的改造也并不意味着人类能够征服自然,更不意味着人类就是生态系统当然的核心。现代生物学与生态学的理论与实践告诉我们,生态系统并不以某个物种(包括人类)为中心,人与自然及其他物种应该是一系列平等的主体,唯有主体间的平等关系,才有种际环境正义,也才会有生态的平衡与和谐[1]。因此,自然是一个整体,人类作为自然的组成部分,与其他自然界组成成分之间必定是一种基于共生关系而产生的平等关系,而自然保护区制度的设计则必须要契合种际环境正义的要求。

可持续发展理论和环境正义理论还要求当代人要兼顾后代人的利益,寻求可持续发展理念基础上的和谐共生。我们能够留给后代人多少生态遗产是当代环境保护主义者和环境保护工作者时常追问自己与社会的问题。而可持续发展理念与建基于此的代际公平理论则试图在"增长极限理论"所引发的巨大争议下回答这一问题。所谓可持续发展,指的是"既满足当代人的需要,又不对后代人满足其需要的能力构成危害的发展"。这意味着当代人在发展的同时,应该寻求环境友好型与资源可持续的开发与消费模式,不能追求奢华的且有害于环境的消费,不能破坏生态系统,不能有损后代人的发展能力[2]。因此,当魏伊斯女士提出以三个保护为核心的代际公平理论时,曾经为"增长极限理论"所困扰的环境伦理与环境法学界为之赞叹。人类的生存与发展在满足自然性的基础上,还应该具有更高的道德性,这种道德性既体现在对前文所述的种际利益的悲悯,也体现在对身

---

[1] 参见张成福,聂国良.环境正义与可持续性公共治理[J].行政论坛,2019(1):93-100.
[2] 参见高景柱.论代际正义视域中人类命运共同体的构建[J].国外理论动态,2018(11):98-106.

为同类后代人的关怀。正是基于此,无论当代人,抑或后代人,在拥有地球村主体地位和人格尊严的同时,在分享平等权利与物质财富的同时,也均附有保持生态平衡、保护物种繁衍、保护后代人选择可能性的义务。因此,在当代人作出有关生态环境的重大决策或开展对自然生态与可耗竭资源具有深远影响的开发利用行动时,应当充分考虑该决策或行动可能对代际公平产生的潜在影响。而完成此种道德约束的法律表现形式之一就包括自然保护区制度。自然保护区制度为后代人在自然资源和环境容量承载力预留了适当的储存空间,其制度价值契合了代际环境正义的要求。

3. 制度实践现状

(1) 海洋生态资源保护与开发建设矛盾突出

海洋功能区划制度在实施过程中,各个功能区的范围可能会发生一定变化。实际上,重要渔业品种保护区和自然保护区的范围往往在各种开发项目用海需求的权衡中被随意调整,例如红树林保护区、珍稀物种保护区,往往因为城镇建设、港口建设、临海工业区开发等用海需求而被调整或缩小功能区范围[1]。这种随机性既危害了法律的严肃性,又造成了人为的资源用益矛盾。此外,依据《海环法》第5条第4款规定,国家渔业行政主管部门负责保护渔业水域生态环境工作,并调查处理前款规定的污染事故以外的渔业污染事故。但事实上,现行《海环法》《渔业法》与《海域使用管理法》均未规定海水渔业养殖污染防治的职责分配,进而导致围堰、滩涂海水养殖尾水排放、网箱养殖等行为未能纳入监管范畴,同时也造成了该领域环评依据与范围不准确,环评结论的有效实施率普遍偏低。

(2) 运行管理机制有待完善与创新

在海洋渔业资源保护领域,某些水产种质资源保护区尚未建立起专门的工作管理机构,运行机制和管理机制也尚不健全。例如,青海黄河上游已建立6个国家级种质资源保护区,但目前尚无固定的工作机构,缺乏健全的运行机制和管理措施,也缺少人员编制和工作经费,不能充分发挥种质资源保护区应有的作用[2]。此种情况于海洋渔业生产领域也屡见不鲜。

---

[1] 参见林桂兰,谢在团.海洋功能区划理论体系与编制方法的思考[J].海洋开发与管理,2008(8):10-16.

[2] 参见申志新,简生龙.青海黄河源区渔业资源养护现状分析及对策[J].中国水产,2013(8):28-31.

(3) 落后的科技水平难以为保护区发展提供支撑

水产种质资源是指具有较高经济价值和遗传育种价值,可为捕捞、养殖等渔业生产以及其他人类活动所开发利用和科学研究的水生生物资源,在广义上包括上述水生生物的群落、种群、物种、细胞、基因等内容[1]。保护区的建立就是对水生生物种质资源进行保护和研究,涉及水生生物的基础生物学、生态学、遗传学和分子生物学方面的研究内容并需要将研究所得的科学结论及时提炼转化为相关的政策与法律。目前已经批准建立的水产种质资源保护区大多处于经济欠发达地区,科技力量十分薄弱,并且在科研经费的申请和投入上存在较大困难,制约保护区的发展[2]。

4. 衔接建议

《海环法》规定,符合相关条件的区域应当建立海洋自然保护区或海洋特别保护区。《渔业法(征求意见稿)》也规定,国务院渔业主管部门在具有较高经济价值和遗传育种价值的水产种质资源的主要生长繁育区域建立水产种质资源保护区,并加强建设和管理。就保护区制度而言,《海环法》与《渔业法(征求意见稿)》的规定在法律位阶上同样存在一般法与特别法的法理关系。因此,保护区制度应当由《海环法》和《渔业法》按照总分有别的原则共同确立。

申言之,对于建立海洋自然保护区或海洋特别保护区的相关内容应当由《海环法》予以确立。在现行条文的基础上,建议进一步规范在上述保护区中进行资源保护与开发建设的关系。根据海洋生态保护的需要,选划、建立海洋自然保护区和海洋特别保护区并确立相应的管理制度。例如,自然保护区可以提高水域生态与环境的价值,提高利用保护区水域发展休闲渔业和观赏渔业的商业前景。因此,可以利用建立保护区的机遇,推动产业结构的优化、升级,在确保保护区各项保护要求落到实处的前提下,平衡发展休闲观赏渔业等,使部分捕捞渔业的劳动力不断转移[3]。

建立水产种质资源保护区的相关内容应当由《渔业法》予以确立。在现行条文的基础上,建议完善如下内容:其一,明确保护区管理体制。水产种质资源保

---

[1] 参见水产种质资源保护区划定工作规范(试行)[EB/OL].(2007-6-8)[2020-12-12]. http://www.moa.gov.cn/nybgb/2007/dqq/201806/t20180614_6151994.htm.

[2] 参见刘晓锋.黄河流域水产种质资源保护区建设及管理对策[J].人民黄河,2011(2):75-77.

[3] 参见刘樱,刘健,高健.建立渔业资源保护区对周边渔业经济的影响[J].上海水产大学学报,2005(2):216-219.

护区的管理可以借鉴其他类型自然保护区的成功经验,在与自然保护地整体制度设计相协调的基础上,进一步完善其有关管理体制的内容。明确保护区的治理结构及各部门职责;在此基础上,应建立保护区的可持续发展机制,拓宽资金筹集渠道,探索通过科研项目联合申请、国际合作等方式进行融资[1],确保水产种质资源保护区的有效运行。其二,提升基础科学研究保障机制。《渔业法(征求意见稿)》第10条第1款规定:"国家有计划地普查、收集、整理、鉴定、登记、保存、交流和利用水产种质资源,并建立水产种质资源库。国家对水产种质资源享有主权,定期公布可供利用的水产种质资源及不对外交换、有条件对外交换和可以对外交换的水产种质资源目录。"水产种质资源是渔业产业发展的基础,对维持海洋生态多样性和海洋生态安全具有重要意义。建议根据水产种质资源管理需要和实践,建立并不断完善水产种质资源名录与水产种质资源库,从而更好地保护生态多样性和生物遗传资源优势。其三,强化保护区水域生态环境监测保障与协调机制,促进保护区生态环境监测与海洋环境监测、监视制度的对接与信息共享,加强生态评估和生态修复研究,使保护区的各项工作科学化、指标化[2]。

(二) 索赔制度

1. 制度概述

索赔制度在现行法上的依据是《海环法》第89条第2款的规定,即对破坏海洋生态、海洋水产资源、海洋保护区,给国家造成重大损失的,由依照本法规定行使海洋环境监督管理权的部门代表国家对责任者提出损害赔偿要求。根据《海环法》第5条,行使海洋环境监督管理权的部门包括环境保护行政主管部门、海洋行政主管部门、海事行政主管部门、渔业行政主管部门和军队环境保护部门。根据《渔业法(征求意见稿)》第46条规定,造成渔业资源损失的,由有关县级以上人民政府责令赔偿。因此两法的规定为索赔制度确立了基本的制度框架。

在司法解释层面为索赔制度的司法实践做了路径衔接。根据《最高人民法院关于审理海洋自然资源与生态环境损害赔偿纠纷案件若干问题的规定》第3条,《海环法》第5条规定的行使海洋环境监督管理权的机关,根据其职能分工提起海洋自然资源与生态环境损害赔偿诉讼,人民法院应予受理。

---

[1] 参见刘晓锋.黄河流域水产种质资源保护区建设及管理对策[J].人民黄河,2011(2):75-77.
[2] 参见刘晓锋.黄河流域水产种质资源保护区建设及管理对策[J].人民黄河,2011(2):75-77.

在部门规章层面,《海洋生态损害国家损失索赔办法》第 4 条规定,国家海洋局负责全国海洋生态损害国家损失索赔工作的监督管理。地方管理海域内海洋生态损害国家损失索赔工作的分工,由省级海洋行政主管部门规定。地方管理海域内跨省的海洋生态损害国家损失索赔工作,由所在海区国家海洋局派出机构承办。地方管理海域以外国家管辖海域的海洋生态损害国家损失索赔工作,由所在海区国家海洋局派出机构承办。同一事件造成前两款规定海域海洋生态损害的国家损失索赔工作,由所在海区国家海洋局派出机构承办。

司法实践中,当渔业资源损失事件发生后,代表国家对责任者提出损害赔偿主张的主体有农业部、地方各级渔业主管机关、各级渔政监督部门,甚至还有渔业协会。

在 1999 年"'闽燃供'轮油污损害赔偿纠纷案"中,珠海市环境保护局作为环境保护的主管机关,广东省海洋与水产厅作为渔业主管机关,分别就污染造成的环境和渔业资源损失向责任人提起索赔,法院对两个主体的索赔主体资格均予以了认可[1]。

在 2002 年"'塔斯曼海'油轮海洋环境污染损害赔偿案"中,国家海洋局授权天津市海洋局代表国家提起海洋生态损失索赔,天津市渔政渔港监督管理处代表国家提起渔业资源损失索赔、天津市塘沽区大沽渔民协会等多家渔民协会代表渔民就渔业资源遭受的损失提起海洋捕捞损失索赔,也均获得了天津海事法院的支持[2]。

2011 年"渤海蓬莱 19-3 石油钻井平台溢油案"中,农业部、国家海洋局依据职责分别开展养殖渔业损失、天然渔业资源损害和海洋生态损害索赔工作。2012 年国家海洋局北海分局和美国康菲国际石油有限公司及其合作伙伴中国海洋石油集团有限公司共同签订了海洋生态损害赔偿补偿协议,康菲公司和中海油总计支付 16.83 亿元人民币赔偿本次溢油事故对海洋生态造成的损失。康菲公司、中海油以及农业部、有关省市人民政府就解决蓬莱 19-3 油田溢油事故渔业损失赔偿

---

[1] 参见邵琦.海洋公共资源损失的索赔主体研究[J].中国海商法研究,2012(4):53-58.
[2] 参见邵琦.海洋公共资源损失的索赔主体研究[J].中国海商法研究,2012(4):53-58.

和补偿问题,达成一致意见[1]。可见在司法实践中上述立法所确立的索赔主体在我国司法环境中存在较多的组合,尚未有准确清晰的制度呈现。

2. 制度理论依据

在一定的范围内,国家也是民事主体,可以成为民事法律关系的当事人,这一点已被广为认可。那么在海洋资源和海洋生态环境遭受损害法律关系中,国家能否成为民事主体而享有索赔资格呢？回答这一问题的关键在于国家能否证明其对遭受损害的海洋资源与海洋生态环境享有合法权益且这种合法权益受到了不法侵害。[2]

我国《宪法》第9条是对国家享有自然资源所有权的赋权性规范,《宪法》第9条第1款规定,矿藏、水流、森林、山岭、草原、荒地、滩涂等自然资源,都属于国家所有,即全民所有;由法律规定属于集体所有的森林和山岭、草原、荒地、滩涂除外。同时,根据我国《海域使用管理法》第1条规定,为了加强海域使用管理,维护国家海域所有权和海域使用权人的合法权益,促进海域的合理开发和可持续利用,制定本法。此外,《海域使用管理法》第3条规定,海域属于国家所有,国务院代表国家行使海域所有权。任何单位或者个人不得侵占、买卖或者以其他形式非法转让海域。单位和个人使用海域,必须依法取得海域使用权。因此,海域是一项专属于国家所有的自然资源,国家享有海域所有权。据此,在国家所有的自然资源受损的场合,国家可以资源所有权人的身份,行使自然资源损害的赔偿请求权,以维护其合法的民事权益。但是该规范在发生环境损害的场合就无从适用,因为环境与自然资源毕竟是两个截然不同的概念。我国民法理论界普遍认为,环境并非民法上的物,不能成为所有权的客体[3],法律当然也就不可能将国家规定为环境的所有权人。因此,国家无法套用前述自然资源的模式来证明其对环境享有合法权益并据此提出索赔请求。此外,传统环境侵权民事责任均以造成人身权益或财产权益损害为要件。如果行为人的污染行为仅仅是对环境自身造成损害致使生态价值减损,基于生态价值尚未被规定为是实定法上的财产权的理论认

---

[1] 参见马英杰,辛烨,侯京浩.我国行政机关进行生态环境损害索赔的法律实践[J].环境保护,2018(5):41-46;刘宪斌,郑绍鸿.海洋溢油的地质成因分析——以渤海蓬莱19-3油田为例[J].海洋信息,2012(3):1-7.

[2] 参见邓海峰.海洋油污损害之国家索赔主体资格与索赔范围研究[J].法学评论,2013(1):71-77.

[3] 参见魏振瀛主编.民法[M].北京:北京大学出版社.2007:122.

知,则该行为人所造成的损害因无实定法上的财产权客体与之相对应,而不具有依据侵权法进行救济的法律基础。尽管《民法典》第1234条和第1235条分别规定了侵权人违反国家规定造成生态环境损害应承担的修复责任和赔偿责任,并且吸纳了《生态环境损害赔偿制度改革方案》中关于国家规定的机关或者法律规定的组织在此种场合具有索赔权的内容,但无论是《民法典》还是《生态环境损害赔偿制度改革方案》,它们的制度建构逻辑均非建基于将生态环境本身界定为财产权客体并通过物权请求权加以保护的理论模式上。而且《生态环境损害赔偿制度改革方案》还明确排除了该文件在海洋生态环境发生损害时的适用。因此,与基于自然资源国家所有权而对属于自然资源一部分的海洋资源遭受损害进行的索赔不同,国家对海洋环境价值减损的索赔依据面临着理论困境。但是上述困境并非无法突破,事实上根据我国现有法律规定及相关法理加以推演,我们应可就这一判断做出更为明晰的论证[1]。

理论界认为我国海洋油污损害的国家求偿权派生于《海环法》第90条第2款的如下表述:"对破坏海洋生态、海洋水产资源、海洋保护区,给国家造成重大损失的,由依照本法规定行使海洋环境监督管理权的部门代表国家对责任者提出损害赔偿要求。"由此条案文我们推知,发生海洋油污损害后,国家有权向责任者要求赔偿,具体的求偿人应为相关行政机关。但是深究法理,这一看似具有完全正当性的赋权条款,却在理论支撑上面临着无法回避的疑难。如前所述,环境本身并非物,法律不可能规定环境属于国家所有,环境权益不属于现行侵权法框架下的权益范畴,既然如此,《海环法》规定国家可就海洋环境损害提出索赔,理由何在?

我国现行法律没有规定环境权,也未引入美国的公共信托理论,因此,要想破解前述疑难,我们就必须从其他法律规定中为《海环法》的赋权基础寻得理论根据。笔者认为这一基础可以来源于已经实现法制化的国家海域所有权。[2]

海域所有权是一种特殊的财产权利,除了具有财产所有权的一般属性之外,

---

[1] 参见邓海峰.海洋油污损害之国家索赔主体资格与索赔范围研究[J],法学评论,2013(1):71-73.
[2] 由于现行法律没有规定环境权益,因此要保护环境权益只能从已经规定的权益——人身权益、财产权益中寻找突破口。也就是说,在现行法律框架下,环境利益只是财产性利益的反射利益。对此,笔者以为,环境权益规范的缺失,体现了现行法律对环境本身价值的忽视,这不仅是法律体系内部的缺陷,也与国际上先进的做法相差甚远。

在主体和权利行使方面有别于一般的私人财产所有权。海域所有权的行使目的,除一般私人财产所有权的目的之外,还应当包括各项公共利益的实现,如确保国防安全、海域生态安全与可持续性、提高海域使用的效率、建立开发、利用海域资源的良好秩序等。国家是公共利益的代表,其有能力遏制私人用海主体对海域财产权不断膨胀的要求,也有责任保证国家海域不受非法侵犯。尤其是在当代社会,环境污染和生态破坏已构成对人类社会的最大威胁,海域国家所有权的设定,既以物权制度作保证,确认海域所有权及其权利归属,避免海域成为任何人都可以侵犯、滥用的对象[1],从而保障海域在财产意义上的安全与生态意义上的安全。

海域作为一种自然资源,既有经济价值、军事价值、科学价值等使用价值,又具有生态价值。由于海域无论是作为民法意义上的物,还是作为一种环境功能体,其使用价值与生态价值的承载体均是具有同一性的海洋水体;而在发生海洋油污损害的场合,无论是作为海域所有权客体的水体还是作为环境容量生态功能物质载体的水体均会遭受一体性的损害,因此,海洋油污损害的后果具有复合性。这使得既可以将海洋水体环境容量的减损概括为环境损害,又可以将作为海域所有权客体的水体的功能障碍概括为海域所有权受损或海域所有权人财产权益被侵害。两种受损客体相同而法律表征各异的概括,为我们借用民法中自然资源物权制度的相关救济方式来对环境损害场合中的环境功能体损失提供救济提供了可能。可以通过海域所有权与海洋环境容量具有同一客体(海洋水体)这一事实,将海洋环境损害(具体表现为环境容量损害)等量代换成海域所有权受到侵害,并凭借自然资源国家所有权这一法理基础,向侵权行为人求偿[2]。

3.制度实践现状

我国海洋生态损害索赔过程中存在索赔主体多样、分工不明的现象,具体来说,存在何种行政机关代表国家起诉不明和何级行政机关代表国家起诉不明的问题。

(1)何种行政机关代表国家起诉不明

根据《海环法》第5条规定,具有海洋环境监督管理权的部门包括国家海洋管

---

[1] 参见梅宏,邓一峰.海域国家所有权的实质[J].山西省政法管理干部学院学报,2006(4):24-27.
[2] 参见邓海峰.海洋油污损害之国家索赔主体资格与索赔范围研究[J].法学评论,2013(1):72-74.

理部门、国家海事管理部门、国家渔业管理部门、军队环境保护部门、沿海县级以上地方人民政府。在司法实践中,与海洋行政管理体制相对应,代表国家进行的海洋污染民事索赔也由有关的涉海部门分散进行。比如,在处理船舶油污事故的实践中,一般由海事主管部门提出清污费用的赔偿请求;对于渔业资源损失,提起诉讼的行政机关既有渔业主管机关,也有海洋主管机关、环保主管机关,甚至还有渔业协会。

(2) 何级行政机关代表国家起诉不明

根据《海环法》第 5 条第 6 款规定,沿海县级以上地方人民政府行使海洋环境监督管理权的部门的职责,由省、自治区、直辖市人民政府根据本法及国务院有关规定确定。虽然法律规定县级以上地方人民政府行使海洋环境监督管理权的部门可依法行使海洋生态损害索赔权,但是具体哪一层级的海洋管理行政机关可以代表国家对责任者提出海洋生态损害索赔,法律并没有作出明确的规定,导致了我国海洋生态损害索赔主体在纵向层面上确定困难。2018 年 1 月 1 日施行的《生态环境损害赔偿制度改革方案》在文件中提出"国务院授权省级、市地级政府(包括直辖市所辖的区县级政府,下同)作为本行政区域内生态环境损害赔偿权利人。省域内跨市地的生态环境损害,由省级政府管辖;其他工作范围划分由省级政府根据本地区实际情况确定。省级、市地级政府可指定相关部门或机构负责生态环境损害赔偿具体工作。省级、市地级政府及其指定的部门或机构均有权提起诉讼。跨省域的生态环境损害,由生态环境损害地的相关省级政府协商开展生态环境损害赔偿工作"。这个方案尽管不适用于海洋生态环境损害索赔的场合,但是其确定的索赔规则可以参考。即使是对该问题已经留意且做了规范的该方案,对于省级、市地级政府的分工所仍存在进一步细化的空间。

(3) 索赔范围需要进一步细化

目前,我国尚没有法律对海洋油污损害赔偿范围予以系统界定。《民法通则》及《侵权责任法》仅对民事侵权损害赔偿做了一般性规定,《民法典》第 1234 条增加了生态修复责任作为责任承担的一种方式,但实践中显然无法完全据此确定海洋油污损害的赔偿范围。《海环法》第 89 条虽然规定"造成海洋环境污染损害的责任者,应当排除危害并赔偿损失",国家可以就"破坏海洋生态、海洋水产资源、海洋保护区"所造成的"重大损失"提出赔偿要求,但是对于何谓"海洋环境污染损害"、何谓"重大损失"以及如何认定损失,该法都没有做进一步的解释。而其他法律渊源中涉及海洋油污损害赔偿范围的只有《第二次全国涉外商事海事审判工作会议纪要》(以下简称《会议纪要》)和最高人民法院《关于审理船舶油污损害赔偿纠纷案件若干问题的规定》(以下简称《司法解释》)[1]。

(1)《会议纪要》规定的赔偿范围

《会议纪要》第150条规定的油污损害赔偿范围包括：船舶油污造成的公民、法人或其他组织的财产损失；为防止或减轻污染支出的清污费用损失；因船舶油污造成的渔业资源和海洋资源损失，此种损失应限于已实际采取或将要采取的合理恢复措施的费用。可以看出，《会议纪要》参照了CLC1992的规定，但是对于渔业资源的损失，其没有明确何为"将要采取的合理恢复措施"，没有明确是否包括渔业资源中长期损失，也没有明确能否适用《水域污染事故渔业损失计算方法规定》来计算渔业资源损失。而对于纯经济损失、海洋生态损害，《会议纪要》并没有将其纳入到赔偿范围中[2]。

(2)《司法解释》规定的赔偿范围

2011年5月，最高人民法院出台了《关于审理船舶油污损害赔偿纠纷案件若干问题的规定》，其中第9条规定："船舶油污损害赔偿范围包括：(一)为防止或者减轻船舶油污损害采取预防措施所发生的费用，以及预防措施造成的进一步灭失或者损害；(二)船舶油污事故造成该船舶之外的财产损害以及由此引起的收入损失；(三)因油污造成环境损害所引起的收入损失；(四)对受污染的环境已采取或将要采取合理恢复措施的费用。"相较于《会议纪要》，《司法解释》的进步性体现在：第一，扩大了损失的赔偿范围。将因财产损害导致的收入损失、预防措施造成的进一步灭失或损害、因环境损害导致的收入损失纳入到赔偿范围；此外，"已采取或将要采取合理恢复措施的费用"不再仅针对"渔业资源和海洋资源"而是针对"受污染的环境"。第二，对各项损失的认定做了进一步说明，如对因财产损害导致的收入损失的认定应以合理期间为限。[3]

总结《会议纪要》及《司法解释》的规定，我国船舶油污损害赔偿范围包括以下几个方面：(1)船舶油污事故造成该船舶之外的财产损害；(2)预防措施所发生的费用(主要是清污费用)，以及预防措施造成的进一步灭失或者损害；(3)因财产

---

[1] 这两个法律文件都只规定了船舶油污损害赔偿范围，因此并不适用于非船舶造成的油污损害。
[2] 参见邓海峰.海洋油污损害之国家索赔主体资格与索赔范围研究[J].法学评论,2013(1):73-74.
[3] 参见邓海峰.海洋油污损害之国家索赔主体资格与索赔范围研究[J].法学评论,2013(1):73-74.

损害和环境损害导致的收入损失,即间接损失(包括相继经济损失和纯经济损失);(4)环境损害,包括渔业资源损失和海洋生态损害[1]。2014年国家海洋局印发了《海洋生态损害国家损失索赔办法》。该办法第3条通过列举的方式对海洋生态损害国家损失的范围作了规定,主要包括:(1)为控制、减轻、清除生态损害而产生的处置措施费用,以及由处置措施产生的次生污染损害消除费用;(2)海洋生物资源和海洋环境容量(海域纳污能力)等恢复到原有状态期间的损失费用;(3)为确定海洋生态损害的性质、范围、程度而支出的监测、评估以及专业咨询的合理费用;(4)修复受损海洋生态以及由此产生的调查研究、制订修复技术方案等合理费用;如受损海洋生态无法恢复至原有状态,则计算为重建有关替代生态系统的合理费用;(5)其他必要的合理费用。2018年施行的《生态环境损害赔偿制度改革方案》虽对生态环境损害赔偿范围有界定,即清除污染费用、生态环境修复费用、生态环境修复期间服务功能的损失、生态环境功能永久性损害造成的损失以及生态环境损害赔偿调查、鉴定评估等合理费用,但又排除了海洋生态损害索赔场合的适用。因此,就目前的立法而言,海洋生态损害索赔的范围仍有待进一步明确。

4. 国外相关经验

(1)关于索赔主体问题。对于具体由哪个机构代表国家行使索赔权,鉴于各国的立法传统和海洋管理体制存在不同,相关国际公约也没有作出统一规定。实践中,美国、加拿大等国家依据公共信托理论,规定由公共自然资源的受托管理人作为索赔主体。所谓的自然资源受托管理人,是指总统、州长等指定的代表公众负责管理自然资源的官员及其授权的相关机构。这种制度安排的优点是索赔主体清晰,一个区域只有一个索赔主体,避免不同机构均具有索赔主体资格,[2]可能导致重复索赔、索赔范围重叠抑或均不索赔的情况。实践证明,此种执法模式由于被授权主体清晰且职能集中,较容易确保执法效能,克服执法部门重叠导致的推诿和职责混乱[3]。

(2)关于索赔范围问题。海洋生态损害、特别是油污损害赔偿的索赔范围,

---

[1] 参见邓海峰.海洋油污损害之国家索赔主体资格与索赔范围研究[J].法学评论,2013(1):74-75.
[2] 参见陈刚.海洋污染中行政部门作为民事索赔主体的探讨[J].武汉理工大学学报(社会科学版),2008(1):53-56.
[3] 参见王威.关于海洋环境污染中国家民事索赔之研究[J].广西社会科学,2010(9):59-61.

并不是固定不变的,多年以来,随着经济发展水平的提高、生存理念的变化,该范围正呈现出逐渐扩大的趋势。这一点,由 CLC1969、CLC1992 到 1994 年《国际海事委员会油污损害指南》(以下简称《油污指南》)所载赔偿范围的变化可见一斑。

其一,《国际油污损害民事责任公约》的规定[1]。事实上,不论是 CLC1969 还是 CLC1992 都没有对赔偿范围作出明确的界定,只是对"污染损害"进行了定义,而理论和实践中也都是根据"污染损害"的定义来确定赔偿范围的内容。

根据 CLC1969 第 1 条第 6 款的规定,"污染损害"包括三个部分:一是船舶溢出或排放油类(不论这种溢出或排放发生在何处),在运油船舶本身以外因污染而产生的灭失或损害。这里强调了灭失或损害与污染之间应当具有直接的因果关系。[2] 二是采取预防措施的费用。所谓"预防措施",是指事件发生后为防止或减轻污染损害而由任何人所采取的任何合理措施[3]。如向漂浮的油污喷洒清洁剂。三是预防措施造成的进一步灭失或损害。如喷洒清洁剂造成鱼类的死亡。相较于 CLC1969,CLC1992 对"污染损害"的定义增加了一句话:"对环境损害(不包括此种损害的利润损失)的赔偿,应限于已实际采取或将要采取的合理恢复措施的费用。"这一规定明确提出对环境损害应予赔偿,显示了公约对于环境问题的重视。

从以上规定我们可以得出三点结论:第一,CLC1992 扩大了赔偿范围,将环境损害纳入其中[4];第二,关于何谓"灭失或损害",公约并没有予以明确界定,因此仅从条文上无法明确"纯经济损失""渔业资源中长期损失"等是否可以获得赔偿以及如何认定赔偿额;第三,关于何谓"将要采取的合理恢复措施",从公约中也不得而知。也正是因为公约对"污染损害"的这种概括性定义,《油污指南》在导语中这样描述道:"这个定义表述得很笼统,使得可以索赔的范围并不明确。可以预见的是,不同国家法院做出的不同认定会严重地妨碍到公约的统一适用,而公

---

〔1〕《基金公约》规定的目的是对《责任公约》条款下不能获得足够赔偿的情况提供一种补充性赔偿,其赔偿范围与《民事责任公约》是一致的,因此此处只介绍《责任公约》的规定。

〔2〕 参见邓海峰.海洋油污损害之国家索赔主体资格与索赔范围研究[J].法学评论,2013(1):74-75.

〔3〕 CLC1969 第 1 条第 7 款。但是需要注意的是,对于此句中的"事件"的定义,CLC1969 和 CLC1992 有所不同。

〔4〕 也有观点认为 CLC1992 新增加的这句话"不是为了扩大污染损害的赔偿范围,恰恰相反,是为了进一步明确、限定污染损害的赔偿范围,具体地讲是对环境损害的赔偿范围予以限定"。参见司玉琢.海商法专论[M].北京:中国人民大学出版社,2007:570.

约的统一适用对于公约来讲是至关重要的。"[1]

其二,《国际燃油污染损害民事责任公约》的规定。与《责任公约》相同,《燃油公约》也只是对"污染损害"进行了定义而没有对赔偿范围作出明确的规定,且其对"污染损害"的定义与CLC1992是一致的。只是《燃油公约》是用以规范船舶燃料舱燃油溢出所造成的污染损害,是对CLC1992规范范围的一个补充。正因如此,《燃油公约》第4条第1款规定:"本公约不应适用于《责任公约》中规定的污染损害,无论根据该公约是否应对其作出赔偿。"[2]

5.衔接建议

(1)关于索赔主体及其代位求偿权的基础

根据《海环法》第89条第2款规定,对破坏海洋生态、海洋水产资源、海洋保护区,给国家造成重大损失的,由依照本法规定行使海洋环境监督管理权的部门代表国家对责任者提出损害赔偿要求。根据《渔业法(征求意见稿)》第46条规定,造成渔业资源损失的,由有关县级以上人民政府责令赔偿。因为《海环法》中规定的"破坏海洋生态、海洋水产资源、海洋保护区"与《渔业法(征求意见稿)》中规定的"渔业资源损失"有一定程度的重合("海洋渔业资源损失")但并不完全重合,因此建议索赔制度由《海环法》和《渔业法》共同确立,并在此基础上进一步细化和完善,使之更好地为海洋生态环境可持续发展保驾护航。

基于《海环法》"保护和改善海洋环境,保护海洋资源,防治污染损害,维护生态平衡"的设立目的,"破坏海洋生态、海洋水产资源、海洋保护区"的索赔制度应当由《海环法》予以确立。目前《海环法》仅规定由行使海洋环境监督管理权的部门代表(或代理)国家对责任者提出损害赔偿要求,并未确定具体的索赔主体,建议由《海环法》对可以代表(或代理)国家提出索赔的部门作出进一步的明确规定,比如可以根据不同的索赔范围确定不同的索赔部门。具体来说,渔业部门应为代表国家就渔业资源损失提出索赔的部门。根据《海环法》的规定,渔业部门负责渔港水域内非军事船舶和渔港水域外渔业船舶污染海洋环境的监督管理。对于渔港水域外非渔业船舶污染海洋环境,渔业部门虽不具有监督管理权,但是如果这

---

[1] See Introductory Note of *CMI Guidelines on Oil Pollution Damage*.[EB/OL].(1995-12-01) [2021-04-05]. http://www.cmla.org/papers/The%20CMI%20Guidelines%20on%20oil%20Pollution%20Damage.John%20Oconnor.ol.Dec.1995.pdf.

[2] 参见邓海峰.海洋油污损害之国家索赔主体资格与索赔范围研究[J],法学评论,2013(1):74-76.

类船舶污染造成渔业损失的,渔业部门有权参与调查处理。对于渔业资源的损失,渔业部门作为主管机关,从其专业程度以及证据获取相对容易的角度考量,应将代表国家索赔的权利赋予该部门[1]。

基于《渔业法(征求意见稿)》第一条"加强渔业资源的保护、增殖、开发和合理利用,发展人工养殖,保障渔业生产者的合法权益,促进渔业可持续发展"的设立目的,"渔业资源损失"的索赔制度应当由《渔业法》予以确立。目前《渔业法(征求意见稿)》仅规定由县级以上人民政府责令赔偿,并未确定具体由何级人民政府作为索赔主体,建议由《渔业法》对可以代表国家提出索赔的部门层级作出进一步的明确,比如可以根据渔业资源遭受损失的范围和损失数额确定具体的索赔部门。具体来说,按照渔业资源遭受损失的范围标准,如果渔业资源损失海域在县(区)行政区划内的,建议由当地县(区)级地方人民政府的渔业主管部门代表(或代理)国家向责任人提出索赔;如果渔业资源损失海域跨县(区)行政区域的,则由上一级市人民政府的渔业主管部门进行索赔;如果渔业资源损失海域跨设区的市行政区域的,则由省级人民政府的渔业主管部门进行索赔;如果渔业资源损失海域跨省的,则由国家渔业主管部门进行索赔。按照渔业资源损失数额标准,2亿元以上可以由国家渔业主管部门提出索赔,1亿元至2亿元可以由省级渔业主管部门提出索赔[2]。

对于上述国家索赔的代位求偿机制的法理基础,有必要进一步明晰。由于国家仅具有抽象人格,因此海洋油污损害索赔只能由具体的自然人、法人或其他组织代表国家向侵权人提出。也正是如此,《海环法》第89条规定,由行使海洋环境监督管理权的部门代表国家提出索赔。但是,从我国司法实践来看,海洋油污损害纠纷案件的被告一般都对原告行政机关的身份提出质疑,主要表现为:第一,行政机关能否成为民事法律关系的主体。第二,行政机关能否以自己的名义提出油污损害索赔。

对于行政机关是否具备民事法律关系的主体资格,我国现行立法与司法实践并不存在争议。行政机关作为《民法通则》《民法总则》和《民法典》等民事基本法

---

[1] 参见邓海峰,刘星星.我国海洋油污损害索赔现状及国家索赔路径探析[J].山东科技大学学报(社会科学版),2012(1):60-66;汪丽华.船舶油污损害赔偿法律制度研究[D].外交学院,2006.

[2] 参见邓海峰,刘星星.我国海洋油污损害索赔现状及国家索赔路径探析[J].山东科技大学学报(社会科学版),2012(1):60-66.

均始终予以承认的法人类型之一的机关法人,当然可以成为民事法律关系的主体,其作为行政主体的身份和作为民事权利主体的身份可以依不同职能的实现而并存。此点在《关于修改〈中华人民共和国民事诉讼法〉的决定》对新增第55条的表述中也可推知。问题的关键在于当行政机关代表国家提起海洋油污损害赔偿之诉时,可否仅仅使用自身的名义。笔者认为答案是否定的。

考查我国司法实践中的海洋油污损害索赔案件可以发现,原告行政机关都是以自己的名义提起索赔,笔者认为这种做法值得商榷。根据《民事诉讼法》第118条的规定,原告必须是与本案有直接利害关系的公民、法人和其他组织。而根据《海环法》第89条的规定,污染行为给国家造成重大损失后,行使海洋环境监督管理权的部门只是代表国家进行索赔。这也就是说,海洋生态损害事故导致环境损害的受害人是国家,而不是承担具体行政管理职能的行政机关,因此直接利害关系人亦应当是国家,而非具体的行政机关。此外,《海环法》第89条对行使海洋环境监督管理权的部门所作的授权为法定代理权,这种代理权是来自法律的直接规定,而非来自上级机关的授权。根据《民法典》第162条的规定,"代理人在代理权限内,以被代理人名义实施的民事法律行为,对被代理人发生效力。"因此,基于污染行为造成的海洋环境损害受害人是国家这一法律事实及行使海洋生态监督管理权的部门享有的是国家的法定代理人这一法律地位,我们认为行政机关于此场合仅当以法定代理人的身份并以国家的名义提出环境损害索赔。事实上这一认识也得到了包括美国在内的诸多国外立法例的支持[1]。因此建议《海环法》在修订时应注意索赔主体代位求偿权法理基础的表述。

(2)关于索赔的范围

其一,清污费用。清污费用在我国是一个约定俗成的称谓,其真正含义并不仅限于清污行动所产生的费用,即通常所说的清除溢出的油类和防止溢油的措施所支出的费用,还包括清污和防污措施造成的进一步灭失或损害。[2] 清污费用历来被归属于海洋生态损害应予赔偿的范围,国内外立法对此均持肯定态度。《生态环境损害赔偿制度改革方案》也已经明确将清污费用纳入了索赔范围。在我国,发生海洋溢油事故后,如果污染人清污不及时或者消极对待所造成的海洋

---

[1] 参见邓海峰.海洋油污损害之国家索赔主体资格与索赔范围研究[J].法学评论,2013(1):73-75.
[2] 参见李丽杰.论污染造成海洋环境损害的国家求偿[D].大连海事大学,2004.

污染,则应防止海洋环境的进一步损害,通常由国家组织有关单位进行强制清污,国家当然可以就先行垫付的清污费用提出赔偿要求。但是,对上述清污费用的认定问题在我国却存在争议,核心的问题表现为:清污费用中各类预防性支出的计算是否以溢油事故现实性地发生为条件?对此,CLC1969和CLC1992的规定有所不同。根据CLC1969对"预防措施"和"事件"的定义,只有发生了溢油后预防措施所产生的费用才属于清污费用,而在溢油之前那些有效防止溢油发生而支付的费用,不能根据公约获得赔偿。但是CLC1992对"事件"的定义有所改变,根据该定义,即使尚未发生溢油损害,但在有造成此种损害的严重和紧迫性威胁时,所采取的预防措施支出的费用也是可以获得赔偿的。我们认为我国应借鉴后者的规定,结合环境法中的"预防原则",将预防性措施支出的费用囊括于清污费用之中。同时,为了衡平不同当事人间的注意义务分配,我们认为还应参照国际公约的实践路径,将该预防措施限定于"合理"范围之内。

各类预防措施是否具有合理性,往往需要基于客观的技术评价标准,并结合技术专家的意见来判断,而不能因为溢油反应措施是在政府或公共机构的领导下进行的,就使其具有当然的合理性。一般而言,如果采取的措施或因发生事故而使用的设备在作出相应决定时,基于客观技术评价有可能成功地避免或减轻油污损害,则应予以赔偿。不能仅以预防或清除措施无效果,或者动用的设备是不必要的为由而拒绝赔偿[1]。至于具体的技术评价标准是什么,民事责任公约体系和《油污指南》尚无详细规定。事实上,随着技术的进步,这些标准也是在不断变化的。所以,对于"合理性"措施的评判必须针对个案,具体问题具体分析,不可能存在一劳永逸的指南。司法实践中,对该问题的争议可由法官委请相关的鉴定人员给出专家鉴定[2]。

其二,渔业资源损失。渔业资源损失和渔业损失是两个容易混淆的概念,实际上二者有着相当大的区别。渔业资源损失是一种资源损失,属于环境损害的范畴;渔业损失是一种财产损失。从受害主体看,渔业资源损失的直接受害主体是资源的所有者即国家;而渔业损失的受害主体为从事渔业行业的个人或企业。从内容上看,渔业资源损失是指天然水产品减少的损失,是损害的原始形态,不包括

---

[1] 参见国际海事委员会油污损害指南(1994)第10条第2款.刘书剑,邹琳译.中国海商法年刊[J],1994(5):467.本书引用此规定的条文,如无特别说明,均参照该译文。

[2] 参见邓海峰.海洋油污损害之国家索赔主体资格与索赔范围研究[J],法学评论,2013(1):75-76.

商业上的利润损失;而渔业损失包括因渔业资源存量的减少而使可捕鱼量减少造成的经济损失,以及因漂浮油污或渔具受损使捕鱼活动受阻造成的经济损失以及养殖水产品减少或绝产的经济损失[1]。从以上区别可以看出,可纳入国家索赔范围的只能是渔业资源损失而非渔业损失。渔业资源损失作为环境损害的一部分,属于广义海洋生态损害的赔偿范围,这在 CLC1992 以及我国《海环法》《司法解释》《会议纪要》中是明确的。有争议的是渔业资源损失是否应包括渔业资源中长期损失在内?[2]

笔者认为,渔业资源中长期损失可否赔偿是一个伪命题,因为"渔业资源中长期损失"本身这个提法就是不科学的。海洋生态破坏会对海洋渔业资源造成损害,这种损害是一种持续的、长期的过程。国家要索赔的,就是污染从发生到结束期间给渔业资源造成的损害。这种损害虽然从理论上可以区分为当前的损害和中长期的损害,但事实上并不可能将它们严谨地区分开来。因为"当前""中长期"本身就是一个相对的概念,如果对什么是当前的损害都不能得出一个精确的数据,那么根据当前损害简单地乘以倍数而得出的中长期损失又谈何正确呢?所以,笔者认为,只存在"渔业资源损失"这个概念,而不存在渔业资源当前损失和渔业资源中长期损失这样的概念。国家可以索赔的就是渔业资源损失,也没有直接损失和中长期损失之分。对渔业资源损失的赔偿,应以恢复原状的费用为原则,对于不可逆的渔业资源的损失[3],则应作价赔偿或者以其他合理方式补偿。也正是如此,国际公约及前述《会议纪要》和《司法解释》规定,环境损害的赔偿限于已实际采取或将要采取的合理恢复措施的费用。那么如何理解"已实际采取或将要采取的合理恢复渔业资源的措施"呢?笔者认为,主管机关应当首先查明生态破坏发生时渔业资源的大体水平,而后通过补充鱼苗、放置鱼礁等方式,使损害结束时渔业资源水平大体恢复到原有状态。渔业资源损失,就是这期间所产生的相关费用,即合理恢复措施的费用,而非根据理论模型计算出直接经济损失并简单

---

[1] 参见韩立新.船舶污染损害赔偿法律制度研究[M].北京:法律出版社,2007:231—232.
[2] 对该问题的两种不同观点及其各自理由可参见赵红.关于审理船舶油污损害赔偿案件中的法律问题[C].中国律师 2005 年海商法研讨会论文集;司玉琢.沿海运输船舶油污损害赔偿若干法律问题研究[J].中国对外贸易,2002(6)。司法实践中,海成号油轮案一审判决认定渔业资源中长期损失不属油污损害赔偿范围,而二审改判认定应予赔偿。
[3] 如油污造成某种海洋水生生物物种的灭绝。

的乘以倍数得出的损失数字[1]。

其三,海洋生态损害。海洋生态损害是指因海洋生态破坏而给海洋生态系统的功能造成了难以恢复或不可逆转的损害,影响海洋生态系统功能的发挥,侵害人类生态利益的法律事实[2]。通常海洋生态损害与渔业资源损失合并构成海洋生态破坏中的环境损害。

对于海洋生态损害是否属于海洋生态破坏的赔偿范围,学界并无争议。实务上对其的争议主要表现在如何确定海洋生态损害的赔偿额。为解决损害计算的问题,我国曾制定如《海洋溢油生态损害评估技术导则》《山东省海洋生态损害赔偿和损失补偿评估方法》等标准。但笔者认为,这些以理论模型为基础的标准在科学性和准确性上都值得商榷,因为理论模型与缺乏个案特点的一般性推导既无法令原被告双方信服,又缺少对不同海洋生态环境的个性化关切。因此,建议采用国际公约和《司法解释》所选用的将环境损害赔偿额限定为"已实际采取或将要采取的合理恢复措施的费用"这一具有实践价值的标准来解决该争议。

至于何为"已实际采取或将要采取的合理恢复措施的费用",笔者认为《油污指南》的规定足资借鉴。根据《油污指南》的规定,环境损害可索赔的费用包括两部分:一是合理恢复措施的费用;二是研究费用。[3] 对于前者的认定,《油污指南》强调"应考虑所有相关的技术因素,包括但不限于下述各项:(1)观察到的环境状况及其变化情况被看作是由于本次海洋生态破坏实际造成损害的程度,以区别其他人为的或自然的因素;(2)措施是否在技术上可行,是否会有益于在该区域重建一个健康的生物群体,在该群体中,生物特征存在并正常发挥功能;(3)受损环境通过自然进程可望恢复的速度以及复原措施可以加速(或非故意地妨碍)自然恢复进程的程度;以及(4)措施的费用是否与损害或可合理预期的结果相称。"而对于研究费用,《油污指南》则将其目的限定于"为了确定或核实油污损害,决定复原措施是否实际可行和加速环境的自然恢复",非为此目的而产生的所谓

---

[1] 参见邓海峰.海洋油污损害之国家索赔主体资格与索赔范围研究[J].法学评论,2013(1):75-76.
[2] 参见刘家沂,凌欣.论海洋生态损害之国家索赔的实现路径[J].中国海商法年刊,2011,22(4):48-54.
[3] 《司法解释》第17条也规定:恢复措施的费用包括合理的监测、评估、研究费用。参见范崴.油污侵权损害的赔偿范围问题研究[D],大连海事大学,2003;赵谱.我国船舶溢油污染损害评估法律问题研究[D],大连海事大学,2006.

研究费用不予赔偿;在支付强度上,又要求"此种研究与实际损害成合理比例,且提供或可能提供所需要的数据"。这种界定有利于获得讼争各方当事人的认可并具有易于操作的特点,较我国选用理论模型为基准的计算方法具有明显的优越性。[1]

当然,就实质内容而言,上述范围与《生态环境损害赔偿制度改革方案》中所界定的"生态环境修复费用、生态环境修复期间服务功能的损失、生态环境功能永久性损害造成的损失以及生态环境损害赔偿调查、鉴定评估等合理费用"大体相当。至于立法的具体表述建议采取两分法,在《海环法》层面将该项内容表述为"已实际采取或将要采取的合理恢复措施的费用",而在下位条例或规范中则可以参照《生态环境损害赔偿制度改革方案》的列举方式,从而增强制度的可操作性。

其四,纯经济损失。尽管学界对于纯经济损失的定义尚无共识,但均承认此种损失"是不与受害人人身伤害或财产损害相联系的其他损失,是一种直接遭受到的金钱上的不利益"。因此,基于人身伤害或财产损害而派生出的进一步损失不是纯经济损失。目前各国立法对纯经济损失的态度不尽一致,但总的趋势是倾向于对这一财产利益进行保护。例如,德国的司法实践已经出现了对纯经济损失予以保护的案例[2];而美国1990年《石油污染法》第1002条对"损害"的定义则更加明确地包含了纯经济损失;即使相对保守的CLC1992关于纯经济损失可否赔偿,也表述暧昧,未予否定。

笔者认为,纯经济损失应该获得赔偿。纯经济损失作为一种财产法益,属于个人所有的财产性利益,其本质乃是个人的财富[3]。只要这种损失是合法的、可以证明的,法律就应对其予以救济。因此,在海洋生态破坏的救济程序中,纯经济损失应当包含于赔偿范围之内,否则就会对受害人造成显失公平的后果。事实上,《油污指南》和我国《司法解释》的规定也都体现出了此种关切[4]。接下来更

---

[1] 参见《国际海事委员会油污损害指南(1994)》第11条、第12条;李丽杰.论污染造成海洋环境损害的国家求偿[D],大连海事大学,2004;刘翠,刘卫先.《国际油污损害民事责任公约》和《设立国际油污损害赔偿基金公约》体系下环境损害赔偿的局限性分析——生态保护的视角[J],海洋开发与管理,2010(1):41-46.

[2] 参见张新宝.侵权责任法原理[M].北京:中国人民大学出版社,2005:212.

[3] 杨立新.侵权法论[M].北京:人民法院出版社,2005:383;张新宝.侵权责任法原理[M].北京:中国人民大学出版社,2005:213.

[4] 参见《国际海事委员会油污损害指南》(1994)第5条,以及我国《司法解释》第9条"因油污造成环境损害所引起的收入损失"的规定.

为重要的问题便是如何认定海洋生态破坏中的纯经济损失。对此,《油污指南》设定了两个条件。

首先,并不是所有人都有权对纯经济损失进行索赔。根据《油污指南》的规定,只有"依靠对受损的沿岸或海洋环境进行商业开发获得收入的人"才享有索赔权,例如从事"①捕鱼、水产养殖及类似行业;②提供诸如旅馆、饭店、商店、海滨设施及相关活动等旅游服务;③经营脱盐厂、晒盐场、发电站和依靠输水进行生产或冷却处理的类似设置"的人。此外,受到以下两种损失的人,不能请求赔偿:一是"不涉及商业性利用环境的营业迟延、中断或其他损失";二是"公共当局的税收及类似收入的损失"。其次,必须要证明这种损失是由污染本身引起的,亦即损失与污染之间存在因果关系。如果仅能证明损失与污染事故之间具有因果关系则尚不充分。为此,《油污指南》明确指出"只有在污染与损失之间存在合理程度的近因时,纯经济损失方视为由污染所引起。"对于如何确定"近因",《油污指南》也列举了一些应当考虑的标准:"①请求人的活动与污染区之间地理上的距离;②请求人在经济上依赖于受损的自然资源的程度;③请求人的业务活动在直接受污染影响地区的经济活动中所占的比重;④请求人自身能减轻其损失的范围;⑤损失的可预见性以及⑥造成请求人损失的并存原因的影响。"[1]

既然原则上纯经济损失应予赔偿,那么国家可否就海洋生态破坏给其造成的纯经济损失索赔呢?要回答这个问题,首先必须明确海洋生态破坏会给国家造成何种纯经济损失。笔者认为,海洋生态破坏致国家纯经济损失的范围一般包括:减少的旅游收入、支出的失业救济金、税收及类似收入的损失。结合前文对纯经济损失受偿条件的分析,我们认为在我国,国家就这些损失主张赔偿不具有可行性。首先,国家并非旅游产业的直接经营者,因此国家在旅游收入上遭受纯经济损失的情况应不会发生。其次,虽然发生海洋污染后,部分相关从业人员可能会因为生态损害而失业,进而向国家申领失业救济金,但这并不能证明失业救济金的领取与污染事故之间存在近因关系,换言之,并不能认为失业救济金属于污染损害。因为失业救济属于社会保障体系的一部分,其发放依据来源于国家的公共管理与服务职能,发放救济金的目的是"为了保障失业人员失业期间的基本生活,

---

[1] 参见邓海峰.海洋油污损害之国家索赔主体资格与索赔范围研究[J].法学评论,2013(1):76-77;李荨.海洋油污损害国家索赔的范围问题研究[D].西南政法大学,2016.

促进其再就业"[1]。据此,救济金发放仅以公民失业且主动申领该项救济为条件,而不考量导致该公民失业的事由。就如同国家依法向破产企业的员工发放失业救济金之后,不会向该破产企业主张赔偿或将其救济金记入破产债权一样。再次,《油污指南》之所以明确排除了国家对税收及类似收入损失的索赔,源于两点:一方面,国家在法律上证明污染与税收及类似收入的减少之间具有直接因果关系是困难和牵强的;另一方面,税收及类似收入的征缴需要借助于国家的公权力,以公权力方式行使的行为要通过私法方式来救济明显有悖法理。因此,国家欠缺主张此种赔偿的法律基础[2]。据此,建议在《海环法》进行修订时对纯经济损失可以索赔的范围要进行类型化的规定。

(三) 工程建设的渔业资源保护

1. 制度概述

水生生物资源在我国生态安全格局和生物多样性系统中都具有重要战略地位,保护水生生物资源及其生境是生态保护工作的重点任务。近年来以高强度的港口、码头、航道等工程建设为代表的海域和重点行业的开发加剧了重要濒危水生生物的生存威胁,水生生物资源及其生境保护的形势日益严峻。为进一步加强水生生物资源及其生境保护,《海环法》与《渔业法(征求意见稿)》均通过强调环境影响评价制度和"三同时"制度的适用,明确了该领域的规制要求。如,在重要渔业水域开展工程建设的,应当编制环境影响评价报告并征求渔业行政主管部门的意见。相关保护设施必须与建设项目的主体工程同时设计、同时施工、同时投入使用。违反上述规定将追究相应的法律责任。

在具体制度载体层面,两法对涉工程建设的规制都已初步形成了体系。《海环法》第5条对涉海岸工程、海洋工程的相关行政主管部门及其职责作出了明确规定,强调国务院环境保护行政主管部门负责海岸工程建设项目对海洋污染损害的环境保护工作;国家海洋行政主管部门负责海洋环境的监督管理,负责全国防治海洋工程建设项目和海洋倾倒废弃物对海洋污染损害的环境保护工作;国家渔业行政主管部门负责保护渔业水域生态环境工作,并调查处理前款规定的污染事故以外的渔业污染事故。《海环法》第五章"防治海岸工程建设项目对海洋环境的

---

[1] 《失业保险条例》第1条。
[2] 参见邓海峰.海洋油污损害之国家索赔主体资格与索赔范围研究[J].法学评论,2013(1):76-77.

污染损害"与第六章"防治海洋工程建设项目对海洋环境的污染损害"对工程项目建设过程中海洋生态环境的保护作出了规定,例如海岸工程建设项目单位与海洋工程建设项目单位应当对海洋环境进行科学调查,编制海洋环境影响报告书(表),并在建设项目开工前,报相应的行政主管部门审查批准,上述行政主管部门在批准海洋环境影响报告书(表)之前,必须征求海事、渔业行政主管部门和军队环境保护部门的意见;海岸工程建设项目与海洋工程建设项目的环境保护设施,必须与主体工程同时设计、同时施工、同时投产使用。环境保护设施应当符合经批准的环境影响评价报告书(表)的要求。此外,《海环法》第79、第80、第82条还规定了违反上述规定的法律责任。海岸工程建设项目未建成环境保护设施,或者环境保护设施未达到规定要求即投入生产、使用的,由环境保护行政主管部门责令其停止生产或者使用,并处二万元以上十万元以下的罚款;海洋工程建设项目未建成环境保护设施、环境保护设施未达到规定要求即投入生产、使用的,由海洋行政主管部门责令其停止生产、使用,并处五万元以上二十万元以下的罚款。这就为涉海工程的建设与管理确立了较为清晰的管理体制。

《渔业法(征求意见稿)》第43条规定,在重要渔业水域开展建闸、筑坝、航道疏浚、港口建设等工程建设的,其环境影响评价报告应当包括水生生物资源和水域生态环境的评价内容,并征求同级渔业主管部门意见;涉及水产种质资源保护区的,应当编制影响专题论证报告。建设单位应当按照批准或核准的环境影响评价文件要求,制定具体落实措施,明确环境保护责任和资金来源。相关保护设施必须与建设项目的主体工程同时设计、同时施工、同时投入使用。同时,《渔业法(征求意见稿)》第71条新增规定,有下列行为之一的,限期恢复原状,处一百万元以下罚款;不具备恢复条件的或逾期不按要求采取治理措施的,县级以上人民政府渔业主管部门可以委托有治理能力的单位代为治理,所需费用由违法者承担:(一)工程建设未依照环境影响评价报告采取保护或补救措施造成渔业资源损失的;(二)非法占用或者破坏水产种质资源保护区的。这些规定也为预防涉海工程对水生生物资源产生的潜在不利影响做了制度层面的准备。

此外,国家海洋局颁布的《海洋生态损害国家损失索赔办法》第2条规定,因新建、改建、扩建海洋、海岸工程建设项目导致海洋环境污染或生态破坏,造成国家重大损失的,海洋行政主管部门可以向责任者提出索赔要求。第5条规定,各级海洋行政主管部门应与环保、海事、渔业等海洋环境监督管理部门加强沟通、配合,建立海洋生态损害信息共享机制,确保索赔工作的全面、科学、合理。该办法为海洋生态损害国家损失索赔工作提供了具有一定可操作性的规则。

《水产种质资源保护区管理暂行办法》第17条规定,在水产种质资源保护区内从事修建水利工程、疏浚航道、建闸筑坝、勘探和开采矿产资源、港口建设等工程建设的,或者在水产种质资源保护区外从事可能损害保护区功能的工程建设活动的,应当按照国家有关规定编制建设项目对水产种质资源保护区的影响专题论证报告,并将其纳入环境影响评价报告书。第18条规定,省级以上人民政府渔业行政主管部门应当依法参与涉及水产种质资源保护区的建设项目环境影响评价,组织专家审查建设项目对水产种质资源保护区的影响专题论证报告,并根据审查结论向建设单位和环境影响评价主管部门出具意见。建设单位应当将渔业行政主管部门的意见纳入环境影响评价报告书,并根据渔业行政主管部门意见采取有关保护措施。《关于进一步加强水生生物资源保护 严格环境影响评价管理的通知》(环发〔2013〕86号)强调,水利工程、航道、闸坝、港口建设及矿产资源勘探和开采等建设项目涉及水生生物自然保护区或种质资源保护区的,或者在保护区外从事有关工程建设活动可能损害保护区功能的,应当按照国家有关规定进行专题评价或论证,并将有关报告作为建设项目环境影响报告书的重要内容。上述立法和规范性文件的规定,主要从预防制度群出发,对涉海工程可能对渔业资源造成的不利影响进行了前置性的规制。

2. 制度理论依据

水生生物资源是自然资源法规制的重要对象,而水生生物资源的栖息地则是环境保护法规制的重点之一,因此对水生生物资源及其栖息地的保护涉及不同的法律部门,自然会受到不同的法学理论的影响。对水生生物资源具有负面影响的主要因素是环境污染与涉海工程。水电工程、水底采砂、疏浚航道、航运、围填海造地以及港口、闸坝、桥梁建设等,会对海域生态产生巨大的负面影响,割裂甚至阻断子生态系统的正常物质循环与能量流动,破坏"三场一通道"等鱼类栖息繁育场所,致使物种濒危程度加剧、资源衰退、种质退化、基因变异等[1]。这些改变影响范围广、因素复杂、周期长,是近年来国内渔业资源衰退、产卵场萎缩、鱼类个

---

[1] 参见杨文波,李继龙.加强我国渔业生态补偿工作的探讨[J].中国水产,2009(4):14-15.

体小型化、低龄化和部分物种濒临灭绝的重要原因之一[1]。

海洋生态环境具有公共产品的属性,如果保护和管理不当,在开发利用过程中所产生的负外部性会向海洋生物资源等领域传导。海洋生物资源属于可再生资源,通过海洋生物不断生长、发育和繁殖,可以使海洋生物资源不断更新,维持一定的自我调节能力而达到数量上的相对稳定,实现海洋生物资源的可持续性利用。但是,如果海洋生物资源对栖息环境具有一定的依赖性。一旦其栖息环境遭到外力破坏,例如自然灾害和海洋工程中的建闸、筑坝、航道疏浚、港口建设等工程建设,将会打破生态系统自身的增长规律,阻碍甚至破坏海洋生物资源的自我调节和再生恢复能力,导致诸如渔业资源等海洋水生生物资源逐渐走向枯竭。因此,应当通过制度约束对由于涉海工程建设等引发的环境负外部性予以纠正,使外部成本内部化,进而保障海洋生物资源的健康更生秩序,使海洋生态环境与海洋生物资源均呈现可持续发展的趋势。

环境公共信托理论为政府对海洋生物资源特别是渔业资源进行管理和保护提供了理论基础。公共信托理论起源于罗马法。古罗马法认为海洋资源属于共用物,而海洋属于公有物。对于共有物和公有物,人们可以自由利用。18世纪后期,英国普通法确认了公众对于公共水域的捕捞权和航行权。[2]之后环境公共信托理论在美国被确立并进一步发展。1970年,美国学者约瑟夫·萨克斯教授在《自然资源法中的公共信托理论:有效的司法干预》一文中,将公共信托理论创造性地引入环境保护领域,从而开辟了该理论在环境保护领域的新战场。他认为,阳光、水、野生动植物等环境要素是全体公民的共有财产,公民为了管理它们的共有财产,而将其委托给政府,政府与公民从而建立起信托关系[3]。按照萨克斯教授的理解,公共信托理论蕴含了三项原则,即环境利益对于全体国民意义重大,不宜纳入私人所有权范围;环境权与个体的经济地位无关,应为全体国民所

---

[1] 参见操建华.流域工程建设中的渔业生态补偿问题研究——以湖南省湘江流域土谷塘枢纽工程为例[J].生态经济,2017,33(3).

[2] 参见易传剑.我国近海渔业管理方式的优化和改进——基于政府规制研究的视角[J].社会科学家,2012(5):54-55.

[3] 参见李琳莎,王曦.公共信托理论与我国环保主体的公共信托权利和义务[J].上海交通大学学报(哲学社会科学版),2015(1):59-66.

共享;政府的主要目的是增进公共利益,进一步延伸出公民环境权和国家环境管理权。[1]

按照公共信托理论,一国主权范围内的渔业资源作为全体国民的共同财产,应当委托公共机关予以保护。在对公共资源进行管理和保护的过程中,政府规制对于个体利益与公共利益的平衡至关重要。当海岸工程建设项目和海洋工程建设项目威胁到海洋水生生物及其栖息环境,有可能给海洋水生生物资源造成损害时,政府基于其受托义务或者基于其法定职责应当对此种工程建设进行干预和规制,以维护海洋生态环境安全与海洋水生生物资源的可持续更生。

3.制度实践现状

(1)渔业部门在环境影响评价制度中法律地位不明

根据《海环法》第43条第2款规定,环境保护行政主管部门在批准环境影响报告书(表)之前,必须征求海洋、海事、渔业行政主管部门和军队环境保护部门的意见。第47条第2款规定,海洋行政主管部门在批准海洋环境影响报告书(表)之前,必须征求海事、渔业行政主管部门和军队环境保护部门的意见。同时,《渔业法(征求意见稿)》第43条第1款规定,在重要渔业水域开展建闸、筑坝、航道疏浚、港口建设等工程建设的,其环境影响评价报告应当包括水生生物资源和水域生态环境的评价内容,并征求同级渔业主管部门意见;涉及水产种质资源保护区的,应当编制影响专题论证报告。《海环法》与《渔业法(征求意见稿)》都仅仅指出在涉环境影响评价的行政程序中要"征求同级渔业主管部门意见",却没能指出渔业部门在相关行政程序中的法律地位应如何认定,渔业部门的肯定性与否定性评价会否直接导致该环境影响评价书(表)通过或不能通过审批。因此,两法应进一步细化渔业部门对环境影响评价文件的核准权限、核准程序,及其意见对环境影响评价文件的审批事项所具有的法律意义。

在上述领域的地方性法规同样也仅对渔业部门在环境影响评价制度中的法律地位做了原则性规定。例如《福建省海洋环境保护条例》第25条规定,环境保护行政主管部门在批准海岸工程建设项目环境影响报告书之前,应当征求海洋、渔业行政主管部门、海事管理机构和军队有关部门的意见;海洋行政主管部门在

---

[1] 参见易传剑.我国近海渔业管理方式的优化和改进——基于政府规制研究的视角[J].社会科学家,2012(5):54-55.

核准海洋工程建设项目海洋环境影响报告书之前,应当征求海事管理机构、渔业行政主管部门和军队有关部门的意见。《广东省实施〈中华人民共和国海洋环境保护法〉办法》第 37 条前两款规定,海岸工程建设项目单位应当在建设项目开工前,将环境影响报告书(表)报环境保护行政主管部门审查批准。环境保护行政主管部门在批准环境影响报告书(表)之前,必须征求海洋、海事、渔业行政主管部门和军队环境保护部门的意见。海洋工程建设项目单位应当在建设项目开工前,将环境影响报告书(表)报海洋行政主管部门审查批准。海洋行政主管部门在批准海洋环境影响报告书(表)之前,必须征求海事、渔业行政主管部门和军队环境保护部门的意见。

由上述地方性法规的条文可知,其对应条款多局限于对《海环法》与《渔业法(征求意见稿)》的重复性规定,并未将两法的原则性规定转化为具有可操作性的规则。这在实践中容易导致以下困境:一方面,"征求部门意见"的环节可能形同虚设,征求与否对环境影响评价的审批不产生实质性的效果;另一方面,渔业部门对于海洋行政主管部门征求意见后的决定不认同的,也无法基于现有法律的规定获得适当的制衡,因此两法现有的规范模式难以发挥环境影响评价制度对海洋渔业资源及其栖生水域环境加以预防性保护的作用。

(2) 环境影响评价后的持续性监管缺失

众多的海岸工程建设项目与海洋工程建设项目会对海洋生态环境产生不同程度的影响。如围填海、海上堤坝工程,海洋矿产资源勘探开发及其附属工程,海上潮汐电站、波浪电站、温差电站等海洋能源开发利用工程,盐田、海水淡化等海水综合利用工程,海上娱乐及运动、景观开发工程等,导致滨海湿地生态系统的退化甚至丧失,海岸带自然度明显降低,生物栖息环境恶化,进而导致海洋环境和生态系统受损与退化[1]。因此,为保护海洋生态环境与海洋生物资源,不仅要在建设项目开工前评估其对海洋生态环境产生的影响,还应当对建设项目在通过环境影响评价审批后的全过程进行环评后监管。但就目前的制度设计而言,现行规定中缺少对环评后监督检查制度的配套设计,在实践中已经暴露出许多问题。例如长江流域水利工程环境影响评价中发现其存在委托单位资质造假、缺乏公众后期

---

[1] 参见傅秀梅,宋彦龙,戴桂林等.中国海洋生态资源环境问题与海洋生态补偿对策分析[J].海洋湖沼通报,2013(2):146-154.

监督、审核程序不合理等问题[1]。在涉海工程领域,这样的实例也较为普遍。

4. 国外相关经验

德国的海洋环境保护策略遵循两个基本原则:预防原则(尽最大可能避免海洋环境遭到损害)和发生原则(必须在事故发生地消除和纠正损害),并将海洋环境保护融入农业、渔业和船运业等其他领域,将污染物对海洋的危害降到最低,可持续地、环保地利用海洋并保护海洋生物及其生存空间[2]。以海岸工程为例,德国不来梅港海洋环境保护管理就是成功实例之一。据测算,不来梅港开展的工程建设将造成了89公顷自然滩涂和16公顷湿地损失,其后果会严重损害滨海生态系统。鉴于此,港口管理部门依法出资负责对港口建设工程造成的海洋生态环境损害进行系统性保护。在建设前开展了工程环境影响评价,对可能造成的生态影响提出了保护、恢复措施,在港口附近的滩涂上构建修复工程,建立了湿地自然保护区并建设了一系列的配套工程,同时进行修复跟踪监测[3]。

与德国类似,荷兰针对围填海造地类建设项目也注重运用环境影响评价制度,预防对海洋生态环境可能造成的损害风险。首先,荷兰在全国范围内建立了海岸保护规划、海洋保护区规划、水资源综合利用规划、综合湿地计划和三角洲开发计划等[4]。其次,建立了围海造地综合评价技术体系和围海造地的后评估技术体系,提前预估该建设项目对海平面变化的影响、对未来河流流量的影响和对地面沉降的影响等。最后,相关部门将对围海造地及海岸工程施工和营运期进行综合损益分析,如建设项目对当地和外部资源环境影响分析及施工过程的直接影响、间接影响分析等[5]。这些措施的综合运用,有效提升了荷兰对涉海工程生态负外部性的预防和有效控制。

5. 衔接建议

《海环法》第五章与第六章分别从海岸工程建设项目和海洋工程建设项目两

---

[1] 参见高纪鹏.长江流域渔业资源保护的法律对策研究[D].西南政法大学,2014.
[2] 参见刘向.德国海洋环境保护走区域合作与自我完善之路[EB/OL].(2004-06-03)[2020-08-03]. http://news.sina.com.cn/w/2004-06-03/18172709386s.shtml.
[3] 参见邵娟.中国海洋生态资源环境问题与海洋生态补偿对策分析[J].资源节约与环保,2016(10):151.
[4] 参见李楠楠,顾尔康,张建新.围海造地的国际比较分析及启示[J].时代金融,2011(30):182-183.
[5] 参见李荣军.荷兰围海造地的启示[J].海洋开发与管理,2006(3):31-34.

个方面确立了防治海洋环境污染损害的制度供给秩序。《渔业法(征求意见稿)》第43条侧重于对重要渔业水域,尤其是水产种质资源保护区的保护,这使得两部法律在涉海工程环境影响的控制与应对方面,存在一定范围的重合。由于两法对相关制度的规定侧重点不同,前者追求包括海洋渔业资源用海水域在内的海洋生态保护的整体效果,而后者侧重于如何构建有利于海洋渔业资源可持续繁衍与更生的栖息环境,因此建议涉及工程建设的渔业资源保护制度由《海环法》和《渔业法》共同确立,并在此基础上分别细化和完善,从而在保护海洋生态环境的同时兼顾海洋渔业资源的保育。

首先,建议明确渔业部门在环境影响评价制度中的法律地位,可进一步细化以下内容:其一,渔业部门对环境影响评价的预审内容,主要包括海岸工程建设项目是否符合渔业水域环境保护管理要求、项目的生态环境保护措施和环境风险预防措施是否有效可行、能否接受项目对渔业水域环境产生的影响等[1];其二,渔业部门对环境影响评价文件的核准权限、核准程序,以及其意见对环境影响评价文件审批的效力。当然,以上内容并不建议由《海环法》与《渔业法》具体列出,可采取由《海环法》与《渔业法》进行原则性规定的同时,采用授权性或指引性条文,明确其具体办法由国务院或者地方性法规另行规定。我国《立法法》第72条第1款规定,地方人大及其常委会"根据本行政区域的具体情况和实际需要,在不同宪法、法律、行政法规相抵触的前提下,可以制定地方性法规";第73条规定,"制定地方性法规,对上位法已经明确规定的内容,一般不作重复性规定"。所以,涉海地方性立法应当摒弃简单重复立法的做法,在不与《海环法》和《渔业法》抵触的前提下,对上位法的原则性规定作出细化,以突出属地主义立法的应有功能。

最后,建议完善后环境影响评价的审批后监管制度。众多海岸工程建设项目与海洋工程建设项目涉及海洋生态、海岸地貌、水文动力等多学科多专业方面的工作,这使得在建设项目环境影响评价审批时,无法对项目建设与运行中的全部环境风险进行准确的预判。为保证项目建设与运行不会对海洋生物资源和海洋生态环境造成损害或有效抑制上述损害,建议《海环法》就建设项目环境影响评价后的全过程监管作出制度性设计,通过与排污许可或其他常态化管理制度的对

---

[1] 参见李静,杜群.我国南海海域渔业环境保护法律问题与对策[J].中国环境管理,2019,11(1):117-122.

接,最大限度地抑制涉海工程的环境负外部性对海洋渔业资源的负面影响。

三、《海洋环境保护法》与《刑法》衔接分析

1. 海洋环境保护领域刑事责任制度的理论依据

根据刑法学界的观点,我国不存在附属刑法,即不存在附带规定于行政法等非刑事法律中的罪刑规范,而是由《刑法》直接规定了犯罪的成立条件与法定刑。[1] 狭义的行政刑法是行政法律中的罪刑条款的总称。

《海环法》继受了我国立法对于刑事责任问题的一贯立法技术和立法传统,虽在条文中规定"构成犯罪的,依法追究刑事责任",但并未对刑法的既有立法传统作出实质性变更,因此没有创设新的罪刑规范,也非真正意义上的附属刑法。因此,要想加强对违反海洋保护规范的行为的处罚,提升罚则的威慑力度,实现从行政罚上升到刑罚,仅有《海环法》现有条文的表述是不够的,还要同时对《刑法》的相应条文作出修改。

从世界各国的立法来看,危害环境犯罪的立法形态主要有四种类型,分别是绝对独立于行政法的刑法、绝对从属于行政法的刑法、相对从属于行政法的刑法和从属于行政形式犯的刑法。我国《刑法》有关"破坏环境资源保护罪"的规定大部分属于绝对从属于行政法的刑法,但也存在相对从属于行政法的刑法。

(1) 相对从属于行政法的刑法

相对从属于行政法的刑法,即为补强行政执行与行政官员的控制而适用刑罚规范。[2] 在这一类型的立法形态中,并不涉及空白罪状的运用。

《海环法》第93条在《刑法》中对应的条文是第408条的环境监管失职罪。根据《刑法》该条款的规定,负有环境保护监督管理职责的国家机关工作人员严重不负责任,导致发生重大环境污染事故,致使公私财产遭受重大损失或者造成人身伤亡的严重后果的,应承担三年以下有期徒刑或者拘役的刑事责任。这一规定是为了督促负有环境保护监督管理职责的国家机关工作人员严谨履职,属于为补强对行政官员的控制而适用刑罚的规定。

---

[1] 参见张明楷.刑法学[M].北京:法律出版社,2011:19-23.
[2] 参见汪劲.环境法学[M].北京:北京大学出版社,2014:336-338.

(2) 绝对从属于行政法的刑法

绝对从属于行政法的刑法,即刑罚的构成要件中应当包含对行政法与行政命令违反的条件[1]。我国《刑法》有关"破坏环境资源保护罪"的规定大部分就属于该种立法形态。

在《刑法》中,破坏环境资源保护罪所规定的具体罪名,基本罪状的描述方式大多都采取了空白罪状与叙明罪状相结合的方式。所谓空白罪状即没有具体说明某一犯罪的成立条件,但指明了必须参照的其他法律、法令[2]。这种描述方式的特征就是,其构成要件之一大多为"违反国家规定",这里的违反国家规定就包括了违反《海环法》的有关规定。

采用此类立法技术在法律效果上的特点是触犯破坏环境资源保护罪,一定以触犯其他非刑事法律法规为基本前提,亦即触犯其他非刑事法律法规是触犯破坏环境资源保护罪的构成要件之一。在这种情况下,该违法行为的内容在其他法律法规中已经作出了规定,为避免重复或适用冲突,就通过规定空白罪状的方式将其构成要件指引适用于相关的法律法规。因此,空白罪状只是描述基本罪状的一种方式,《刑法》中使用空白罪状是为了避免复杂表述,并不意味着将刑罚的构成要件规定在非刑事法律中,也不能证明我国存在附属刑法。

2. 制度实践现状

根据适用刑罚主体的不同,可将《海环法》中规定的海洋环境保护领域中的受罚主体划分为造成海洋环境污染事故的单位和海洋环境监督管理人员。

(1) 针对海洋环境监督管理人员的刑罚规范

《海环法》第93条和《刑法》第408条均对海洋环境监督管理人员的违法责任作出了规定。《刑法》规定的环境监管失职罪属于相对从属于行政法的刑法,不涉及空白罪状的运用。基于我国刑事立法中不存在附属刑法,《海环法》中的刑事责任类规范并未对《刑法》中的刑罚规范作出实质性修改,而《刑法》则必须对海洋环境监督管理人员应受的刑罚作出规定。因此,《海环法》是否需要对《刑法》已经规定的环境监管失职罪再次作出规定,需要进一步探讨。

《海环法》第93条规定,海洋环境监督管理人员滥用职权、玩忽职守、徇私舞

---

[1] 参见汪劲.环境法学[M].北京:北京大学出版社,2014:157-164.
[2] 参见张明楷.刑法学[M].北京:法律出版社,2011:577-586.

弊,造成海洋环境污染损害,且构成犯罪的,依法追究刑事责任。

根据《刑法》第408条的规定,负有环境保护监督管理职责的国家机关工作人员严重不负责任,导致发生重大环境污染事故,致使公私财产遭受重大损失或者造成人身伤亡的严重后果的,应处三年以下有期徒刑或者拘役。

从上述两个条文可以看出,《海环法》与《刑法》的规定有多处不同。

①《海环法》规定的"滥用职权、玩忽职守、徇私舞弊"与《刑法》规定的"严重不负责任"之间的关系

《海环法》明确规定滥用职权、玩忽职守和徇私舞弊这三种情形,其目的主要是作为追究监管人员行政责任(给予行政处分)的依据。而在《刑法》中,除环境监管失职罪之外,第397条还规定了滥用职权罪。在滥用职权罪的构成要件中规定了滥用职权、玩忽职守和徇私舞弊这三种情形。加之第408条规定的环境监管失职罪与第397条规定的滥用职权罪均被规定在《刑法》第九章的渎职罪项下,按照体系解释的原则,它们之间应当属于一般规定与具体适用的关系。环境监管失职罪与一般渎职犯罪的区别之处在于犯罪主体较之于滥用职权罪特殊,但环境监管失职罪规定的"严重不负责任"比较抽象,在范围上已经囊括了滥用职权、玩忽职守和徇私舞弊这三种情形。因此,《海环法》规定的滥用职权、玩忽职守和徇私舞弊与《刑法》的规定并不冲突,也未对《刑法》的规定作出实质性变更。在适用上的仍应坚持按照《刑法》所规定或指引的要件追究刑事责任。

②《刑法》规定的要件增加了"重大"和"致使公私财产遭受重大损失或者造成人身伤亡的严重后果"的限制

虽然《刑法》规定的构成要件较之《海环法》,增加了"重大"和"致使公私财产遭受重大损失或者造成人身伤亡的严重后果的"作为犯罪构成要件的限制条件,体现的是刑事责任强度与行政责任强度的梯级差别,即从行政违法上升到刑事犯罪所要求的更为严重的应受非难性,是刑事违法行为社会危害性的体现。因此应坚持现行《刑法》对入罪构成要件的限制。

③《海环法》对《刑法》的环境监管失职罪做出了进一步的细化规定

《海环法》将"负有环境保护监督管理职责的国家机关工作人员"细化为"海洋环境监督管理人员",将"导致发生重大环境污染事故"细化为"造成海洋环境污染损害"。这体现的是行政法律规范结合所属领域对于入罪行为要件的补充性规定,并未对《刑法》的内容作出实质性变更。

首先,由于之前我国的环境监督管理实行统分结合、一主多辅相结合的体制,海洋环境保护监督管理机关并非一般意义上的生态环境主管部门,而是国家海洋行政主管部门。因此,《海环法》当时确有必要对海洋环境保护监督管理机关进行明确。2018年中央国家机关机构改革完成后,海洋环境保护的职责已经统一由生态环境部承担。因此《海环法》基于原有管理体制对监管主体进行的细化已经失去意义了,属于未来《海环法》修订需要删除的内容。

其次,就我国环境保护立法的传统体例而言,似也无必要由《海环法》对该项要件作进一步细化。例如作为代行我国环境保护基本法职责的《环保法》,其条文便未对环境监督管理人员违法的刑事责任作出细致的规定,仅在第69条规定"违反本法规定,构成犯罪的,依法追究刑事责任"。这也在立法技术层面再次印证了在行政法体系中,除具有重要适用性差别或制度背景性差别,尚无必要就行政监管人员的含义与范围作出与《刑法》渎职犯罪部分不同的规定。

最后,海洋环境监督管理人员的刑事处罚与其他领域的公职人员违法行为相比,并未体现出更加明显的特殊性,因此也没有必要针对该群体作出与其他负有环境保护监督管理职责的国家机关工作人员相区别的刑事责任构成。

据此,依照《刑法》的规定即可实现对严重违反《海环法》的海洋环境监督管理人员的刑事处罚,并无将《刑法》规定的环境监管失职罪在《海环法》中作出特别规定的必要。综上所述,建议《海环法》第93条的现行表述可以不作调整。在对负有环境保护监督管理职责的国家机关工作人员追究刑事责任时,以现行《刑法》的相关规定作为主要依据。

(2) 针对与开发利用海洋环境有关的单位的刑罚规范

在绝对从属于行政法的刑法立法模式下,由于对行政法与行政命令的违反属于刑罚的构成要件之一,因此,虽然《海环法》并未对《刑法》作出实质性变更,但为更好地配合《刑法》中空白罪状的使用,《海环法》中仍要对需要追究刑事责任的违法行为规定指引适用《刑法》的条款。

我国《刑法》中,针对与开发利用海洋环境有关的单位的刑事责任规范主要规定在第二编第六章第六节的破坏环境资源保护罪中。这部分罪名绝大部分采取了属于绝对从属于行政法的立法模式,大量运用了空白罪状对构成要件加以描述。针对此种情况,《海环法》仍须对需要追究刑事责任的单位违法行为明确指引适用《刑法》的规则,因此下文将侧重于《海环法》与《刑法》在此问题上的衔接分析。

在《海环法》中有诸多的禁止性、限制性规定,需要对违反该规定的行为确立相应的法律责任。由于该类规定多为行政管理性质,因此主要涉及行政责任和刑事责任。目前,《海环法》中针对与开发利用海洋环境有关单位违法行为刑事责任的规定,仅有《海环法》第 90 条。

根据《海环法》第 90 条,违反法律规定,造成海洋环境污染事故的单位,对严重污染海洋环境、破坏海洋生态,构成犯罪的,依法追究刑事责任。

一方面,就条文表述而言,《海环法》并未对具体行政违法行为的要件作出明确规定,只是抽象地表述为"违反本法规定",并要求造成一定的危害后果。这是一种采取高度抽象的方式,将多个涉行政犯罪的规范囊括于一个条文中的立法技术。但是,由于我国《刑法》本身采用的也是空白罪状立法技术,《海环法》的这类抽象表述就会不可避免地带来涉海违法犯罪行为在法律适用层面上的不确定性,就法律适用本身而言,应对构成行政犯罪的具体违法行为作出更为明确的规定。因此,建议对需要追究刑事责任的严重行政违法行为应由《海环法》分别做出相应的指引性规定。在条文表述上,可以采用在规定行政责任后,对于需要追究刑事责任的严重行政违法行为,在其行政责任对应文本后,加入"构成犯罪的,依法追究刑事责任"的指引性表述。

另一方面,《海环法》第 90 条仅对造成一定危害后果的行政违法行为作出了规定,明显不能覆盖《海环法》中的全部行政违法行为。因此,对《海环法》条文的修订,不仅要明确严重行政违法行为的刑事责任,还应对《刑法》中的既有条款进行衔接,以实现刑罚规范的协调一致。现以《刑法》中规定的涉环境类罪名为线索,将《海环法》中的行政责任进行分类,以便明确单位应当承担刑事责任的严重违法行为范围。

① 结果犯:污染环境罪

根据《刑法》第 338 条污染环境罪的规定,违反国家规定,排放、倾倒或者处置有放射性的废物、含传染病病原体的废物、有毒物质或者其他有害物质,严重污染环境的,处三年以下有期徒刑或者拘役,并处或者单处罚金。根据司法解释,"严重污染环境"的情形之一是"违法所得或者致使公私财产损失三十万元以上"。

首先,关于污染环境罪与《海环法》第 73 条规定的违反排放污染物等有关规定的行政法律责任的关系问题。《海环法》第 73 条列出了违法行为有四种,分别是:"向海域排放本法禁止排放的污染物或者其他物质""不按照本法规定向海洋排放污染物,或者超过标准、总量控制指标排放污染物""未取得海洋倾倒许可证,向海洋倾倒废弃物"以及"因发生事故或者其他突发性事件,造成海洋环境污染事故,不立即采取处理措施"。其中,前三种违法行为可以被《刑法》污染环境罪规定的"排放、倾倒或者处置有放射性的废物、含传染病病原体的废物、有毒物质或者其他有害物质"所涵盖,把第 73 条和第 90 条相结合即可完成《刑法》中"违反国家规定"这一构成要件的判定,因此《海环法》中的这部分内容可以不作修改。

问题在于,前述的第四种情形不能被污染环境罪以及《刑法》第二编第六章第六节的破坏环境资源保护罪内的其他涉环境类罪名的现有条文所涵盖,此种情况应否追究刑事责任呢?第四种情形与第二种违法情形有相同的行政责任设置,而第二种情形一旦构成"严重污染环境"是需要追究刑事责任的。因此,依据比例原则,建议如出现第四种情形也应追究刑事责任。在条文表述上,既可以通过直接在破坏环境资源保护罪内新增罪名的方式实现,也可以通过对现有罪名进行扩大解释的方式将该种情形纳入既有罪名规制范围。

其次,关于污染环境罪与《海环法》第 85 条规定的违反倾废规定行政法律责任的关系问题。根据《海环法》第 85 条的规定,违反本法规定,不按照许可证的规定倾倒,或者向已经封闭的倾倒区倾倒废弃物的,由海洋行政主管部门予以警告,并处三万元以上二十万元以下的罚款;对情节严重的,可以暂扣或者吊销许可证。

由此可见对违法倾倒废弃物的行为,《海环法》对其追究行政责任时并不以是否造成一定后果作为要件,亦即《海环法》规定规定的行政责任构成要件侧重于对行为本身的处罚。而按照《刑法》污染环境罪的规定,违法倾倒有害物质的,必须要在严重污染环境的情况下才追究刑事责任,亦即刑事责任的成立以特定结果的发生作为入罪条件。基于有害物质属于废弃物的范畴,《刑法》以"严重污染环境"为构成要件显然是考虑到了在由行政责任向刑事责任过度的过程中,要求犯罪行为的社会危害性要有明显提升。因此,把《海环法》第 85 条和第 90 条相结合即可完成《刑法》中"违反国家规定"且社会危害性明显的违法行为的构成要件判定,故建议《海环法》中的这部分内容可以不作修改。

② 行为犯:非法处置进口的固体废物罪

根据《刑法》第 339 条非法处置进口固体废物罪的规定,违反国家规定,将境外的固体废物进境倾倒、堆放、处置的,须承担刑事责任。由条文可知,只要行为人有违法入境倾倒、堆放、处置境外固体废物的行为,即需要承担刑事责任,而不以造成重大环境污染事故作为犯罪构成要件。

首先,关于非法处置进口固体废物罪与《海环法》第86条适用关系的问题。《海环法》第86条在有关违规倾倒境外废弃物的规定中明确,违反第55条规定的"禁止中华人民共和国境外的废弃物在中华人民共和国管辖海域倾倒",将境外废弃物运进我国管辖海域倾倒的,由国家海洋行政主管部门予以警告,并根据造成或者可能造成的危害后果,处十万元以上一百万元以下的罚款。

比较两个条文我们有两点发现,一方面,《海环法》作为海洋环境保护领域的特别法,对"入境"作了具体化的描述,将其定义为"运进我国管辖海域";另一方面,《刑法》只针对《海环法》第86条规定的"废弃物"中的"固体废物"作了追究刑事责任的规定。这就带来了一个问题,即固体废物之外的其他废物在被运进我国管辖海域时,行为人是否应该追究相应的刑事责任。

根据《海洋倾废管理条例》第11条的规定,废弃物可以根据其毒性、有害物质含量和对海洋环境的影响等因素划分为三类,即禁止倾倒的废弃物及其他物质、需要事先获得特别许可证才可倾倒的废弃物以及仅须事先获得普通许可证即可倾倒的低毒或无毒废弃物。而修订后的《固体废物污染环境防治法》第23条则明确禁止境外的固体废物进境倾倒、堆放、处置。该规定改变了法律此前对可以用做原料的固体废物进境倾倒的规制空白。

在《刑法》中,走私废物罪的行为对象包括境外的气态废物、液态废物和固体废物,但是擅自进口固体废物罪和非法处置进口的固体废物罪的行为对象则仅限于境外的固体废物。当然,通过刑事制裁的方式限制固体废物入境,对于改善生态环境质量、降低土壤污染、维护国家生态环境安全具有重要作用。但是,由于废物的危险属性直接地体现着其危害环境的社会危害性,而且气态废物和液态废物与固体废物在危险属性上并无太大的不同,因此建议将非法处置进口的固体废物罪的行为对象扩大到固体废物、液态废物和气态废物[1]。

综上所述,建议将《刑法》非法处置进口的固体废物罪的行为对象扩大到固体废物、液态废物和气态废物。同时,由于海洋环境倾废行为的特殊性,《海环法》仍须对违法向海洋倾倒废弃物的刑事责任作出指引适用的规定,即在第86条规定

---

[1] 参见牛忠志,张霞.非法进口废物犯罪的立法完善研究[J].山东社会科学,2016(1):131-136.

违法倾废的行政责任后,建议补充规定"构成犯罪的,依法追究刑事责任",作为指引适用《刑法》中相应罪名的依据。

其次,关于非法处置进口的固体废物罪与《海环法》第78条的适用关系问题。《海环法》第78条对违反转移危险废物的规定明确违反本法第39条第2款规定的"经中华人民共和国管辖的其他海域转移危险废物的,必须事先取得国务院环境保护行政主管部门的书面同意",经中华人民共和国管辖海域,转移危险废物的,由国家海事行政主管部门责令非法运输该危险废物的船舶退出中华人民共和国管辖海域,并处五万元以上五十万元以下的罚款。这个条文在适用中涉及两个问题。

其一,《海环法》第78条仅规定了违反第39条第2款的行政责任,而第39条第1款却并未规定相应的行政责任。而就第39条第1款和第2款的逻辑关系而言,违反第1款禁止性规定行为的社会危害性显然比违反第2款限制性规定行为的危害性更重。第1款规制的经我国内水、领海转移危险废物显然比第2款规制的经我国管辖的其他海域转移危险废物的危险性更大。因此,应对《海环法》第78条作出相应的修改,补充追究违反第39条第1款行为的行政责任。

其二,违法转移危险废物行为的责任强度如何设置也需要考量。虽然危险废物是固体废物的一种,但是仅仅是转移行为,该行为的危险性当然比倾倒、堆放和处置行为低。而且,与非法处置进口的固体废物罪相衔接的《海环法》第86条规定的行政责任是"予以警告,并根据造成或者可能造成的危害后果,处十万元以上一百万元以下的罚款";而《海环法》第78条规定的行政责任是"责令非法运输该危险废物的船舶退出中华人民共和国管辖海域,并处五万元以上五十万元以下的罚款"。就罚款数额而言,第78条规定的数额是第86条的50%。由此可见立法者认为违反第78条,即违法转移危险废物的行为,其危险性要低于第86条,因此建议对第78条中的刑事责任强度进行必要的修订。

3. 衔接建议

根据上文的分析,建议对《海环法》和《刑法》作出如下修改,以更好地实现两部法律间的衔接。

(1) 建议《海环法》第73条第4款增加追究刑事责任的指引性表述,并在第73条补充规定"构成犯罪的,依法追究刑事责任"。对《海环法》第73条第4款追究刑事责任,可以通过直接在《刑法》的破坏环境资源保护罪内新增罪名的方式,也可以通过对现有的罪名进行扩大解释的方式将该种情形纳入《刑法》的规制领域。

（2）建议在《海环法》第85条补充规定"构成犯罪的,依法追究刑事责任",以明确指引适用《刑法》的具体行政违法行为的类型。

（3）建议将《刑法》非法处置进口的固体废物罪的行为对象扩大到固体废物、液态废物和气态废物。同时,在《海环法》第86条规定违法倾废的行政责任后,补充规定"构成犯罪的,依法追究刑事责任",作为指引适用《刑法》中相应罪名的依据。

（4）建议对违反《海环法》第39条第1款的行为追究行政责任,即在《海环法》第78条补充规定违反《海环法》第39条第1款行为的行政责任。

四、《海洋环境保护法》与《行政许可法》衔接分析

《海环法》与《行政许可法》之间最重要的关联在于排污许可制度。排污许可制度是《行政许可法》在环境保护领域运用场景最普遍的一项制度,也是处罚海洋环境污染行为的重要依据,因而应当由《海环法》作出相应规定。而《排污许可管理条例》作为《行政许可法》在排污许可方面的特别规定,既需要与《行政许可法》的理念、原则与基本制度保持一致,又要兼顾海洋环境排污行为的特殊需要,因此其同样应与《海环法》做好衔接。下文将对《海环法》与《行政许可法》《排污许可管理条例》的制度衔接作出分析。

（一）入海排污口设置制度

1. 制度概述

全国人大常委会在2017年将《海环法》第30条第1款规定的入海排污口设置审批制修改为备案制,即入海排污口的位置需要报市级以上政府环保部门备案。

基于我国自然资源国家所有权的特点,对国家所有的自然资源进行开发利用实行特许制,由政府及其主管部门代表国家特许申请人开发利用自然资源和环境容量[1]。在我国,国家特许排污单位对环境容量进行用益的制度载体是排污许可证制度。

实际上,入海排污口的设置是对海洋环境有限纳污能力的一种利用,属于海

---

[1] 参见汪劲.环境法学[M].北京:北京大学出版社,2014:79-89.

洋环境容量的用益行为,涉及范围较为广泛的环境公共利益。但是,按照《海环法》的规定,入海排污口设置仅须备案,即排污单位只须要就法定备案事项提交书面申请材料既可以设置排污口。

行政法学对许可有不同的分类,其中特许是指由行政机关代表国家向被许可人授予某种特定的权利[1]。与需要事前进行行政审批的特许不同,备案无需严格的行政审批程序,其设置的目的是方便主管部门事后的监督。备案虽然也要求进行审查,但是此时的审查主要是形式意义上的审查,只要符合形式要件,备案即可完成。

作为特许的典型代表,排污许可证制度既可适用于污染预防的事前管理,也可适用于污染治理的事中管理和污染救济的事后管理[2],备案管理只能进行事后管理,因此备案的方式通常不会在《环保法》中体现预防原则的制度群中出现。基于排污口设置本身具有预防污染物排放与合理规划环境容量用益秩序等多重制度目标,因此在排污口设置的法律要件上,采用备案制不是一种合理的制度设计思路。就法律体系的一致性而言,对入海排污口的设置采用备案制也明显不符合《行政许可法》第 13 条规定的可以不设行政许可的条件,因为行政机关无法采用事后监督等其他行政管理方式预防入海排污口设置不当带来的环境污染损害。

此外,根据《海环法》第 30 条的规定,排污口不得新建在需要特别保护的区域。如果采取备案制仅对备案材料进行形式审核的话,《海环法》第 30 条将因为缺乏必要的制度措施而无法得以执行。对于在排污口设置尚未完成备案就启动施工的场合,以备案制为基础的事后管理方式还可能造成时造成人力、物力的巨大浪费。

2. 制度实践现状

《海环法》将入海排污口设置的审核方式确定为备案制与我国前段时间进行放管服改革,压缩不必要的行政审批具有较大的关联。由于《海环法》并未对采用备案制后的监管措施作出详细规定,且主管部门的职责也未明晰,导致备案制的实践效果不理想。实践中,备案制的运作多由地方生态环境主管部门出台的细则加以落实。由于缺乏对备案制及其配套制度的顶层设计,导致入海排污口的统一

---

[1] 参见姜明安.行政法与行政诉讼法[M].北京:北京大学出版社,2019:183-212.
[2] 参见李启家,蔡文灿.论我国排污许可证制度的整合与拓展[J].环境资源法论丛,2006:171-188.

监督格局尚未形成。因此应尽快出台入海排污口设置的进一步规则,为全国入海排污口管理工作提供具体依据。

从地方的相关规定来看,实践中的备案制跟行政法理论中的备案也有所不同。从《钦州市环境保护局入海排污口设置备案及审查制度》《潮州市生态环境局关于入海排污口设置的备案制度(试行)》和《东莞市生态环境局入海排污口设置备案制度(征求意见稿)》的规定来看,三份文件均明确规定了主管部门不予备案的情形,如在需要特别保护的区域新建入海排污口、在一类海水水质要求的海洋功能区新建入海排污口、不符合相关规划要求等。这几项不予备案的情形,均属于对申请材料的实质性审查。而行政法理论中的登记、备案虽然也要求进行审查,但皆是形式审查,只要符合形式要件,便应予以备案。

在《潮州市生态环境局关于入海排污口设置的备案制度(试行)》中,主管部门作出备案决定的流程规定得更为清晰。潮州市生态环境局有关科室对申请材料审核后,要征求潮州市生态环境局饶平分局、局机关各相关科室及监测站的意见,经综合审查符合设置入海排污口备案条件的才予以同意备案。征求意见这一行为也再次明确了备案制中对申请材料的审核不仅审查形式要件,还要作实质性审查。因此,实务中的备案制度并不完全符合行政法理论上的备案,而是一种带有审批制色彩的特殊备案形式。之所以出现这种状况,恰恰证明了在入海排污口设置问题上采用备案制与我国的环境管理实践需求不符,与我国的环境污染防治形势需要不符。因此,建议在《海环法》的修订中,应对入海排污口设置的审批形式做出修改,或者探索将其与排污许可证制度进行深度整合。

3. 衔接建议

行政法理论中仅进行形式审查的备案制不能满足环境保护防患于未然的需求,事后监管还可能造成资源的浪费。因此,为贯彻《环保法》规定的预防原则,加强事前监督,《海环法》应考虑将入海排污口设置的备案制改为审批制。同时,应尽快出台入海排污口设置的配套实施细则,为全国入海排污口管理工作提供依据,明确主管部门的职权与职责,以对入海排污口的严格监管推进陆海统筹在制度层面的落实与融合。

(二) 入海排污口设置的备案制度与排污许可证制度的衔接

1. 制度概述

设置入海排污口的单位必然会向水体排污,根据《排污许可管理条例》第 2 条的规定,排污单位应当按照排污许可证的规定排放污染物。应当取得排污许可证而未取得的,不得排放污染物。因此设置入海排污口的单位需要同时申请排污许可证并按照许可证签发的内容进行排污,这就涉及入海排污口设置与排污许可制度间的衔接问题。

按照现行法律的规定,企事业单位针对其排污行为均需取得排污许可证,而向海洋排污的排污单位还需要另外就其入海排污口的设置进行备案,而不向海洋排污的企事业单位则无需向海洋生态主管部门备案其排污口。据此,《海环法》所规定的入海排污口备案制度与《排污许可管理条例》规定的排污许可制度之间,并非特别法与一般法的关系,法律有关入海排污口备案的规定仅是一项特别针对海洋环境保护需要而创设的制度。

2. 制度实践现状

(1) 入海排污口设置的备案制与许可证制度的适用范围

根据《海环法》第 29 条,备案制的调整对象是排污单位向海域排放陆源污染物的行为。由于《海环法》及其下位条例并未针对备案制制定实施细则,参考《潮州市生态环境局关于入海排污口设置的备案制度(试行)》这一规范性文件,可以确定入海排污口设置的备案制的适用范围仅限于近岸海域设置的入海排污口(军事禁区除外)。

生态环境部于 2019 年 12 月 20 日印发了《固定污染源排污许可分类管理名录》(2019 年版),明确了固定污染源排污许可证制度适用的行业与分类标准。此外,从全国排污许可证管理信息平台获取的信息显示,排污许可证制度适用于进入城市下水道的排污行为、进入城市污水处理厂的排污行为、直接进入江河、湖、库等水环境的排污行为以及直接进入海域的排污行为。因此,入海排污口设置的备案制度与排污许可证制度均覆盖直接进入海域的陆源污染物的排放行为。

(2) 入海排污口设置的备案制与许可证制度的管理主体

根据《海环法》第 30 条第 1 款的规定,入海排污口的位置由市级以上政府环保部门备案,因此市级以上政府的环保部门是入海排污口的监管主体。《排污许可管理条例》第 6 条规定,排污单位应当向其生产经营场所所在地设区的市级以上地方人民政府生态环境主管部门申请取得排污许可证。由此可见,入海排污口设置的备案部门和排污许可证的核发部门是一致的,均为市级环保部门。地方各级人民政府机构改革后，主管部门则统一变更为市级以上政府的生态环境保护部门。

（3）入海排污口设置的备案制与许可证制度的管理内容

根据《海环法》第30条的规定，备案的对象是入海排污口的位置。但由于备案制的实施缺乏全国统一的细则，要确定备案的具体内容还得参考地方的具体实践。根据《潮州市生态环境局关于入海排污口设置的备案制度（试行）》所列明的申报条件，排污单位提交的申请材料中，要求证明其入海排污口各水污染物排放符合排入海洋功能区水质要求，及国家和地方的相关行业污染物排放标准及主要污染物总量控制指标。其中特别要求该入海排放口向海域排放陆源污染物时，污染物的种类、数量和浓度等都应执行国家或省级相关规定中的标准，同时应遵守本单位的主要污染物排海总量控制指标。可见在实务中，备案时不仅要对入海排污口设置位置的科学性进行论证，还涉及所放排污染物的种类、数量和浓度等信息。从《海环法》第32条的规定来看，排放陆源污染物的单位必须要申报拥有的陆源污染物排放设施、处理设施和在正常作业条件下排放陆源污染物的种类、数量和浓度，并提供防治海洋环境污染方面的有关技术信息资料。这意味着主管机关需要登记的内容不限于入海排污口的位置，还包括污染物的种类、数量和浓度等具体的排污信息。

《排污许可管理条例》第7条要求排污单位申请排污许可证时申报材料应包括污染防治设施、污染物排放口位置和数量，污染物排放方式、排放去向、自行监测方案等信息；第13条还规定了排污许可证需要记载的信息包括污染物排放口位置和数量、污染物排放方式和排放去向等内容。这意味着《海环法》中需要备案的内容与排污许可证制度中要求许可证上明确的信息基本相同。通过查询全国排污许可证管理信息平台，排污许可证申请前信息公开表显示排放口的地理坐标及其排放去向一项中包括"直接进入海域"。换言之，对于入海类的排污许可，许可证中应记录入海排污口设置的地理位置。它要求排污单位在向海洋排污时，在许可证申请前信息公开表中明确排污口是岸边排放或深海排放，如果是深海排放的，还应说明排污口的深度、与岸线的直线距离。

综上所述，《海环法》中需要备案的入海排污口位置、污染物的种类、数量和浓度、陆源污染物排放设施和处理设施等内容，在排污许可证制度中均有记录。也就是说，在排污单位进行排污许可申请时，已涉及入海排污口的相关问题。

就学理层面而言,行政法上只有行政许可的概念而无行政审批的概念。[1] 行政许可法最后将两者统一起来,作为同一行政行为的不同表述。[2] 因此,入海排污口的设置实际上经历了从许可制到备案制的转变,但是在修法时仅对《海环法》作了修改,在《排污许可管理条例》中,流入海洋的排污口设置位置却仍属于排污许可证的审查事项,这在形式上又造成了立法的冲突。

3. 衔接建议

根据上文的分析可知,入海排污口设置的备案制度拥有与排污许可证制度相重叠的适用范围、相同的管理主体和相同的管理内容,但却需要排污单位提交两次申请,这实际上加重了企业的负担,尤其在采用备案制的背景下,其实际效果并不理想。因此,需要将这两项制度有效衔接起来。目前理论界对于两者的关系提出了以下几种方案。

(1) 方案一:缩小排污许可证制度的适用范围

通过缩小排污许可证制度的适用范围,将其仅适用于陆地排污行为的许可管理,对陆源污染物排海行为实施入海排污口设置的备案制度。

但是为避免管理的碎片化,我国的排污许可制度的变化趋势是从单一许可向着综合许可转型[3],《排污许可管理条例》和此前颁布的《排污许可管理办法(试行)》均体现了对排污单位排放水污染物、大气污染物等各类排放行为实行综合许可管理的思想。如果采用该方案,实行陆地排污许可证制度与入海排污口设置的备案制度并行的模式,会加剧排污管理的分散割裂,有违立法趋势。因此,不建议采取第一种方案。

(2) 方案二:将入海排污口设置的备案制度并入排污许可证制度

为加强对排污行为的统一监督管理,减轻企业负担,提高行政效率,方案二的设计是将入海排污口设置备案制度与排污许可制度合并,仅设置排污许可证制度。这样做有利于统一陆海总量控制指标,为实现以海定陆做好制度上的准备。

但由于海洋环境保护相较于陆地环境保护有其特殊性,《海环法》仍需对适用

---

[1] 参见王克稳.行政审批(许可)权力清单建构中的法律问题[J].中国法学,2017(1):90.
[2] 参见杨景宇 2002 年 8 月 23 日在第九届全国人民代表大会常务委员会第二十九次会议上所作的"关于《中华人民共和国行政许可法(草案)》的说明".
[3] 参见李挚萍,陈曦珩.综合排污许可制度运行的体制基础及困境分析[J].政法论丛,2019(1):104-112.

于海洋的排污许可证制度作出特别规定。《海环法》需要在《排污许可管理条例》对排污许可证制度的一般性规定基础上,结合海洋环境保护的实际,对陆源污染物排海的特殊性问题作出明确或指引适用《排污许可管理条例》的有关规定。因此方案二面临着在涉海场景下,进一步整合两项制度内在逻辑的考验。

(3) 方案三:将备案申请与排污许可合并处理

出于管理实践的需求,在仍需要保留入海排污口审批备案制的前提下,方案三建议在程序层面对两者的关系加以创新。《行政许可法》第 26 条通过将需要由行政机关内设的多个机构办理的行政许可规定由一个机构统一受理申请,以此减轻申请人的负担。在海洋环境保护领域中,由于入海排污口设置的备案制度与排污许可证制度由同一主管部门管理,可参考《行政许可法》第 26 条的规定,考虑将排污许可证申请与备案申请合并处理,即排污单位可只提交一次申请,以简化行政程序。

以上三种方案中,方案二和方案三均具有可行性,可供《海环法》修订时参考。

(三) 排污申报登记制度

1. 制度理论依据

排污申报登记是指向环境直接或间接排放污水、废气、固废、噪声的排污者依法向当地县级以上环保部门申报登记在生产、经营过程中排放污染物的种类、数量、浓度、排放去向、排放方式及与排污有关的生产、经营等情况,由环保部门进行登记注册的一种法律制度[1]。若排放污染物的种类、数量和浓度等有重大改变的,应当及时履行变更申报手续。

实际上,这项制度就是要求排污者根据上一年度的实际排污情况,向主管部门申报下一年度的预期排污量等数据,由主管部门在本年度结束后根据实际监测的排污数据核定其下一年度排污额度的一项管理措施。排污申报登记的意义在于为当地政府和环保部门监督提供原始依据,它是环保部门收集、掌握辖区内污染和治理情况的一种有效途径[2]。

排污申报登记制度与排污许可证制度既有区别又有联系。排污许可是指有

---

[1] 参见环境保护部环境监察局编.排污收费与排污申报[M].北京:中国环境科学出版社,2012:87-98.

[2] 参见孙洪.排污申报登记制度与排污许可证制度的关系[C].中国环境科学学会.2007 中国环境科学学会学术年会优秀论文集(下卷).中国环境科学学会:中国环境科学学会,2007:294-296.

权的环境主管部门根据排污单位的申请,经依法审查准予其按照排污许可证的要求排放污染物并对排污行为实施监管的行政行为。[1] 排污许可制度建立的目的在于控制和约束排污行为。这取决于行政机关对于排污主体排放行为的掌握和了解。而排污申报登记制度则正是为了满足行政机关这一目的而创设,是行政机关授予排污许可的前提与授予后的过程监管措施。

2. 制度实践现状

《海环法》第 32 条规定了排污申报登记制度,即排放陆源污染物的单位须向环保部门申报拥有的陆源污染物排放设施、处理设施和在正常作业条件下排放陆源污染物的种类、数量和浓度,并提供防治海洋环境污染方面的有关技术和资料。而且,排放陆源污染物的种类、数量和浓度有重大改变时,还须及时补充申报。但随着时间的迁移,该制度已失去了存在的意义,建议在立法中删除,原因如下:

(1) 排污申报登记制度的目的在事实上已经由许可证制度承担

《排污许可管理条例》第 2 条明确规定,依照法律规定实行排污许可管理的企业事业单位和其他生产经营者,应当依照本条例规定申请取得排污许可证;未取得排污许可证的,不得排放污染物。第 15 条还规定在排污许可证有效期内,排污单位的污染物排放口数量或者污染物排放种类、排放量、排放浓度增加的,应当重新申请取得排污许可证。由此可见,排污申报登记制度已经被排污许可证制度吸收为其制度执行中的一个具体环节。这也就意味着直接进入海域的排污口也在排污许可证的管理范围之内,而且排污申报的内容在许可证中也有相应的记录,这已经在事实上抽空了排污申报登记制度的内容。

(2) 环境监测体系的完善已经可以替代排污申报登记制度

随着我国环境监测制度与手段的不断完善,排污单位自监测、第三方监测与环保部门的监测已经实现实时数据联网,因此在技术条件具备的地区,已无继续开展排污申报登记制度的实际需要。

据此,第十二届人大常委会第二十五次会议通过的《水污染防治法》已经删除了排污申报登记的要求,这意味着我国的污染物排放数据统计机制已经从排污申报登记制度时代转变到了在环境监测网络支持条件上的排污许可制度时代。

3. 衔接建议

综上所述,建议将排污申报登记制度从《海环法》中删除。如果坚持采用入海

---

[1] 参见汪劲.环境法学[M].北京:北京大学出版社,2014:165-177.

排污口设置的备案制度,可以考虑将排放陆源污染物的种类、数量和浓度等信息也纳入到备案范围中,由主管部门一并审核,这也有利于重点污染物总量控制制度的实行。

(四) 入海排污口设置的通报制度

1. 制度概述

根据《海环法》第 30 条的规定,环保部应在完成备案后将入海排污口设置情况通报海洋、海事等有关部门。这属于备案机关将备案工作情况向有关部门通报的信息共享机制,该机制仅在行政机关范围内实施,并未向社会公开。

2. 制度实践现状

备案通报制度是指备案机关定期或者不定期将备案工作情况、备案审查中发现的突出问题向有关部门和单位通报的制度。根据工作的性质和备案的内容,备案通报既可以在一定范围内进行,也可以向社会公开[1]。这一制度一方面有助于国家机关各部门间的协同合作;另一方面也有利于增强备案工作的透明度。

但《海环法》中规定的备案通报制度,更多地体现了协调发展原则的需求,侧重于促进各部门间的协同合作。由于备案的内容尚未向社会公开,因此未能体现公众参与原则的需要。公众参与原则要求公众可以知悉与之相关的环境信息和决策信息,这有利于防止决策的盲目性、使得该项决策符合广大公众的切身利益和需要,是环境决策民主化和科学化的具体要求。[2]

根据《海环法》第 6 条的规定,行使海洋环境监督管理权的部门应依法公开海洋环境相关信息,相关排污单位也应依法公开排污信息,但在《海环法》中并未对公开信息的范围和形式做具体规定。因此,可以参考《排污许可管理条例》的规定,将入海排污口的设置情况通过网上信息管理平台进行公示。

3. 衔接建议

虽然机构改革后,海洋环境保护的职能也统一由生态环境部承担,但是入海排污口设置的通报制度应予保留,这有利于实现部门之间的协调配合。为进一步提升《海环法》中公众参与海洋环境保护决策与执行的透明度,建议参考《排污许可管理条例》的规定,在《海环法》入海排污口设置相关的条文中增加将入海排污

---

[1] 参见佚名.为什么要建立备案通报制度?[J].秘书工作,2012(10):59.
[2] 参见汪劲.环境法学[M].北京:北京大学出版社,2014:116-121.

口的设置及排放污染物的情况通过网上信息管理平台进行公示的内容。

五、《海洋环境保护法》与《突发事件应对法》衔接分析

（一）应急计划制度

1. 制度概述

突发环境事件应急预案是指为及时应对突发环境事件，由政府事先编制突发环境事件的应急响应方案及其应急机制，在发生或者可能发生突发环境事件时，启动该应急预案以最大限度地预防和减少突发环境事件及其可能带来的危害等规范性措施的总称。其优点在于便于政府各部门间的统一协调应对，以免延误最佳处理时机。[1]

2. 制度实践现状

（1）由行政机关制定应急计划

① 中央与地方的协调

根据《突发事件应对法》第17条的规定，国务院制定国家突发事件总体应急预案并组织制定国家突发事件专项应急预案；地方各级人民政府和县级以上地方各级人民政府有关部门根据有关法律、法规、规章、上级人民政府及其有关部门的应急预案以及本地区的实际情况，制定相应的突发事件应急预案。

但是《海环法》第18条仅规定由国家制定国家重大海上污染事故应急计划，并未规定地方各级政府及其有关部门制定相应的突发事件应急预案的义务，仅要求沿海县级以上政府及其有关部门按照应急计划解除或者减轻重大海上污染事故带来的危害。这会导致三个问题：

其一，《海环法》中规定"由国家制定国家重大海上污染事故应急计划"，但对制定的具体主体未予明确。由于《海环法》第18条本身是对《突发事件应对法》第17条在海洋环境保护领域发生突发事故应对机制的具体化，因此此处未明确指定主体不利于重大海上污染事故的组织和应对。由于"国家重大海上污染事故应急计划"明显体现的是海洋环境保护的特殊需要，所以应继续由《海环法》加以规定，并需要对制定主体作出明确。

其二，《突发事件应对法》第17条规定，地方各级人民政府和县级以上地方各

---

[1] 参见汪劲.环境法学[M].北京：北京大学出版社，2014：116-121.

级人民政府有关部门制定相应的突发事件应急预案。为避免或者减轻重大海上污染事故带来的危害,《海环法》有必要针对该条款作出进一步的细化规定。建议在《海环法》相应条文中增加"沿海县级以上政府及其有关部门应制定当地的突发事件应急预案"的内容。

其三,在《突发事件应对法》将应急预案的制定主体明确为地方各级人民政府和县级以上地方各级人民政府有关部门。而《海环法》规定的是沿海县级以上政府及其有关部门按照应急计划解除或者减轻危害。这里就涉及县级政府的工作部门和派出机构、乡级政府是否需要制定应急预案并执行该计划。根据《突发事件应对法》第 7 条至第 9 条的规定可知,国务院和县级以上地方各级人民政府是突发事件应对工作的行政领导机关,县级人民政府对本行政区域内突发事件的应对工作负责。因此,制定并执行应急预案的主体应为沿海县级以上政府及其有关部门,建议《突发事件应对法》第 17 条作出必要的修改,从而为县级以上地方各级人民政府的有关部门参与相关工作确立更为清晰的法律依据。

② 各部门间的职责划分

《突发事件应对法》第 17 条规定国务院有关部门可以根据各自的职责和国务院相关应急预案,制定国家突发事件部门应急预案。相应地,《海环法》要求由国家海洋主管部门制订全国海洋石油勘探开发重大海上溢油应急计划,国家海事主管部门制定全国船舶重大海上溢油污染事故应急计划,这两项应急计划均需报国务院环保部门备案。

就行文逻辑而言,《海环法》的现有规定是对《突发事件应对法》第 17 条规定的细化。全国海洋石油勘探开发重大海上溢油应急计划和全国船舶重大海上溢油污染事故应急计划作为海洋环境保护领域的重要应急计划,仍应该由《海环法》作出规定,作为《突发事件应对法》的特别法加以适用。由于机构改革后,海洋环境保护的职能已经划入生态环境部,由于制定与备案主体发生混同,因此《海环法》有关备案的规定应予删除。

(2) 由与危险物品有关的单位制订应急计划

① 备案制度的运用

《突发事件应对法》第 23 条规定,危险物品的生产、经营、储运、使用单位,应当制定具体应急预案。《海环法》第 18 条也作出了相应规定,要求沿海可能发生重大海洋环境污染事故的单位应制订污染事故应急计划,并向当地环保部门、海洋部门备案。

《海环法》将应当制定应急预案单位的范围具体化为沿海可能发生重大海洋环境污染事故的单位,并在《突发事件应对法》基础之上新增了备案制度,即要求制定应急预案的单位将其应急预案向主管部门备案。这一制度有利于主管部门在发生突发事件时统筹协调各方力量以消除或减轻危害,因此,建议将备案制度也纳入《突发事件应对法》中,要求危险物品的生产、经营、储运、使用单位除制定具体应急预案之外,还应依法向相应的行业主管部门备案。

② 一般法与特别法

《海环法》在第 54 条规定,勘探开发海洋石油的单位须编制溢油应急计划,报国家海洋部门的海区派出机构备案;第 69 条规定,有可能造成船舶海上溢油污染的单位必须编制溢油污染应急计划,并配备应急设备和器材。

这两项规定无疑是对《突发事件应对法》第 23 条以及《海环法》第 18 条的细化。为保证《海环法》两个条款的一致性,建议第 69 条也应明确规定有可能造成船舶海上溢油污染的单位须向生态环境部备案。

3. 衔接建议

根据上文对理论与实践状况的分析,建议对应急计划制度中的规定作出如下修改,以更好地实现两部法律间的衔接。

(1) 建议《海环法》第 18 条作出以下修改:首先,明确"国家重大海上污染事故应急计划"的制定主体为生态环境部,并补充规定沿海县级以上政府及其有关部门应制定当地的突发事件应急预案;其次,应将全国海洋石油勘探开发重大海上溢油应急计划和全国船舶重大海上溢油污染事故应急计划的编制主体修改为生态环境部,并删除该条中的备案制;最后,单位制定具体应急预案的备案部门应修改为生态环境部。

(2) 建议《突发事件应对法》第 17 条应将制定和执行应急预案的主体修改为县级以上地方各级人民政府及其有关部门。

(3) 建议《突发事件应对法》第 23 条规定单位制定具体应急预案之后,还应依法向相应的行业主管部门备案。

(4) 建议《海环法》第 54 条将备案的部门修改为生态环境部;第 69 条明确规定有可能造成船舶海上溢油污染的单位须向生态环境部备案。

（二）突发事件的监测预警机制

1. 制度理论依据

环境突发事件的公共监测预警机制是指，通过环境监测，快速分析处理环境污染和生态破坏信息，并准确预测和判断环境污染和生态破坏可能性，发布预警信息，引起社会各界的警惕和注意，将可能的损失最小化[1]。其中，环境监测是对环境状况进行监视和测定行为的统称，预警机制则要求按照早发现、早报告、早处置的原则，开展对国内（外）有关环境、自然灾害等预警信息或者监测数据的综合分析、风险评估工作。[2]

2. 制度实践现状

（1）海洋环境监测的主体

① 对全国海洋环境进行监测的主体

根据《突发事件应对法》第41条的要求，由国家建立健全突发事件监测制度。《海环法》第14条对此作出了进一步的细化，将《突发事件应对法》中的"国家"进一步明确为由国家海洋部门管理全国海洋环境的调查、监测、监视，会同有关部门组织全国海洋环境监测、监视网络。其他行使海洋环境监督管理权的部门分别负责各自所辖水域的监测、监视。根据全国海洋环境监测网的分工，其他有关部门分别负责对入海河口、主要排污口的监测。

作为涉海突发环境事件的特别法，《海环法》相较于《突发事件应对法》，应重点规定全国海洋环境监测主体等涉海特别事项。由于机构改革后，海洋环境保护职能已经划入生态环境部，因此《海环法》应同步对上述管理体制的变更作出修改，明确由国家生态环境主管部门管理全国海洋环境的调查、监测、监视，会同有关部门组织全国海洋环境监测、监视网络。

② 对各地区海洋环境进行监测的主体

《突发事件应对法》第41条要求县级以上人民政府及其有关部门应建立健全基础信息数据库，完善监测网络，划分监测区域，确定监测点，明确监测项目。但《海环法》中并未对县级以上人民政府及其有关部门应履行的监测职责作出详细描述。

---

[1] 参见汪劲.环境法学[M].北京：北京大学出版社，2014：144.
[2] 参见王芳.环境污染国家补偿制度研究[D].安徽工业大学，2016.

事实上，经过多年发展，国家与地方相结合的海洋环境监测与评价业务体系基本格局已经初步建立。实践中，各地均在探索以海洋环境保护分级责任制为据建立健全与之相适应的国家（海区）-省-地市-县一体化的海洋环境监测网络体系[1]。因此《海环法》有必要明确县级以上人民政府及其有关部门的监测职责，以落实海洋环境保护分级责任制度，建立一体化的海洋环境监测网络体系。

③ 新设立履行海洋环境监测职责的主体

在海陆统筹的海陆生态保护时代背景下，为形成流域海域生态环境保护统一政策标准制定、统一监测评估、统一监督执法、统一督察问责的新格局，我国已经在七大流域（海域）成立了生态环境监督管理局，以便统一对入河入海污染源进行监督管理，为生态环境部门履行流域海域生态环境监管职责提供保障。生态环境部新闻发言人表示，流域生态环境监管局将切实按流域海域开展生态环境监管和行政执法，这其中就包括重特大突发水污染事件应急处置工作。《海环法》应当对海陆生态环境保护管理体制和治理结构的重大创新作出回应，在法律中明确流域（海域）生态环境监督管理局的职权与职责，进一步完善全国海洋环境监测网络体系。

（2）突发事件风险评估制度

《突发事件应对法》第5条提出国家要建立重大突发事件风险评估体系，通过对可能发生的突发事件进行综合性评估，以避免或减轻重大突发事件的影响。在第20条进一步明确了县级以上地方各级人民政府对本行政区域内容易引发突发事件的危险源、危险区域进行调查、登记、风险评估，定期进行检查、监控，责令有关单位采取安全防范措施，并及时向社会公布已登记的危险源、危险区域。

《海环法》仅在第68条提及对装运污染危害性不明货物的船舶进行评估，并未就风险评估作出系统规定。由于海上危险源与陆上危险源存在较大差异，因此《海环法》有必要对《突发事件应对法》关于构建重大突发事件风险评估体系的规定作出进一步细化，明确县级以上地方各级人民政府的生态环境部门对本行政区域内容易引发突发事件的涉海危险源、危险区域进行风险评估的职责。

3. 衔接建议

根据上文对理论与实践状况的分析，建议对突发事件的监测预警机制中的规

---

[1] 参见《全国海洋环境监测与评价业务体系"十二五"发展规划纲要》。

定作出如下修改,以更好地实现两部法律间的衔接:

(1) 建议《海环法》明确由国家生态环境管理部门负责全国海洋环境的调查、监测、监视,会同有关部门组织全国海洋环境监测、监视网络。

(2) 建议《海环法》明确县级以上人民政府及其有关部门承担海洋环境监测职责,以落实海洋环境保护分级责任制。同时,应明确流域(海域)生态环境监督管理局的职责,以进一步完善全国海洋环境监测网络体系。

(3) 建议《海环法》对《突发事件应对法》中要求的构建重大突发事件风险评估体系作出规定,明确县级以上地方各级人民政府的生态环境管理部门对本行政区域内容易引发突发事件的涉海危险源、危险区域进行风险评估的职责。

(三) 海洋生态环境调查制度

1. 制度概述

定期的海洋生态环境调查所产生的基础数据,既可以用作突发海洋污染事故发生前的背景值,又可以作为检验生态环境修复计划是否成功的重要参数,在海洋环境保护中具有重要的价值。但我国的立法中并未对海洋生态环境调查制度作出明确规定。

现行《海环法》的第 5 条规定,国家海洋部门负责海洋环境的监督管理,组织海洋环境的调查、监测、监视、评价和科学研究。第 14 条进一步明确由国家海洋部门管理全国海洋环境的调查、监测、监视,制定具体的实施办法,会同有关部门组织全国海洋环境监测、监视网络,定期评价海洋环境质量,发布海洋巡航监视通报。

根据上述条文,第 14 条虽然对第 5 条规定的"组织海洋环境的调查"作出了进一步的细化,但其内容仍显抽象,可操作性不强,且直至目前为止仍没有出台关于海洋环境调查的实施办法。

相比较而言,我国多地的实践则对海洋环境调查制度作出了更富有针对性的探索。例如《广东省实施〈中华人民共和国海洋环境保护法〉办法》第 11 条规定,沿海地级以上市政府海洋部门应定期组织对本行政区所辖海域进行海洋环境调查评价。调查评价内容主要包括:海洋生物资源、海洋生态环境状况,以及重点海域、主要入海河流污染物排放等基本情况。在《天津市海洋环境保护条例》中也有相类似的规定,该条例第 13 条规定,市海洋部门应对管辖海域定期组织海洋环境调查评价。调查评价的主要内容与广东省的实施办法相同。

无独有偶,我国《突发事件应对法》也没有对环境调查作出规定,仅在第 20 条明确由政府对本行政区域内的危险源、危险区域进行调查、登记、风险评估。该条要求调查的对象是危险源和危险区域,而环境保护领域的环境调查是为了取得环境状况的基础数据,因此两者之间存在较大不同。

2. 制度实践现状

依据海洋生态学的基本规律,海洋环境基线会随着自然条件和社会经济发展的不同阶段发生漂移,所以海洋环境调查的测定也应定期进行。由于我国尚未建立起完善的海洋生态环境调查制度,此前我国并未有计划、有规律地组织开展海洋环境调查。

1958年9月至1960年12月,新中国开展了第一次大规模的全国性海洋综合调查;2004年至2012年,开展了有史以来规模最大的近海海洋综合调查与评价专项。两次全国性海洋综合调查之间间隔了近50年时间,而《全国污染源普查条例》规定全国污染源普查的周期为每10年进行一次;《土壤污染防治法》也规定每十年至少组织开展一次全国土壤污染状况普查。《关于加强海洋调查工作的指导意见》中,也明确要求加强海洋调查规划和法规建设,推动海洋调查常态化和周期化开展。环境监测与调查的基础数据是制定海洋生态环境保护政策的基础和前提,例如以海定陆的相关标准等。因此应在《海环法》中规定定期组织开展海洋环境调查,并明确调查的间隔周期。

3. 衔接建议

由以上分析可知海洋生态环境调查制度时应由《海环法》加以明确的重要空白制度之一。因此,建议《海环法》修订时在相应条款加入海洋生态环境调查的制度内容并明确由生态环境主管部门组织实施。参照《土壤污染防治法》等相关法律的规定,建议海洋生态环境调查的周期可以明确为10年。有关海洋生态环境调查制度的实施细则可由生态环境部另行制定。

(四)突发事件应对

1. 制度概述

突发事件的应对措施是指在突发事件发生后,应采取的减少突发事件影响的措施,具体包括政府应采取的措施和单位、个人应采取的措施。

2. 制度实践现状

(1)政府应采取的应对措施

根据《突发事件应对法》第7条的规定,突发事件发生后,发生地县级人民政府应当立即采取措施控制事态发展,组织开展应急救援和处置工作,并立即向上一级人民政府报告。第 39 条具体规定了突发事件的信息报送、通报和报告制度。

《海环法》仅在第 17 条规定了沿海的县级以上政府在近岸海域的环境受到严重污染时须依法采取有效措施,而未对其他内容作出进一步规定。该条将《突发事件应对法》中规定的"发生地县级人民政府"具体化为"沿海的"县级人民政府,并设置了"近岸海域"受到"严重"污染的制度前提。因此在政府所采取的应对措施及突发事件信息报告制度方面,可以认为《海环法》通过第 17 条的"依法"二字指引适用了《突发事件应对法》中的相关条文。《海环法》的制度建构模式基本符合目前涉海突发环境污染事件的管理需要,建议保留此种仅对应对措施主体加以规定,其他涉海管理措施指引适用《突发事件应对法》的衔接模式。

(2) 单位和个人应采取的应对措施

① 造成突发事件的单位和个人的义务

依照《突发事件应对法》和《海环法》的规定,发生突发性事件时,造成突发事件的单位须向所在地县级人民政府报告。当该突发性事件造成或可能造成海洋环境污染事故时,单位还需要向行使海洋环境监督管理权的部门报告,接受调查处理。在该问题上两法的规定并不冲突。《海环法》对《突发事件应对法》作出的补充规定有利于涉海主管部门及时掌握突发事件的有关信息,及时采取应对措施,有效避免或减轻突发事件造成的不利影响。

在应对措施方面,《突发事件应对法》第 56 条要求发生事故灾难的单位应立即组织本单位应急救援队伍和工作人员营救受害人员,疏散、撤离、安置受到威胁的人员,控制危险源,标明危险区域,封锁危险场所,并采取其他防止危害扩大的必要措施。该条款的规定确立了我国突发事件应对的基本制度工具。《海环法》第 17 条在此基础上,仅对通报制度做了补充。《海环法》要求发生突发性事件且造成或可能造成海洋环境污染事故时,导致该突发性事件发生的单位和个人须立即采取措施,及时向可能受到危害者通报。

向可能受到危害者通报突发事件情况与营救受害人员,疏散、撤离、安置受到威胁的人员,控制危险源等行为符合事件应对的内在逻辑,具有一脉相承的效果,进一步补全了《突发事件应对法》现有规范的漏洞,具有推广的价值。因此,建议《突发事件应对法》可以吸收借鉴《海环法》中"及时向可能受到危害者通报"的制度,将其纳入整体应对措施中。在《突发事件应对法》确立这一制度之前,《海环法》仍须规定造成事故的单位须"依法采取措施",并指引适用《突发事件应对法》的相关规定。

② 突发事件发生地的其他单位和个人的义务

《突发事件应对法》第56条规定,突发事件发生地的其他单位应当服从人民政府发布的决定、命令,配合人民政府采取的应急处置措施,做好本单位的应急救援工作,并积极组织人员参加所在地的应急救援和处置工作。

《海环法》并未就此作出相应的规定,但为更好地应对海洋环境污染事故,建议《海环法》可以采取指引适用的方式,规定海洋环境污染事故发生地的其他单位应当依法采取相应的应急处置措施。

(3) 船舶和航空器的报告义务

《突发事件应对法》第38条要求获悉突发事件信息的公民、法人或者其他组织立即向所在地人民政府、有关主管部门或者指定的专业机构报告。

而根据《海环法》第72条的规定,所有船舶均有监视海上污染的义务,在发现海上污染事故或者违反本法规定的行为时,必须立即向就近的依照本法规定行使海洋环境监督管理权的部门报告。民用航空器发现海上排污或者污染事件,必须及时向就近的民用航空空中交通管制单位报告。接到报告的单位,应当立即向依照本法规定行使海洋环境监督管理权的部门通报。

《海环法》规定的船舶和民用航空器是专属于海洋环境保护领域负有特殊义务的主体,是在《突发事件应对法》所规定的一般主体之外的特别规定,体现了海洋环境保护的规律和特点,也有利于第一时间发现险情,节约行政成本,因此建议予以保留。

3. 衔接建议

根据上文对理论与实践状况的分析,建议对突发事件应对措施的规定作出如下修改,以更好地实现两部法律间的衔接。

(1) 为保证海洋环境突发事件应对措施的完整性,建议《海环法》补充规定事故发生地的其他单位和个人的义务。在条文表述上可采用指引适用《突发事件应对法》的方式,规定海洋环境污染事故发生地的其他单位应当依法采取相应的应急处置措施。

(2) 建议《突发事件应对法》补充规定造成突发事件的单位和个人应"及时向可能受到危害者通报",从而在应对措施中确立通报制度。

(五) 法律责任

1. 制度理论依据

环境法律责任是违法者对环境违法行为所应承担的专门由环境法律规范所规定的不利的法律后果[1]。完善而有效的环境法律责任体系是环境法律发挥作用、解决生态环境问题的关键环节,是维护社会运行正当预期、保障法律效力得以实现的重要因素。

2. 制度实践现状

(1) 受处罚的行为

① 不立即采取相应措施的行为

在《突发事件应对法》中,单位不及时组织开展应急救援工作且造成严重后果时,突发事件管理部门会作出行政处罚。可见,该法的责任构建逻辑是处罚造成特定结果的违法行为。而《海环法》第73条则规定,因发生事故或者其他突发性事件造成海洋环境污染事故且不立即采取处理措施的单位,由主管部门予以行政处罚。可见《海环法》的责任构建逻辑是只要"不立即采取处理措施",即作出处罚,亦即处罚行为犯。这意味着《海环法》对发生突发环境污染事件的责任单位科以了较《突发事件应对法》所确立的一般原则更为严苛的义务要求。考虑到海洋生态环境的脆弱性及污染治理实践的长期性,《海环法》所作出的体现海洋环境保护特点的上述规定应予坚持。为使法律体系逻辑严谨,建议《突发事件应对法》修订时在该法律责任条款后增加一项但书,通过授权适用的方式明确"法律另有规定的除外",以便于《海环法》的特殊规定相协调。

② 不按照规定报告的行为

《突发事件应对法》第63条仅规定了政府部门应对迟报、谎报、瞒报、漏报突发事件的信息或者通报、报送、公布虚假信息造成后果的行为承担责任,并未明确对不按照规定报告的单位给予处罚。而在《海环法》第74条中,则明确规定发生事故或者其他突发性事件后不按照规定报告的单位将受到行政处罚。

为督促引起事故的单位履行其报告义务,确保政府能够及时收到准确的突发事件信息,《突发事件应对法》有必要对单位不按照规定报告的行为制定相应的罚则。同时建议《海环法》的相关规定应予保留。

---

[1] 参见吕忠梅.环境法学[M].北京:法律出版社,2008:156-159.

③ 不编制应急计划的行为

《突发事件应对法》在第 23 条规定了在日常工作中应当制定应急预案的单位,但并未明确有义务编制应急预案的单位未履行法定义务应否处罚。而《海环法》第 88 条则明确规定不编制溢油应急计划的船舶、石油平台和装卸油类的港口、码头、装卸站将受到行政处罚。

为保障应急预案制度的实施,避免或减轻突发事件带来的不良影响,《突发事件应对法》中应增加对应编制应急预案缺而未编制的单位的处罚规定。同时,《海环法》中规定的"船舶、石油平台和装卸油类的港口、码头、装卸站"属于对应编制应急预案的单位的特别规定,体现了海洋环境保护的特殊性,应予保留。

(2) 作出处罚决定的主体

根据《海环法》第九章的规定,违法行为是由"行使海洋环境监督管理权的部门"予以处罚。《突发事件应对法》中规定的一般处罚主体是"政府"并用但书条款表明"其他法律"规定由人民政府有关部门依法决定处罚的,从其规定。《突发事件应对法》指引适用其他部门法的条文与《海环法》的规定在内在逻辑上是一致的,建议两法仍保留此种制度安排。

(3) 处罚金额

在《突发事件应对法》中,单位不及时组织开展应急救援工作且造成严重后果的,处罚额度是五万元以上二十万元以下。而在《海环法》中,造成海洋环境污染事故且单位不立即采取处理措施的,处罚额度是二万元以上十万元以下。

两法的处罚对象均是单位不及时采取相应措施的行为,从性质恶劣程度上说并无太大差异,但《海环法》规定的处罚额度偏轻。因此,基于比例原则的考量,建议《海环法》修订时提高第 73 条相关违法行为的处罚力度,参考《突发事件应对法》的规定,设定处罚标准。

3. 衔接建议

根据上文对理论与实践状况的分析,建议对法律责任的规定作出如下修改,以更好地实现两部法律间的衔接。

(1) 建议《突发事件应对法》补充规定对单位不按照规定报告突发事件情况违法行为的处罚标准,以及对应编制应急预案却未予编制的单位的法律责任。

(2) 建议提高《海环法》第 73 条中第 4 款所规制违法行为的处罚额度,可参考《突发事件应对法》的规定设定处罚标准。

第三章 《海洋环境保护法》与下位条例的衔接

《海环法》制定前后,为了及时调整涉海法律关系,特别是为海洋环境保护实践提供具体的制度指引,国务院相继制订和颁布了《防治海洋工程建设项目污染损害海洋环境管理条例》《防治海岸工程建设项目污染损害海洋环境管理条例》《防治船舶污染海洋环境管理条例》《海洋倾废管理条例》《防治陆源污染物污染损害海洋环境管理条例》。就立法位阶而言,这些条例属于《海环法》的下位法规,应以服从《海环法》的立法目标、细化《海环法》的制度内容作为立法宗旨,因此其原则与内容均应以《海环法》作为蓝本和立法依据,而《海环法》对于下位条例则具有明确的授权与指引功能。由于《海环法》制定后进行了几次修订,在修订周期上与几部下位条例的制定或修订并不完全同步,加之海洋环境保护形势不断变化,涉海环境保护法律关系日趋复杂,导致这些条例在制定时就超前或落后于《海环法》的既存制度抑或《海环法》与条例的制度供给均已不适应海洋环境保护的现实需要,又或者条例的制度实践被证明具有上升为法律的普遍价值,需要在本次修订中纳入《海环法》之中。因此,本章重点在于分析条例的理念和制度构成同《海环法》修订目标是否存在差距。以《海环法》确立的制度供给为基准,对下位条例的涉海制度提出修订或细化建议。

一、《海洋环境保护法》与《防治海洋工程建设项目污染损害海洋环境管理条例》衔接分析

(一)条例制定背景

20世纪六七十年代,随着科学技术的不断进步、海洋经济得以迅速发展,海域利用的方式也呈现出多样化的特点。据此,国际社会出现了"海洋工程"的概念。由于我国当时对于海洋的开发利用程度较低,实践中出现的海洋工程主要是海洋石油勘探开发工程,因此,作为1982年颁布的《海环法》的配套措施,我国于1983年制定了《海洋石油勘探开发环境保护管理条例》及其实施办法等配套文件。相关规范性文件制订后的一段时间,与《海环法》配套实施,发挥了较好的作

用。但随着海洋资源开发利用的不断深入和用海力度的进一步加大,海洋环境污染和海洋生态破坏日益加剧,尤其是近海海域生态功能退化严重。鉴于海洋工程建设项目是造成海洋环境污染与生态破坏的重要因素,1999年全国人大常委会在修订《海环法》时,专门在法案中增加了"防治海洋工程建设项目对海洋环境的污染损害"一章,对防治海洋工程污染损害海洋环境作了原则规定。[1] 为了更好地贯彻执行《海环法》,将《海环法》规定的各项制度落到实处,在总结我国涉海工程管理实践经验的基础上,2006年国务院通过了《防治海洋工程建设项目污染损害海洋环境管理条例》(以下简称《海洋工程条例》),将海洋工程污染损害海洋环境的防治措施进一步具体化,以确保我国海洋资源的永续利用和海洋经济的可持续发展。

(二)制度概述

1. 明确了海洋工程的定义与范围

《海洋工程条例》第3条对"海洋工程"的含义与条例规制的范围作出了界定,明确条例所称的海洋工程是指以开发、利用、保护、恢复海洋资源为目的,并且工程主体位于海岸线向海一侧的新建、改建、扩建工程。具体包括:围填海、海上堤坝工程;人工岛、海上和海底物资储藏设施、跨海桥梁、海底隧道工程;海底管道、海底电(光)缆工程;海洋矿产资源勘探开发及其附属工程;海上潮汐电站、波浪电站、温差电站等海洋能源开发利用工程;大型海水养殖场、人工鱼礁工程;盐田、海水淡化等海水综合利用工程;海上娱乐及运动、景观开发工程;国家海洋主管部门会同国务院环境保护主管部门规定的其他海洋工程。

《海洋工程条例》通过界定"海洋工程"的含义,明确了"海洋工程"的范围,例如海洋石油勘探开发工程在"海洋工程"定义之后被作为"海洋矿产资源勘探开发及其附属工程"的类型之一加以规制。

2. 完善了海洋工程建设前的环境影响评价制度

环境影响评价制度是环境法贯彻预防原则的重要制度载体。在海洋工程建设前进行环境影响评价,对从源头上预防和减轻海洋工程污染损害海洋环境具有至关重要的作用。为了把《海环法》第47条规定的海洋工程环境影响评价制度具

---

[1] 国务院法制办负责人就《防治海洋工程建设项目污染损害海洋环境管理条例》有关问题答记者问[EB/OL].(2006-10-07)[2020-12-13].http://www.gov.cn/zwhd/2006-10/07/content_406193.htm.

体化,进一步增强其可操作性,结合海洋工程的特点,《海洋工程条例》对海洋工程的环境影响评价制度作了以下细化规定:一是明确了海洋工程环境影响评价的原则和要求。海洋工程的环境影响评价,要重点分析、预测和评估工程对海洋环境和海洋资源的影响,提出相应的生态保护措施,预防、控制或者减轻工程对海洋环境和海洋资源造成的影响和破坏,并规范了环境影响评价报告书的内容。二是明确了海洋工程环境影响报告书的核准权限和核准期限。规定涉及国家海洋权益、国防安全等特殊性质的工程,海洋矿产资源勘探开发及其附属工程,50公顷以上的填海工程,100公顷以上的围海工程,潮汐电站、波浪电站、温差电站等海洋能源开发利用工程,以及由国务院或者国务院有关部门审批的海洋工程,其环境影响报告书由国家海洋主管部门负责核准;其他海洋工程的环境影响报告书由地方人民政府海洋主管部门依据职权核准。海洋主管部门要在60个工作日内作出是否核准的决定,并书面通知建设单位。三是完善了海洋工程环境影响报告书重新核准的规定。明确提出海洋工程性质、规模、地点、生产工艺或者拟采取的环境保护措施等发生重大改变时,要重新编制环境影响报告书上报核准;环境影响报告书核准超过5年后开工建设的要将原环境影响报告书重新上报核准。

3. 强化了对海洋工程建设、运行过程中污染损害的监管

加强对海洋工程建设、运行过程中污染损害的监管,防治海洋工程污染损害是《海环法》的立法目的之一,是海洋环境工作的中心环节。为了预防和减轻海洋工程建设、运行过程中对海洋环境造成污染损害,进一步完善海洋环境保护监管措施,《海洋工程条例》作了以下规定:[1]一是结合环境管理实践的本地化经验,完善了海洋工程环境保护设施"三同时"制度。要求海洋工程的环境保护设施要与涉海项目主体工程同时设计、同时施工、同时投产使用;环境保护设施未经验收合格的,该海洋工程不得投入生产或者运行。二是规定了海洋工程环境影响后评价制度。海洋工程在建设、运行过程中产生不符合经核准的环境影响报告书的情形的,建设单位要及时组织环境影响后评价,并根据评价结论采取改进措施。三是补充了对不同海洋工程污染损害海洋环境的特别管制措施。针对围填海工程、污水离岸排放工程、养殖工程、海洋油气矿产资源勘探开发等工程的不同特点,提出了污染防治的特殊要求,明确了不同海洋工程污染损害海洋环境的特别管制措

---

[1] 参见王飞.加强海洋环境管理 保护海洋生态环境[N],中国海洋报,2006-10-10,1版.

施。四是加强了对使用期满需要拆除或者改作他用的海洋工程的监管。规定海洋工程使用期满需要拆除或者改作他用时,要报海洋主管部门备案;拆除时要编制拆除的环境保护方案并采取防治污染损害海洋环境的必要措施;需要在海上弃置的,对可能造成海洋环境污染损害或者影响海洋资源开发利用的部分要予以拆除,并遵守海洋倾废管理规定。[1]

4.明确了海洋工程运行后排污行为的监管

加强对海洋工程试运行或者正式投入运行后排污行为的监管,是防治海洋工程污染损害海洋环境工作的重要环节,也是规范日常排污行为的需要,对于在新形势下落实以海定陆、陆海统筹的海陆生态保护战略具有重要意义。为了预防和减轻海洋工程运行后对海洋环境的污染损害,《海洋工程条例》对此作了以下规定:

一是规定了海洋工程排污报告制度。建设单位在海洋工程试运行或者正式投入运行后,要定期向海洋主管部门报告污染物排放情况。二是明确了海洋工程排污核定和排污费收支监管制度。要求海洋主管部门按照权限核定海洋工程排放污染物的种类、数量,确定排污者应当缴纳的排污费数额,并要求排污费全额上缴财政,实行"收支两条线"管理,全部专项用于海洋环境污染防治。三是细化了海洋油气勘探开发活动中废物管理的规则。要求从事海洋油气矿产资源勘探开发等活动,要按照规定排放含油污水、塑料制品、残油、废油、油基泥浆、含油垃圾和其他有毒有害残液残渣等各类污染物。四是补充了污染物排放的限制和禁止性规定。禁止向海域排放油类、酸液、碱液、剧毒废液和高、中水平的放射性废水;向大气排放含放射性物质的气体,必须符合国家放射性污染防治标准;严格控制向海域排放含有不易降解的有机物和重金属的废水。

5.细化了海洋工程污染事故的预防和处理流程

为了预防和减少海洋工程污染事故发生,及时处理海洋工程污染损害海洋环境突发事件,提高应急反应能力,《海洋工程条例》结合《海环法》第18条规定的政府有关部门应急反应职责,对此作了以下规定:一是补充了海洋工程污染损害海洋环境应急预案的编制要求。要求建设单位在海洋工程正式投入运行前编制防治海洋工程污染损害海洋环境的应急预案,报海洋等相关主管部门备案。二是完

---

[1] 参见王飞.加强海洋环境管理 保护海洋生态环境[N],中国海洋报,2006-10-10,1版.

善了污染事故报告制度。海洋工程在建设、运行期间,造成或者可能造成海洋环境污染事故时,建设单位要立即向有关县级以上地方人民政府或者海洋等主管部门报告,并采取有效措施,减轻或者消除污染。三是细化了污染事故应急处理的规定。海洋等主管部门接到报告后,要按照污染事故分级规定及时向县级以上人民政府和上级有关主管部门报告,并立即派人赶赴现场,采取有效措施,消除或者减轻危害,对污染事故进行调查处理。

6. 设定了严格的法律责任

《海环法》对海洋工程污染损害海洋环境的处罚规定比较原则,为了增强可操作性,有效地惩罚和制止涉海违法行为,《海洋工程条例》从以下三个方面对法律责任作了补充和完善:一是根据条例对有关制度的补充和完善情况,进一步明确了违法行为的范围;二是根据《海环法》规定的罚款幅度,明确了对违法行为的具体罚款数额,以增强可操作性;三是强化了海洋主管部门的执法手段。同时,进一步完善了民事法律责任,要求造成海洋环境污染事故的建设单位必须排除危害和赔偿损失,以加大污染者的违法成本,实现海洋生态损害负外部性的内部化。[1]

(三) 衔接建议

《海洋工程条例》是根据1999年修订的《海环法》制定的,后《海环法》在2013年和2016年经过两次修改,条例在2017年和2018年也进行了两次修改,这就使得《海洋工程条例》与《海环法》存在一些不一致之处,因此应妥善处理好二者的衔接关系。

1. 根据2018年国务院机构改革方案规定,组成生态环境部,将国家海洋局的海洋环境保护职责划归新组建的生态环境部承担。根据生态环境部三定方案,海洋生态环境司负责防治海洋工程建设项目对海洋污染损害的生态环境保护工作。建议将《海洋工程条例》相关条款中的主管部门由"海洋主管部门"修改为"生态环境主管部门"。

2. 《海洋工程条例》第46条第1项规定,建设单位违反本条例规定,环境影响报告书未经核准,擅自开工建设的,由负责核准该工程环境影响报告书的海洋主管部门责令停止建设、运行,限期补办手续,并处5万元以上20万元以下的罚款。但根据《海环法》第82条第1款规定,环境影响报告书(表)未经核准,进行海洋工

---

[1] 参见王飞.加强海洋环境管理 保护海洋生态环境[N].中国海洋报,2006-10-10,1版.

程建设项目的,由海洋行政主管部门责令其停止施工,根据违法情节和危害后果,处建设项目总投资额百分之一以上百分之五以下的罚款,并可以责令恢复原状。因此,《海洋工程条例》的规定与上位法冲突,建议对条例进行相应修改。

二、《海洋环境保护法》与《防治海岸工程建设项目污染损害海洋环境管理条例》衔接分析

(一) 条例制定背景

建设海岸工程可以充分利用海洋丰富的水能、风能,而且可以治理陆源污染,保护沿海城镇、农田、岸滩和盐场,防治风暴潮的泛滥,抵御水流的侵袭。随着人类海洋科技的进步和用海需求的日益增长,海岸工程建设项目不断增多。但是部分规划或建设不合规的海岸工程也给海洋生态环境带来了损害,造成近岸海洋环境污染、水土流失,导致海岸非正常侵蚀,破坏鱼虾等栖息繁殖场所,使海涂湿地、红树林、珊瑚礁、河口三角洲等多种类型的海岸生态系统多样性遭受损害,加剧发生自然灾害的潜在风险。[1] 因此,1982年的《海环法》就防治海岸工程建设项目污染损害海洋环境作了专章规定。为了执行《海环法》的相关规定,1990年国务院出台了《防治海岸工程建设项目污染损害海洋环境管理条例》(以下简称《海岸工程条例》)。1999年12月25日,九届全国人大常委会十三次会议对《海环法》做了修订,增加了"防治海洋工程建设项目对海洋环境的污染损害"一章,将涉海工程建设项目区分为海洋工程建设项目和海岸工程建设项目,并明确规定由海洋主管部门和环境保护主管部门分别实施监督管理,并且国务院于2006年公布了《防治海洋工程建设项目污染损害海洋环境管理条例》。在此背景下,2007年国务院对《海岸工程条例》进行了修订,并于2008年1月1日起施行。为适应行政审批制度改革的需要,2017年和2018年对《海岸工程条例》进行了两次修改。

(二) 制度概述

1. 明确了海岸工程建设项目的定义与范围

《海岸工程条例》第2条对海岸工作建设项目作了立法定义,明确海岸工程建设项目是指位于海岸或者与海岸连接,工程主体位于海岸线向陆一侧,对海洋环境产生影响的新建、改建、扩建工程项目。为与《防治海洋工程建设项目污染损害

---

[1] 参见韩洪蕾.我国防治海岸工程污染海洋环境法律制度研究[D],中国海洋大学,2008.

海洋环境管理条例》规定的海洋工程建设项目相衔接,2007年在对《海岸工程条例》进行修订时,还对海岸工作建设项目的范围做了进一步明确,主要包括:(一)港口、码头、航道、滨海机场工程项目;(二)造船厂、修船厂;(三)滨海火电站、核电站、风电站;(四)滨海物资存储设施工程项目;(五)滨海矿山、化工、轻工、冶金等工业工程项目;(六)固体废弃物、污水等污染物处理处置排海工程项目;(七)滨海大型养殖场;(八)海岸防护工程、砂石场和入海河口处的水利设施;(九)滨海石油勘探开发工程项目;(十)国务院环境保护主管部门会同国家海洋主管部门规定的其他海岸工程项目。

2. 完善了海岸工程管理的制度依据

一是明确了工程建设前环境影响评价制度,规定了环境影响报告书(表)的内容、公众参与和审批流程等内容。二是规定工程投入生产或者使用前环保项目验收合格制度,以及环境保护主管部门对海岸工程建设项目的现场检查制度。三是为限制海岸工程可能给环境带来的负面影响,对海岸工程建设作了各类禁限规定:①禁止在天然港湾有航运价值的区域、重要苗种基地和养殖场所及水面、滩涂中的鱼、虾、蟹、贝、藻类的自然产卵场、繁殖场、索饵场及重要的洄游通道围海造地。②禁止兴建向我国海域及海岸转嫁污染的中外合资经营企业、中外合作经营企业和外资企业。③在海洋特别保护区、海上自然保护区、海滨风景游览区、盐场保护区、海水浴场、重要渔业水域和其他需要特殊保护的区域内不得建设污染环境、破坏景观的海岸工程建设项目。④兴建海岸工程建设项目,不得改变、破坏国家和地方重点保护的野生动植物的生存环境。⑤不得兴建可能导致重点保护的野生动植物生存环境污染和破坏的海岸工程建设项目。⑥禁止在红树林和珊瑚礁生长的地区,建设毁坏红树林和珊瑚礁生态系统的海岸工程建设项目。⑦兴建海岸工程建设项目,应当防止导致海岸非正常侵蚀;禁止在海岸保护设施管理部门规定的海岸保护设施的保护范围内从事爆破、采挖砂石、取土等危害海岸保护设施安全的活动;非经国务院授权的有关主管部门批准,不得占用或者拆除海岸保护设施。四是分类规定建设港口、码头、造船厂、修船厂、滨海核电站、岸边油库、矿山、滨海垃圾场或者工业废渣填埋场等海岸工程的应当采取的相关环境保护标准和措施要求等。[1]

---

[1] 参见《防治海岸工程建设项目污染损害海洋环境管理条例》第7、第9、第10、第22、第25条。

3. 设定了严格的法律责任

《海岸工程条例》第 26 条、第 27 条和第 28 条根据《海环法》对拒绝或者阻挠现场检查、在被检查时弄虚作假、未按要求兴建海岸工程建设项目以及违反环境保护设施"三同时"制度等违法行为的处罚规定，明确了相关违法行为的法律责任。

（三）衔接建议

《海岸工程条例》第 11 条规定，海岸工程建设项目竣工验收时，建设项目的环境保护设施经验收合格后，该建设项目方可正式投入生产或者使用（2018 年 3 月修改）。但 2016 年 8 月，十二届全国人大常委会二十二次会议已对《海环法》作出修改，删除了海岸工程建设项目环保设施验收的规定，将第 44 条中的"环境保护设施未经环境保护行政主管部门检查批准，建设项目不得试运行；环境保护设施未经环境保护行政主管部门验收，或者经验收不合格的，建设项目不得投入生产或者使用"修改为"环境保护设施应当符合经批准的环境影响评价报告书（表）的要求"。因此建议《海岸工程条例》第 11 条依据上位法的内容作相应修改。

《海岸工程条例》第 26 条规定，未持有经审核和批准的环境影响报告书（表），兴建海岸工程建设项目的，依照《海环法》第 80 条的规定予以处罚。根据现行《海环法》第 79 条规定，海岸工程建设项目未依法进行环境影响评价的，依照《环评法》的规定处理。《环评法》第 31 条第 1 款、第 2 款对未依法报批环境影响报告书、报告表等擅自开工建设的行为规定了相应的法律责任，具体包括：由县级以上生态环境主管部门责令停止建设，根据违法情节和危害后果，处建设项目总投资额百分之一以上百分之五以下的罚款，并可以责令恢复原状；对建设单位直接负责的主管人员和其他直接责任人员，依法给予行政处分。据此，建议《海岸工程条例》第 26 条的相关内容修改为"依照《环评法》第 31 条的规定予以处罚"。

《海岸工程条例》第 28 条规定，海岸工程建设项目的环境保护设施未建成或者未达到规定要求，该项目即投入生产、使用的，依照《海环法》第 81 条的规定予以处罚。现行《海环法》已将违反"三同时"要求的法律责任的条文顺序调整为第 80 条，建议条例作相应修改。

此外，根据 2018 年国务院机构改革方案规定，建议将《海岸工程条例》相关条款中的"环境保护主管部门"修改为"生态环境主管部门"，并将第 7 条第 2 款"应当征求海洋、海事、渔业主管部门和军队环境保护部门的意见"中的"海洋"删去。

三、《海洋环境保护法》与《防治船舶污染海洋环境管理条例》衔接分析

(一) 条例制定背景

船舶污染是海上移动源污染的典型形态之一,通常是指因船舶操纵、海上事故致使各类有害物质进入海洋,致使海洋生态环境遭到破坏的现象。以燃油泄漏、压舱水外泄等为代表的船舶污染已成为造成海洋环境污染的重要原因,而防治船舶污染也已成为全球性的重要课题,备受国际社会关注。随着航运事业的蓬勃发展,特别是自 2003 年我国成为石油纯进口国以后,我国管辖海域和沿岸重大海上污染事故的发生风险不断升高。为防治船舶污染损害海洋环境,《海环法》将其列为专章,作了比较全面的规定。2009 年国务院发布了《防治船舶污染海洋环境管理条例》(以下简称《船舶防污条例》),于 2010 年 3 月 1 日起正式施行。为适应不断发展变化的海洋污染防控形势,自 2013 年开始,该条例先后经历了 6 次修订,现行条例的内容已较为完备。此外,我国《环境保护法》《领海及毗连区法》《海上交通安全法》《海商法》等法律也结合各自的调整领域对船舶污染作了若干规定。国务院和有关部门还先后颁布了《渤海海域船舶排污设备铅封程序规定》《船舶污染物排放标准》《船舶油污损害赔偿基金征收使用管理办法》等配套性文件。同时,我国已加入《1992 年国际油污损害民事责任公约》,在涉外案件中,也可以直接适用《1973 年国际防止船舶造成污染公约及其议定书》。

(二) 制度概述

1. 船舶污染事故应急处置制度

为了加强船舶污染事故的应急处置,确保发生船舶污染事故时能够及时有效地开展相关工作,《船舶防污条例》结合船舶污染事故的特点,规定了若干应急处置制度。一是按照船舶溢油量、事故造成的直接经济损失数额,将船舶污染事故划分为特别重大、重大、较大和一般事故四个等级,并根据事故等级对应急指挥机构的组成作了明确。二是对事故报告制度的程序和内容作了规定,船舶在我国管辖海域发生污染事故,或者在我国管辖海域外发生污染事故造成或者可能造成我国管辖海域污染的,应当立即启动相应的应急预案,采取措施控制和消除污染,并就近向有关海事管理机构报告;发现船舶及其有关作业活动可能对海洋环境造成污染的,船舶、码头、装卸站应当立即采取相应的应急处置措施,并就近向有关海事管理机构报告;接到报告的海事管理机构应当立即核实有关情况,并向上级海

事管理机构或者国务院交通运输主管部门报告,同时报告有关沿海设区的市级以上地方人民政府。三是明确船员、船舶所有人、经营人及其有关管理部门在应急处置方面的职责和法律责任。[1]

2. 规定了较为完善的船舶污染事故调查处理程序

《船舶防污条例》根据污染事故的等级,确定了不同等级的事故调查机关;明确了开展事故调查的一般原则和基本程序;规定了事故调查机关的可采取的相关措施等。

3. 完善了船舶污染损害赔偿制度

一是规定了船舶污染事故的损害赔偿原则,即造成海洋环境污染损害的责任者,应当排除危害并赔偿损失;完全由于第三者的故意或者过失,造成海洋环境污染损害的,由第三者排除危害并承担赔偿责任。二是明确了船舶污染事故损害赔偿限额制度。三是建立了船舶油污损害民事责任保险制度。四是细化了《海环法》有关船舶油污损害赔偿金制度。[2]

4. 完善了船舶有关作业活动污染防治的规定

《船舶防污条例》规定,从事船舶清舱、洗舱、油料供受、装卸、过驳、修造、打捞、拆解等作业活动,应遵守相关操作规程,并采取必要的安全和防治污染措施。从事相关作业活动的人员应当具备相关安全和防治污染的专业知识和技能,并且对船舶的货物适载要求、污染危害性货物的载运、船舶油料供受作业、船舶修造、水上拆解、船舶拆解、使用船舶向海洋倾倒废物以及船舶清污作业等事项作出了具体规定。[3]

以增强可操作性和可执行性为目标,自2009年出台后,《船舶防污条例》先后作了6次修改,取消了部分行政许可和行政审批,并进一步完善了制度实施的细节性设计。因此,总体而言,《船舶防污条例》规定的内容是相对完备的,也符合客观需要。下一步可根据陆海统筹的基本理念在《海环法》修订出台后,根据《海环法》的规定予以细化和完善。

---

[1] 国务院法制办负责人就《防治船舶污染海洋环境管理条例》答记者问[EB/OL].(2009-09-16)[2020-12-13].http://www.scio.gov.cn/xwfbh/gbwxwfbh/xwfbh/fzb/Document/414035/414035.htm.

[2] 国务院法制办负责人就《防治船舶污染海洋环境管理条例》答记者问[EB/OL].(2009-09-16)[2020-12-13].http://www.scio.gov.cn/xwfbh/gbwxwfbh/xwfbh/fzb/Document/414035/414035.htm.

[3] 参见《防治船舶污染海洋环境管理条例》第20、第21、第22、第23条。

四、《海洋环境保护法》与《海洋倾废管理条例》衔接分析

(一)条例制定背景

中华人民共和国成立初期,我国的海洋倾废活动主要污染物来源是航道、港池疏浚物。20世纪70年代后,疏浚物的倾倒量呈逐年增加的趋势,疏浚达到年均近2000万立方米。80年代则迅速上升达到年均5000万立方米。大量的疏浚物倾倒入海,给海水养殖业等产业造成了很大危害[1]。在国际上,第二次世界大战后,苏联和美国曾向海洋倾倒过时的生化武器,特别是大量倾倒放射性废物。英国、荷兰、瑞士等西欧国家以及日本、韩国也存在向海洋倾倒放射性废物的情况。此外,随着人口剧增及工业化和城市化水平的提高,一些国家还向海洋倾倒了大量不含放射性物质的工业废物和其他废物,到20世纪70年代,倾倒的废物已占入海污染物的10%左右,倾倒成了全球海洋环境污染的主要来源之一[2]。在此背景下,为加强对海洋倾倒活动的监督管理,防治倾倒污染,《环保法》对海洋倾倒管理作出了原则性规定,《海环法》则将防止倾倒废弃物对海洋环境的污染列为专章,规定了对海洋倾倒管理的基本制度。为落实《环保法》和《海环法》的有关规定,1985年国务院制定了《海洋倾废管理条例》(以下简称《倾废条例》),后又制定了《海洋倾废管理条例实施办法》《倾倒区管理暂行规定》和《委托签发废弃物海洋倾倒许可证管理办法》等。此外,我国加入了《1972年防止倾倒废弃物及其他物质污染海洋环境公约》及其1996年议定书。虽然国务院已着手根据公约及议定书,对《倾废条例》进行修订,但尚未出台。上述公约和议定书于2006年开始对我国生效,我国的海洋倾废管理,如可以倾倒的废弃物的种类等,实际上已按照公约和议定书的规定进行。

(二)制度概述

1. 确定了"倾倒"的定义与范围

《倾废条例》第2条规定,"倾倒"是指利用船舶、航空器、平台及其他载运工具,向海洋处置废弃物和其他物质;向海洋弃置船舶、航空器、平台和其他海上人工构造物,以及向海洋处置由于海底矿物资源的勘探开发及与勘探开发相关的海

---

[1] 范志杰、宋春印.我国海洋倾废活动的发展历程[J].交通环保.1994(5):19.
[2] 参见秦晓程.控制向海洋倾倒废物的由来[J].海洋与海岸带开发,1993(2):58 60.

上加工所产生的废弃物和其他物质。"倾倒"不包括船舶、航空器及其他载运工具和设施正常操作产生的废弃物的排放。

2. 细化了倾倒许可制度

《倾废条例》第 6 条规定，需要向海洋倾倒废弃物的单位，应事先向主管部门提出申请，按规定的格式填报倾倒废弃物申请书，并附报废弃物特性和成分检验单；主管部门在接到申请书之日起两个月内予以审批。对同意倾倒者应发给废弃物倾倒许可证。任何单位和船舶、航空器、平台及其他载运工具，未依法经主管部门批准，不得向海洋倾倒废弃物。《倾废条例》第 10 条规定，倾倒许可证应注明倾倒单位、有效期限和废弃物的数量、种类、倾倒方法等事项；签发许可证应根据条例的有关规定严格控制。主管部门根据海洋生态环境的变化和科学技术的发展，可以更换或撤销许可证。

3. 明确了废弃物倾倒分类管理制度

《倾废条例》第 11 条根据废弃物毒性、有害物质含量和对海洋环境的影响等因素，将废弃物划分为三类，在条例附件一中规定了禁止倾倒的废物清单，在附件二中规定了经特殊许可才可倾倒的废物，对于未列入附件一和附件二的低毒或无毒的废弃物只需取得普通许可即可倾倒。

4. 建立了废弃物装载核实制度

《倾废条例》第 12 条规定，获准向海洋倾倒废弃物的单位在废弃物装载时，应通知主管部门予以核实；核实工作按许可证所载的事项进行；主管部门如发现实际装载与许可证所注明内容不符，应责令停止装运，情节严重的，应中止或吊销许可证。

5. 创设了倾倒报告制度

《倾废条例》第 14 条规定，获准向海洋倾倒废弃物的单位，应当按许可证注明的期限和条件，到指定的区域进行倾倒，如实地详细填写倾倒情况记录表，并按许可证注明的要求，将记录表报送主管部门。

6. 禁止境外废弃物进域倾倒和过域倾倒报告制度

《倾废条例》第 7 条规定，外国的废弃物不得运至我国管辖海域进行倾倒，包括弃置船舶、航空器、平台和其他海上人工构造物。违者，主管部门可责令其限期治理，支付清除污染费，赔偿损失，并处以罚款。

《倾废条例》第 8 条规定，为倾倒的目的，经过中国管辖海域运送废弃物的任何船舶及其他载运工具,应当在进入中国管辖海域 15 天之前,通报主管部门,同时报告进入中国管辖海域的时间、航线以及废弃物的名称、数量及成分。

(三) 衔接建议

根据 2018 年国务院机构改革方案规定,生态环境部海洋生态环境司负责废弃物海洋倾倒对海洋污染损害的生态环境保护工作。建议将《倾废条例》相关条款中的主管部门修改为"生态环境主管部门"。

《倾废条例》关于法律责任的规定与《海环法》的规定不一致,建议条例作相应修改,以加大对违法行为的处罚力度,具体包括:

1.《倾废条例》第 7 条第 1 款规定,外国的废弃物不得运至中国管辖海域进行倾倒,包括弃置船舶、航空器、平台和其他海上人工构造物。违者,主管部门可责令其限期治理,支付清除污染费,赔偿损失,并处以罚款。《海环法》法第 86 条规定,违反本法第 55 条第 3 款的规定,将中国境外废弃物运进中国管辖海域倾倒的,由国家海洋行政主管部门予以警告,并根据造成或者可能造成的危害后果,处十万元以上一百万元以下的罚款。建议条例依据《海环法》的规定作相应修改。

2.《倾废条例》第 17 条规定,对违反本条例,造成海洋环境污染损害的,主管部门可责令其限期治理,支付清除污染费,向受害方赔偿由此所造成的损失,并视情节轻重和污染损害的程度,处以警告或人民币十万元以下的罚款。《倾废条例》第 21 条第 1 款规定,对违反本条例,造成或可能造成海洋环境污染损害的直接责任人,主管部门可处以警告或者罚款,也可以并处。《海环法》第 90 条第 1 款、第 2 款规定,对违反本法规定,造成海洋环境污染事故的单位,除依法承担赔偿责任外,由依照本法规定行使海洋环境监督管理权的部门依照本条第 2 款的规定处以罚款;对直接负责的主管人员和其他直接责任人员可以处上一年度从本单位取得收入百分之五十以下的罚款;直接负责的主管人员和其他直接责任人员属于国家工作人员的,依法给予处分;对造成一般或者较大海洋环境污染事故的,按照直接损失的百分之二十计算罚款;对造成重大或者特大海洋环境污染事故的,按照直接损失的百分之三十计算罚款。在违法情节相同的情况下,建议《倾废条例》应参照《海环法》的规定对法律责任中的罚则作出修订。

3.《倾废条例》第 20 条第 1 款规定,不按本条例第 14 条规定填报倾倒情况记录表的,处以警告或人民币二千元以下的罚款。《海环法》第 74 条规定,违反本法有关规定,不按照规定记录倾倒情况,或者不按照规定提交倾倒报告的,由依照本法规定行使海洋环境监督管理权的部门予以警告,或者处二万元以下的罚款。在违法情节相同的情况下,建议《倾废条例》应参照《海环法》的规定对法律责任中的罚则作出修订。

4.《倾废条例》第20条第4款规定,未经批准向海洋倾倒废弃物的,可处以人民币二万元以上十万元以下的罚款。《海环法》第73条规定,违反本法有关规定,未取得海洋倾倒许可证,向海洋倾倒废弃物的,由依照本法规定行使海洋环境监督管理权的部门责令停止违法行为、限期改正或者责令采取限制生产、停产整治等措施,并处三万元以上二十万元以下的罚款;拒不改正的,依法作出处罚决定的部门可以自责令改正之日的次日起,按照原罚款数额按日连续处罚;情节严重的,报经有批准权的人民政府批准,责令停业、关闭。

《倾废条例》第15条第1款规定,倾倒废弃物的船舶、航空器、平台和其他载运工具,凡属《海环法》第90条、第92条规定的情形,可免于承担赔偿责任。现行《海环法》已将免责事由规定的条文顺序调整为第89条和第91条。建议条例参照《海环法》的规定作相应修改。

五、《海洋环境保护法》与《防治陆源污染物污染损害海洋环境管理条例》衔接分析

(一) 条例制定背景

陆源污染物是指由陆地污染源排放的污染物,主要有石油、农药、重金属、有机污染物、固体废物、放射性物质、传染病原体和热能等,可能具有毒性、扩散性、积累性、活性、持久性和生物可降解性等特征,多种污染物之间还有拮抗和协同作用。[1] 陆源污染物的种类多、排放数量大,大量未经处理的工业废水和生活污水通过各种渠道排入海中,加上沿海农业和养殖污水,给海洋环境造成了巨大破坏和威胁。[2] 据统计,入海污染物80%来源于陆地[3],陆源污染物已成为我国近海污染的主要来源。1982年的《海环法》就对防治陆源污染物污染损害海洋环境

---

[1] 参见朱红钧,赵志红.海洋环境保护[M].东营:石油大学出版社,2015:70.

[2] 参见郭院.论中国海洋环境保护法的理论和实践[J].中国海洋大学学报(社会科学版),2008(1):14-17.

[3] 参见冯竹.吕彩霞代表:80%的海洋污染来自于陆地[EB/OL].(2014-03-09)[2020-12-13]. http://npc.people.com.cn/n/2014/0309/c376899-24580551.html.

作了专章规定,为了执行《海环法》的相关规定,1990年国务院出台了《防治陆源污染物污染损害海洋环境管理条例》(以下简称《陆源防污条例》),并制定了《污水综合排放标准》等配套文件。此外,我国目前加入的《关于持久性有机污染物的斯德哥尔摩公约》《保护臭氧维也纳公约》和《关于汞的水俣公约》也适用于防治陆源污染物污染损害海洋环境。

(二) 衔接建议

《陆源防污条例》规定的主要制度,如陆源污染物排放申报制度和各类禁止性规定,已在后续修订《海环法》的过程中被上升为法律。现行《海环法》已对设置入海排污口、入海河流防治污染、排放陆源污染物申报制度、排污收费、排放各类废水、处置固体废物、农药使用以及转移危险废物等作了较为完善的规定。《陆源防污条例》制定后修订的《水污染防治法》《固废法》《农业法》等也已对工业废水和生活污水、固体废物以及农药的使用和管理作了新的规定。因此,由于制定年代久远且未及时修改,《陆源防污条例》中的部分内容,特别是法律责任部分的规定与现行《海环法》的规定存在诸多矛盾之处,亟须进行大范围修订。如考虑节约立法资源,也可考虑在本次《海环法》修订后,适时对其予以废止。

1.《陆源防污条例》第6条第2款规定,排放污染物的种类、数量和浓度有重大改变或者拆除、闲置污染物处理设施的,应当征得所在地环境保护行政主管部门同意并经原审批部门批准。现行《海环法》已删除了"拆除或者闲置陆源污染物处理设施的,必须事先征得环境保护行政主管部门的同意"的规定(2016年11月十二届全国人大常委会二十四次会议修改),仅保留了排放"陆源污染物的种类、数量和浓度有重大改变的,必须及时申报"的规定,建议《条例》第6条作出相应修改,并删除《条例》第26条第1项中有关法律责任的规定。

2.《海环法》第33条对禁止、严格限制和严格控制向海域排放的废液、废水作了规定。第34条、第35条、第36条对含病原体的医疗污水、生活污水、工业废水和含热废水等的排放要求作了规定。而《陆源防污条例》第14条至第18条的规定,与《海环法》的上述规定不一致,如《海环法》规定禁止排放的是"剧毒废液",条例规定禁止排放的是"毒液";又如《海环法》对于部分工业废水的排放要求是"符合国家有关排放标准,方能排入海域",而条例规定的是"符合国家和地方规定的排放标准和有关规定",显然较《海环法》规定的要件宽松,建议对条例进行相应修改。

3.《陆源防污条例》关于法律责任的规定与《海环法》的规定也存在较多不一致之处,总体上表现为处罚力度偏弱,具体包括:

(1) 条例第 24 条第 1 款规定,拒报或者谎报排污申报登记事项的;拒绝、阻挠环境保护行政主管部门现场检查,或者在被检查中弄虚作假的,由县级以上人民政府环境保护行政主管部门责令改正,并可处以三百元以上三千元以下的罚款。根据《海环法》第 74 条规定,不按照规定申报,甚至拒报污染物排放有关事项,或者在申报时弄虚作假的,处三万元以上二十万元以下的罚款。第 75 条规定,拒绝现场检查,或者在被检查时弄虚作假的,给予警告,并处二万元以下的罚款。

(2) 条例第 26 条第 2 项规定,在海洋特别保护区、海上自然保护区、海滨风景游览区、盐场保护区、海水浴场、重要渔业水域和其他需要特殊保护的区域内兴建排污口,由县级以上人民政府环境保护行政主管部门责令改正,并可处以五千元以上十万元以下的罚款。根据《海环法》第 77 条的规定,对于上述情形,由县级以上地方人民政府环境保护行政主管部门责令其关闭,并处二万元以上十万元以下的罚款。

(3) 条例第 27 条对向海域排放禁止排放的污染物等行为,规定由县级以上人民政府环境保护行政主管部门责令改正,并可处以一千元以上二万元以下的罚款;情节严重的,可处以二万元以上十万元以下的罚款。但根据《海环法》第 73 条的规定,对于向海域排放禁止排放的污染物或者其他物质的,应责令停止违法行为、限期改正或者责令采取限制生产、停产整治等措施,并处以处三万元以上二十万元以下的罚款;拒不改正的,依法作出处罚决定的部门可以自责令改正之日的次日起,按照原罚款数额按日连续处罚;情节严重的,报经有批准权的人民政府批准,责令停业、关闭。

(4) 根据 2018 年国务院机构改革方案规定,条例的主要执法部门已经变更为国家生态环境主管部门,建议《陆源防污条例》根据《海环法》修订的理念与原则,对上述各条款进行较为彻底的修订。

第四章 《海洋环境保护法》与相关部门规章的衔接

在涉海制度供给体系中,还存在着一类特殊的部门规章。它们在法域归属上虽不属于海洋环境保护领域,但其调整对象却与海洋环境保护关系紧密,例如《建设项目主要污染物排放总量指标审核及管理暂行办法》《海洋工程环境影响评价管理规定》。前者属于污染物总量控制制度体系,后者属于环境影响评价制度体系。由于它们的调整对象分别涉及海洋污染物排放总量控制制度和涉海工程环评制度,因此它们在原则与内容上应该分别同时考量《环保法》中有关总量控制制度的内容、《环评法》中有关建设项目环评及"三同时"制度的内容,且需要将上述上位法的规定与涉海特殊适用场景相统一。这就产生了它们的制度设计需要兼顾《海环法》相关规定的问题。因此,本章分析的重点便在于梳理清楚它们与《海环法》潜在的制度衔接点,并对其现有制度与《海环法》未来制度导向间的适配性做出判断并分类给予衔接建议。

一、《海洋环境保护法》与《建设项目主要污染物排放总量指标审核及管理暂行办法》衔接分析

《海环法》与《建设项目主要污染物排放总量指标审核及管理暂行办法》(以下简称《暂行办法》)相关联的制度主要是污染物排放总量控制制度和排污权交易制度。

(一)重点海域排污总量控制制度

《海环法》第 3 条规定,国家建立并实施重点海域排污总量控制制度,确定主要污染物排海总量控制指标,并对主要污染源分配排放控制数量。具体办法由国务院制定。第 11 条规定,国家和地方水污染物排放标准的制定,应当将国家和地方海洋环境质量标准作为重要依据之一。在国家建立并实施排污总量控制制度的重点海域,水污染物排放标准的制定,还应当将主要污染物排海总量控制指标作为重要依据。排污单位在执行国家和地方水污染物排放标准的同时,应当遵守

分解落实到本单位的主要污染物排海总量控制指标。

《海环法》规定对于超过主要污染物排海总量控制指标的重点海域和未完成海洋环境保护目标、任务的海域，省级以上人民政府环境保护行政主管部门、海洋行政主管部门，根据职责分工暂停审批新增相应种类污染物排放总量的建设项目环境影响报告书（表）。《暂行办法》主要从总体要求、审核程序、总量指标来源及审核，以及监督管理等几个方面，对建设项目主要污染物排放总量指标审核与管理进行规范。

《海环法》修订的主要理念是实现陆海统筹，而在海洋生态保护中，陆海统筹的实践逻辑在于实现生态环境质量控制指标要以海定陆。只有实现了以海定陆，陆源污染对海洋产生的影响才能够控制在海洋环境容量允许的范围内，海洋环境的承载力和自净能力才能够维系生态系统服务功能的实现。因此，重点海域总量控制制度在陆海统筹战略中发挥着重要的作用。目前该项制度在执行中还存在影响衔接的一系列缺陷。

1.《海环法》对重点海域排污总量控制制度的表述不清

海域是开放性的自然水体，位于陆域的固定污染源和面源、入海河流、大气污染源、海域中的固定和移动污染源等，都可能向海域输送污染物。由于表述含混、加之在法律颁布后缺少下位规范性文件的补正和说明，在实际工作中，对于究竟要对哪些污染来源实施总量控制并不清晰。此外，我国重点海域的划分缺乏依据和标准，虽然在部分地区进行了重点海域排污总量控制的试点，但是有关重点海域的准确含义及其划分标准仍缺少权威界定。在这方面，《暂行办法》对建设项目和主要污染物的种类规定较为明晰[1]。

鉴于当前重点海域排污总量控制制度面临的困境以及实践对其的需求，建议在《海环法》中进一步强化对该制度的体系化建构，对重点海域的范围、排放污染物种类、重点海域排污总量控制主体及其与海洋环境质量目标管理的关系加以明晰，在"以海定陆""以质定量"的框架下，平衡海洋排污需求和海洋环境容量用益之间的关系。

---

[1] 本办法适用于各级环境保护主管部门对建设项目（不含城镇生活污水处理厂、垃圾处理场、危险废物和医疗废物处置厂）主要污染物排放总量指标的审核与管理。主要污染物是指国家实施排放总量控制的污染物（"十二五"期间为化学需氧量、氨氮、二氧化硫、氮氧化物）。烟粉尘、挥发性有机物、重点重金属污染物、沿海地级及以上城市总氮和地方实施总量控制的特征污染物参照本办法执行。

2.《暂行办法》的规定与排污总量控制制度存在冲突

目前海域水质超标较为普遍的指标为无机氮。虽然在《暂行办法》中主要污染物并不包括无机氮,但是规定有沿海地级及以上城市总氮和地方实施总量控制的特征污染物参照本办法执行的内容。上述规定的逻辑出发点还是以陆上污染物防治为核心的规制理念,与以海定陆的立法逻辑出发点相悖,因此建议《暂行办法》中有关沿海城市的特征污染物,如无机氮等的总量控制规制内容应参照修订后的《海环法》作出必要的调整。

3.《海环法》对环评制度的规定存在不足

《海环法》中有关涉海环评的制度仅在第3条和第11条有相关表述。而《暂行办法》中则规定排污总量指标是建设项目环境影响评价审批的前置条件,环评文件中应包含主要污染物总量控制内容。因此,建议《海环法》根据《环评法》和《暂行办法》的相关规定,完善海岸工程建设项目、海洋工程建设项目规定中与环评相关的制度内容。

(二) 排污权交易制度

《暂行办法》规定建设项目可通过排污权交易获取总量指标。依照以海定陆的要求,重点海域的建设项目通过排放权交易获取的排污总量指标不能超过重点海域排污总量标准,因此建议《暂行办法》对排污权交易的后果及其限定条件作进一步的规定。

此外,《海环法》也应借鉴《暂行办法》中鼓励重点海域建设项目排放总量指标可以通过排污权交易等体现市场化的方式进行高效配置的做法,完善法律有关激励机制的设计。

二、《海洋环境保护法》与《海洋工程环境影响评价管理规定》衔接分析

《海环法》与《海洋工程环境影响评价管理规定》(以下简称《管理规定》)的衔接同样体现在环境影响评价制度上。涉海环评在《海环法》与《环评法》的衔接部分已经提及并有较为全面的梳理。由于《环评法》是环评制度的一般法,而《海环法》作为海洋环境保护的一般法也难以就涉海环评制度做非常细致的规定,这就凸显出了《管理规定》等下位规范性文件的实践价值。事实上,《管理规定》的内容确实在一定程度上为规范海洋工程的环境影响做了制度上的准备。

环评制度居于环境法预防制度群的核心位置,与各类环境政策与法律工具联

系紧密,在《海环法》确立陆海统筹、以海定陆为导向的修订理念下,确立体现海洋环境保护特色的环评制度对海洋生态保护将大有裨益。在顺法承规的要求下,《海环法》修订应当注重与《管理规定》在制度衔接上的处理,既吸收《管理规定》中被实践证明具有重要价值的制度设计,又为体现陆海统筹理念的环评设计确立新的标准。

海洋环评制度应当包括环评对象、环评报告书(表)的编制主体与编制内容、环评标准、审批主体与审批程序、后评价与跟踪检查、公众参与及法律责任指引适用等内容。对于在制度执行层面具有重要指引的上述内容,《海环法》中未作具体规定,更多的内容体现在《管理规定》的条文中。就《管理规定》的现有内容分析,可将现有制度划分为两类。

第一类是基本符合陆海统筹理念,无须进行重大调整的内容,主要表现为:

环境影响报告书(表)的编制主体。《环评法》第19条规定建设单位可以自行或委托与技术单位编制环境影响报告书(表)。《海环法》并未规定这一细节性问题,《管理规定》第4条第1款规定,海洋工程的建设单位(以下简称"建设单位")应委托具有相应环境影响评价资质的技术服务机构,依据相关环境保护标准和技术规范,对海洋环境进行科学调查,编制环境影响报告书(表),并在开工建设前,报海洋行政主管部门审查批准。在《环评法》已经做出规定的基础上,《管理规定》根据具体实践,在海洋工程建设项目环境影响评价中排除了建设单位自身编制环评报告书(表)的权利,这与编制环评报告书所要求的高度专业性与独立性一致。应当注意的是《管理规定》系在2017年根据新修订的《海环法》《环保法》《环评法》等有关法律的修订内容进行的再次修订[1],因此此处与《环评法》规定内容的差异,应理解为主管机关经过认真分析之后作出的审慎选择。

环境影响报告书(表)的内容。《管理规定》第9条规定了海洋工程环境影响报告书应当包含的内容。《海环法》并未对这一细节性问题作出规定。环境影响报告书(表)的内容根据涉海项目情况复杂程度各有不同,因此由《管理规定》加以明确是合适的。无需统一规定。

审批程序。对于主管部门如何审批环评文件,《海环法》未作规定,《管理规

---

[1] 中国政府网.海洋局修订《海洋工程环境影响评价管理规定》[EB/OL].(2017-06-03)[2020-08-08].http://www.gov.cn/xinwen/2017-06/03/content_5199568.htm.

定》则详细规定了海洋工程环境影响评价审批的程序。规定第10条明确了不予受理的情形;第7条规定报批之前,海洋行政主管部门应向有关部门与利益相关者征求意见;第12条规定海洋行政主管部门应当组织相应的技术审查;第13条规定了八种不予批准的情形;第23条、第24条规定海洋工程环境影响评价文件质量评估制度及评价审查专家库制度;第25条规定海洋工程环境影响评价文件批准实行备案制度。由于涉海规划或建设项目对海洋生态影响各异,且实践中的细节性问题也较为复杂,由行政法规、部门规章层面加以规定是合适的。

环评后评价与重新编制。《管理规定》根据《环评法》《海环法》的规定,分别在第19条、第20条与第21条确立了海洋工程环境影响报告重新编制及环境影响后评价的制度,从而使海洋工程建设项目环评的监管制度与行政程序做到了全覆盖。

第二类则是需要对《海环法》与《管理规定》均确立的制度如何衔接作进一步分析的情况,主要有以下制度:

第一,建设项目技术审查制度。《管理规定》第15条规定了对建设项目的技术审查,但该程序在《海环法》或《环评法》等上位法律层面尚无依据。

第二,建设工程环境影响评价文件的审批主体。《管理规定》承认县级海洋行政主管部门对环评文件享有审批权,但就实践与海洋环境保护的特点来看,涉海建设工程环评的层级审批权限需要与其他相关制度协调考量,《管理规定》的现有制度安排需要按照修订后《海环法》确立的涉海环评层级审批的整体制度框架进行调整。

第三,信息公开与公众参与制度。《管理规定》在实践层面创新规定的线上公开等环评审批程序有助于《海环法》中公众知情权的实现,建议《海环法》在修订时可以考虑在立法中也予以确认。

第四,《管理规定》中环境影响报告书(表)技术规范标准的制定主体与建设工程环境影响评价书(表)的审批主体存在差异,应根据国务院机构改革后生态环境保护部门的职责安排作出修改。

(一) 建设项目技术审查

1. 制度概述

《管理规定》第15条规定了建设项目的技术审查制度。海洋行政主管部门受理海洋环境影响报告书(表)后,应当组织技术审查。技术审查可委托专门的评估机构组织,也可由海洋行政主管部门自行组织。其中,国家海洋局审批的海洋工程由国家海洋局海洋咨询中心负责审查。技术审查可以采取审查会、函审或其他形式,必要时应组织现场踏勘。采取审查会形式进行审查的,应当成立由包括海洋化学、海洋物理、海洋生物生态、海洋工程和海洋环境保护等专业的不少于5人的单数专家组成专家评审组,由专家评审组出具专家评审意见,对评审结论负责。由评估机构组织审查的,评估机构应根据专家组评审结论出具技术审查意见,对海洋工程是否具有环境可行性给出明确结论,并对技术审查意见负责。

2. 衔接建议

建设项目技术审查是既涉及审查标准构建等跨学科理论问题,又涉及尊重实践经验与规律的现实问题,由《管理规定》加以明确符合海洋环境保护的需要,无须由《海环法》再次规定。

需要注意的是,该程序设置依据并非《海环法》或《环评法》,而是来源于行政法规《建设项目环境保护管理条例》第9条第3款的规定,即"环境保护行政主管部门可以组织技术机构对建设项目环境影响报告书、环境影响报告表进行技术评估,并承担相应费用;技术机构应当对其提出的技术评估意见负责,不得向建设单位、从事环境影响评价工作的单位收取任何费用。"因此,《管理规定》的修订还需要结合《建设项目环境保护管理条例》的修订统筹考量。在执法主体层面,国务院机构改革后,海洋环境保护职责已经划转至生态环境部,《管理规定》应当对相应表述进行修改。

(二) 建设工程环境影响评价书(表)审批主体

1. 制度概述

《管理规定》第5条明确各级海洋行政主管部门依据有关法律法规和国家行政审批改革政策确定的管理权限,审批相应的海洋工程环境影响评价文件。第25条规定各市、县级海洋行政主管部门应当分别于每月10日前将本部门上一月海洋工程环境影响评价文件及批准文件报上一级海洋行政主管部门备案。在实践中,不同省市规定的涉海环评文件审批部门各不相同。

2. 制度实践现状

如前所述,实践中,福建省保留县级环保行政主管部门的审批权;但江苏省、山东省则排除了县级环保行政主管部门的审批权。

3. 衔接建议

《环评法》已经赋予各省自治区直辖市人民政府对于环评文件层级审批主体的裁量权，审批主体具体权限安排也属于实践性较强的事项，目前采用由《管理规定》加以明确的方式是合适的，《海环法》无须另行规定。另外，涉海环评与陆上环评审批相比，无论在环境保护复杂度、利益影响牵涉度还是背景知识复合度方面都更加庞杂，基于此，为强化涉海环评的权威性与科学性，建议不赋予县级政府及其工作部门审批对海洋环境可能造成重大影响的建设项目环评书。据此，建议《管理规定》在修改时取消对县级政府的授权。

(三) 信息公开与公众参与

1. 制度概述

信息公开与公众参与制度是近年来环境法律部门的立法热点之一，《环保法》《环评法》也均对环评中的公众参与与信息公开制度做了较为详细的规定，《海环法》除涉海重要事项之外，无需再予以重复。在实践层面，《管理规定》第6条规定海洋工程环境影响报告书(表)在线预受理和预审查，创了环评网上受理和办理过程公开制度。第15条规定海洋工程报送审批前应当充分征求影响范围内的有关单位、专家和公众的意见。第16条规定受理后的环境影响报告书应予公开制度。第17条确立了海洋行政主管部门在批准环境影响报告书前，必要时应当组织听证会，其中围填海工程必须举行听证会的程序保障制度。第18条规定海洋行政主管部门作出海洋工程环境影响评价文件批准决定后，应于15个工作日内在本部门网站上公开批准情况。《海环法》除在第6条对环评主管部门的公开信息义务作出规定外，没有对信息公开制度作进一步的规范。

2. 衔接建议

如前所述，在海洋环境保护领域，信息公开与公众参与与其他环保可领域相比特殊性并不明显，因此相关规定主要由《管理规定》加以明确是合适的，《海环法》无须做更多的规定。《管理规定》在尊重上位立法的前提下，新增线上公开制度，明晰环评审批过程，更有助于公众知情权和参与权的落实。

(四) 环境影响报告书(表)技术规范标准的制定

1. 制度概述

该项制度内容在《海环法》中未有涉及。《管理规定》第7条规定，国家海洋行政主管部门应当按照生态文明建设要求和国家行政审批制度改革要求，制定出台海洋工程环境影响评价相关管理文件和技术规范。对此,《环评法》规定的是国务院生态环境主管部门应当会同国务院有关部门,组织建立和完善环境影响评价的基础数据库和评价指标体系。

2. 衔接建议

技术规范标准制定目前执行的立法逻辑是《环评法》确立制度建构基本原则,由条例与部门规章层级的规范性文件,如《管理规定》具体规定实践层面的问题。这种立法逻辑在实践中是可行的,因此《海环法》无需对非特殊性制度另行规定。《管理规定》需要注意的一项内容就是其规定的执法部门应与国务院机构改革后的职能划分相符。

(五) 建设工程环境影响评价书(表)审批程序

1. 制度概述

关于审批程序,《海环法》第 43 条、第 47 条分别规定了海岸工程与海洋工程建设环评影响书的审批特殊程序,海洋环境影响报告书(表)应在建设项目开工前,报海洋行政主管部门审查批准。海洋行政主管部门在批准海洋环境影响报告书(表)之前,须征求海事、渔业行政主管部门和军队环境保护部门的意见。《管理规定》第 11 条对《海环法》的规定作了重申并强调"海洋行政主管部门在批准海洋环境影响报告书(表)之前,应当征求同级海事、渔业行政主管部门和军队环境保护部门的意见,在地方管辖海域内的项目应同时征求下一级海洋行政主管部门的意见。"

2. 衔接建议

海岸工程与海洋工程环评审批程序中的特殊事项由《海环法》加以确立,具体细节性问题由《管理规定》加以强调和规范的立法逻辑是适应我国海洋环境保护需求的。在国务院机构改革之前,由于存在着海洋环境保护部门单设的实际情况,由《管理规定》对审批程序问题作出强调有利于明晰不同审批机关的职责和义务,提高行政效率。在国务院机构改革后,由于该项审批所涉的审批或征求意见机关仍存在分置的情况,涉及海事、渔业和军队环保部门,因此《海环法》及《管理规定》仍应保留该条款,但针对海洋生态环境保护部门的调整作出细节性的修改。

第五章 《海洋环境保护法》与相关地方性法规的衔接

我国是一个拥有漫长海岸线的国家,东部和南部大陆海岸线1.8万多千米,内海和边海的水域面积约470多万平方千米,海域分布有大小岛屿7600多个[1]。如此广阔的海洋国土的可持续发展,多年来一直有赖于地方各级人民政府海洋环境保护部门付出的努力与实践,它们既承担着海洋生态环境保护的常态化工作,又在属地管辖贯彻落实国家统一立法的同时,探索了大量具有地方特色、与实践紧密结合的海洋生态保护举措。因此,吸收、借鉴并提炼升华地方性法规与规章中的制度探索和智慧创新,就成为推进国家立法科学化、民主化的重要途径。本章提出在《海环法》与地方性法规的制度衔接上,应注意制度的双向循环。一方面应遵循《海环法》对地方性立法的授权和指引适用规则,维护法律位阶秩序;另一方面,又要尊重不同地方的海事习惯与地域性特点,积极吸取和借鉴已经地方实践证明的创新性制度,作为涉海制度的有益来源。为此,本章对《辽宁省海洋环境保护办法》和《厦门市海洋环境保护若干规定》中的精华,如海洋生态红线制度,作了深入分析并提炼出了可以纳入《海环法》的制度要素。

一、《海洋环境保护法》与《厦门市海洋环境保护若干规定》衔接分析

2016年厦门市出台了《厦门市海洋环境保护若干规定》(以下简称《若干规定》)。《若干规定》用两个条文规定了"海洋环境保护信用制度"。在此之后,2019年厦门市生态环境局发布了《厦门市环境保护信用信息管理实施细则》(以下简称《厦门细则》)。这两项地方性制度共同确立了在海洋环境保护实践中具有探索价值的海洋环境保护信用制度。下文将针对该制度在《海环法》与《若干规定》的衔接问题进行分析。

---

[1] 国情,中国政府网[EB/OL][2020-12-13]. http://www.gov.cn/guoqing/index.htm.

1. 海洋环境保护信用制度理论依据

马克思主义经典作家曾指出"信用是指能够履行诺言而取得的信任,是长期积累的信任和诚信度。商业信用是资本家之间采取延期付款的方式赊购商品而形成的借贷关系"。[1]良好的信用机制能够促进资源的有效配置,提高经济运行的效率,也是现代市场经济必不可少的市场元素[2]。经济失信会大大提高市场交易的成本,进而直接影响到市场体系的完善和资源配置效率[3]。在全球化不断推进的今天,由于长期实行的商品经济和市场经济的共同作用,已经形成了覆盖面较广且结构严密的个人和企业信用体系和制度。完善的信用制度和不断扩大的信用交易规模已经成为经济发展的重要驱动力量。我国目前大力推进的社会信用体系建设,是整顿和规范市场经济秩序,完善我国社会主义市场经济体制的治本之策[4]。可见,建设信用社会,完善信用评价机制与跟踪机制,对于健全社会治理具有重要的意义。这一认识在环境保护领域同样适用。

党的十九大报告提出要健全环保信用评价制度,这是党中央、国务院在生态文明建设背景下立足环境管理转型、充分关注市场经济是信用经济的基本特点而提出的重要科学举措[5]。企业环境行为信用评价管理是政府、企业、公众共同参与的一项制度创新,通过企业环境信用评价强化了政府对企业环境行为的分类管理,提高了企业的环境自律意识和环境保护行为,同时也完善了公众参与机制[6],为公众选择支持环境友好型的企业及其产品或服务创造了可信赖的信息化手段。

2. 制度实践现状

自21世纪以来,我国对社会信用体系的建设愈发重视,企业环境信用评价制度作为社会信用体系的重要组成部分,也受到越来越多的关注。2005年原国家

---

[1] 参见丁国民,龙圣锦.商业银行参与企业环境信用规制的法律责任研究[J].南方金融,2020(1):93-99.

[2] 参见王莉.我国企业环保信用评价制度的重构进路[J].法学杂志,2018,39(10):100-105.

[3] 宋祺,胡小钟.国内外企业信用评价体系比较与创新研究[J].湖北行政学院学报,2007(S1):109-112.

[4] 参见王莉.我国企业环保信用评价制度的重构进路[J].法学杂志,2018,39(10):100-105.

[5] 参见王莉.健全我国企业环保信用评价法律制度的正当性面向[J].商业经济与管理,2019(9):88-96.

[6] 参见关阳,李明光.企业环境行为信用评价管理制度的实践与发展[J].环境经济,2013(3):47-51.

环保总局颁布了《关于加快推进企业环境行为评价工作的意见》,2006年广东省施行了《重点污染源环境保护信用管理试行办法》,这些规范性文件的出台揭开了地方自主开展企业环境信用评价管理工作的序幕,对完善企业环境信用评价制度进行了大量有益的探索。

2014年修订的《环保法》是企业环境信用评价的制度渊源。《环保法》第54条明确规定县级以上地方人民政府环境保护主管部门和其他负有环境保护监督管理职责的部门,应当将企业事业单位和其他生产经营者的环境违法信息记入社会诚信档案,及时向社会公布违法者名单。

除立法之外,在国家层面,2013年出台的《企业环境信用评价办法(试行)》、2015年发布的《关于加强企业环境信用体系建设的指导意见》和2016年实施的《关于对环境保护领域失信生产经营单位及其有关人员开展联合惩戒的合作备忘录》均针对企业环境信用评价的具体实施方法作了细致规定,并授权地方各级人民政府可以在与上位法不相违背的情况下,结合地方的具体实际,尝试将企业环境信用体系建设的地方实践加以提炼并固定在规范性文件中。例如《企业环境信用评价办法(试行)》第4条规定,国家重点监控企业以外的其他参评企业的环境信用评价管理职责,"由省、自治区、直辖市环保部门规定",并在第36条中明确"有关地方环保部门已经制定企业环境信用评价管理规范性文件的,可以继续适用"。《关于加强企业环境信用体系建设的指导意见》也规定,环保部门"应当根据本地区实际情况"逐步拓展参评企业范围,条件成熟的地区还可以探索开展环境服务机构环境信用评价。这意味着,企业环境信用评价制度还处于不断探索并逐渐走向成熟的阶段,在国家立法和中央主管机关的指导下,地方在这一制度的具体实施中拥有较大的自由探索与裁量空间。

在地方层面,各地的实践也有所不同。2019年,厦门市和江西省在企事业单位环保信用评价的制度建设上都有推进,分别颁布了《厦门细则》和《江苏省企事业环保信用评价办法》(以下简称《江苏办法》)。尽管两个规范性文件的调整对象相同,但在细节上却存在较多差异。例如在环保信用分类上,厦门市和江苏省的做法就不同。《厦门细则》第10条将环境保护信用信息分为三类,分别是"环保守信红名单""环保失信黑名单"和"环保重点关注名单",根据名单采取相应的奖惩措施。而《江苏办法》第10条则是把环保信用分为五个等级,由优到劣依次以绿色(诚信)、蓝色(一般守信)、黄色(一般失信)、红色(较重失信)、黑色(严重失信)

标识,根据不同的标识采取不同的奖惩措施。这说明对企事业单位环境诚信及其失信后果的理解和严重程度的判断在各地确实存在不同的认识,基于此也可以看到在短期之内未形成全国性的统一实施细则也是一种理性选择的结果。

综上所述,企业环境信用评价制度在各地的实践方式与对这些规则的总结提炼各不相同,这既符合我国幅员辽阔,各地环保形势不同的基本国情,也有利于尊重各地的改革首创精神,践行科学立法、民主立法的法制建设理念,当然这也从一个侧面说明我国的企事业单位环境信用评价制度设计未臻成熟,仍需要一个凝聚共识的过程。

3. 国外相关经验

国外的企业信用评级制度产生于20世纪30年代,早期仅适用于商业领域,表达为经济信用或金融信用,作为银行授信或市场赊销的重要参考因素[1]。随后,西方国家在成熟发达的市场经济制度驱动下,从完善市场要素的角度,建立了以法律法规约束为核心的信用制度并开始尝试将信用制度累积的信用数据的信用结果与环境经济政策和环境保护制度相结合,通过将金融工具导入环境管理,建构一套包含财政、税收、价格、信贷、投资、市场等经济杠杆在内的间接调控企业经营生产方式的环境保护制度工具与管理措施。例如,澳大利亚很多金融机构及工商业领域的非政府组织在对新建、已建企业进行评估时引入了环境会计审计制度,通过将资源消耗情况、环境污染状况纳入企业经济发展评估指标体系,促使企业调整管理和生产工艺以尽可能减少环境污染和资源消耗[2],从而实现市场主体生产决策行为的外部可视化与环境友好化。

4. 衔接建议

(1) 企业环境信用评价制度在海洋环境保护领域并无特殊性

以厦门市为例,在2019年的《厦门细则》出台之前,2016年厦门市就出台了《若干规定》。《若干规定》用两个条文确立了"海洋环境保护信用制度",但通过对比《若干规定》和《厦门细则》的条文,《若干规定》确立的"海洋环境保护信用制度"并没有显示出在海洋环境保护领域明显的特殊性,更近似于在《厦门细则》出台前的过渡性尝试。

---

[1] 参见王莉.健全我国企业环保信用评价法律制度的正当性面向[J].商业经济与管理,2019(9):88-96.

[2] 参见钟向前.刍析海洋环保信用制度之构建[J].海洋开发与管理,2010,27(3):44-47.

首先，在适用对象方面，《厦门细则》第 2 条明确了细则的适用范围是全市涉及生态环境行为的企事业单位和其他生产经营过程中涉及环境行为的生产经营者。这一范围已将《若干规定》中海洋环境保护信用制度的适用对象，即与海洋环境保护有关的海上作业单位，包括在内。

其次，在管理主体方面，《若干规定》第 12 条要求由市海洋行政主管部门进行评价管理，而《厦门细则》第 3 条规定的环境保护信用信息的组织与管理主体是生态环境局。在地方各级人民政府机构改革完成之后，海洋环境保护方面的职责已经统一由生态环境主管部门承担，因此就目前的管理现状而言，在管理主体方面两者也是一致的。

最后，在制度实施方面，《若干规定》把海上作业单位划分为海洋环保诚信单位和警示单位，而《厦门细则》则将环境保护信用信息划分为环保守信红名单、环保失信黑名单和环保重点关注名单，就操作层面而言，《厦门细则》的规定更为清晰，可操作性更强。但是两者对于环境保护信用信息分类上的差别并不足以体现出海洋环境保护信用制度与其他领域环境保护信用制度存在质的不同，这种差别更多地还是制度实施细节的差异。

就构建整体性的社会信用体系而言，不宜将海洋环境保护信用制度独立于企业环境信用评价制度，这既不利于建立全社会统一的环境信用标准，也不利于社会信用体系评价结论的合理应用，难以开展广泛而无差别的信用交易。

（2）制度本身尚不成熟，暂不适宜上升为法律

如前所述，企业环境信用评价制度的很多内容仍有待于通过不断实践作进一步的探索，以便凝聚共识。就目前的制度成熟度而言，尚不适宜直接上升为法律。即便需要构建统一的企业环境信用评价制度，建议暂以纳入行政法规或部门规章的形式加以确立。

如需在《海环法》中为海洋环境保护信用制度确立上位依据，建议可以参考《环保法》的授权立法模式。作为环境保护的基本法，《环保法》通过原则规定的形式为企业环境信用评价制度确立了法律依据，即"将企业事业单位和其他生产经营者的环境违法信息记入社会诚信档案，及时向社会公布违法者名单。"《海环法》是有关海洋环境保护的特别法，它应就海洋环境保护中的特殊事项确立法律准则。由于海洋环境保护信用制度与《环保法》所确立的企业环境信用评价制度相比特殊性并不明显，建议《海环法》采用《环保法》授权立法的模式，授权下位规范

对该制度作出细化规定。

二、《海洋环境保护法》与《辽宁省海洋环境保护办法》衔接分析

(一) 生态保护红线制度

海洋生态保护红线制度是我国海洋生态环境保护的重要制度。我国《海环法》第3条规定,国家在重点海洋生态功能区、生态环境敏感区和脆弱区等海域划定生态保护红线,实行严格保护。第24条第2款规定,开发利用海洋资源,应当根据海洋功能区划合理布局,严格遵守生态保护红线,不得造成海洋生态环境破坏。同时,《辽宁省海洋环境保护办法》第4条规定,入海河口、滨海湿地、自然岸线、砂质岸线、渔业水域等重点海洋生态功能区、生态环境敏感区和脆弱区等海域,由省人民政府划定生态保护红线,实行严格保护。

1. 制度概述

"红线"概念源于城市规划领域,原意为各种用地的限制性边界线。例如,建筑红线即建筑物外立面所不能超出的界限,故"红线"含"不可逾越的界限"或"禁止进入的范围"之意,具有法律强制效力。当前,红线概念已广泛用于资源环境领域,并衍生出耕地红线、水资源红线、林业红线等相关概念。关于生态红线的定义,目前较广泛认可的是《国家生态保护红线——生态功能基线划定技术指南》中提出的"生态保护红线是指依法在重点生态功能区、生态环境敏感区和脆弱区等区域划定的严格管控边界,是国家和区域生态安全的底线。生态保护红线所包围的区域为生态保护红线区,对于维护生态安全格局、保障生态系统功能、支撑经济社会可持续发展具有重要作用"。[1]

根据海洋生态红线划定技术指南,海洋生态红线的定义为：依法在重要海洋生态功能区、海洋生态敏感区和海洋生态脆弱区等区域划定的边界线以及管理指标控制线,使海洋生态安全的底线[2]。海洋生态红线制度旨在为区域海洋生态保护与生态建设、优化区域开发与产业布局提供合理边界,实现人口、经济、资源、环境协调发展。作为我国海洋环境保护的基本制度,生态保护红线制度可以通过

---

[1] 生态环境部网站.生态保护红线划定技术指南.(2015-05)[2020-12-13].http://www.mee.gov.cn/gkml/hbb/bwj/201505/W020150519635317083395.pdf.

[2] 生态环境部网站.生态保护红线划定技术指南.(2015-05)[2020-12-13].http://www.mee.gov.cn/gkml/hbb/bwj/201505/W020150519635317083395.pdf.

系统划定重要海洋生态功能区、生态敏感区和脆弱区,对生态保护红线区域内海洋的不同生态状况实行严格的分类管控,实现有针对性地允许、限制和禁止开发,从而实现综合管理和分层管理相结合海洋生态管理新格局。[1]

2014年4月,全国人大常委会通过《环保法》修正案,首次以立法的形式将"生态保护红线"这一术语写入法律,固定为国家意志,为全面推进生态保护红线划定与保护工作确立了法律依据。2015年4月,中共中央、国务院印发的《关于加快推进生态文明建设的意见》中明确提出"严守资源环境生态红线,科学划定森林、草原、湿地、海洋等领域生态红线。"[2]2016年6月,国家海洋局印发《关于全面建立实施海洋生态红线制度的意见》和《海洋生态红线划定技术指南》,用于指导全国海洋生态红线划定工作。2017年2月7日中办、国办联合印发《关于划定并严守生态保护红线的若干意见》,进一步明确生态红线的保护属性,强调了守住生态保护红线就是保住国家生态安全的底线和生命线,要求国家海洋局制定相关技术规范,组织划定并审核海洋生态保护红线,并纳入全国生态保护红线。[3]

2. 制度理论依据

生态系统是一个开放包容的整体,而海洋生态系统也同样具有空间开放、边界不明显等特征,因此海洋生态环境保护在实践层面与科学层面都需要考虑生态系统的上述特点,通过将生态系统的不同区域、功能进行类型化,以加强海洋生态保护的针对性和有效性。海洋生态保护红线制度就是在充分考虑海洋生态系统流动性、生态因子互动性、海洋生物物种迁移性等复合变量的基础上进行类型化工作的重要制度工具。因此,海洋生态保护红线制度设计中应当充分考虑资源和环境等要素,以海洋资源环境承载力为理论基础,在尊重海洋生态系统规律的基础上保护海洋生态环境,实现陆海统筹,促进海洋经济可持续发展。

海洋生态保护红线制度的理论来源之一是资源环境承载力理论。所谓的资源承载力是指"在确保生态可恢复与可持续,并满足人类需求的前提下,一个地区、一定时期内的资源环境数量与质量,能够承载经济、社会可持续发展需求的能

---

[1] 参见高月鑫等.海洋功能区划与海洋生态红线关系探讨[J].海洋开发与管理,2018(1):33-39.
[2] 中国政府网.中共中央国务院关于加快推进生态文明建设的意见[EB/OL].(2015-04-25)[2020-12-08].http://www.gov.cn/xinwen/2015-05/05/content_2857363.htm.
[3] 中国政府网.关于划定并严守生态保护红线的若干意见[EB/OL].(2017-02-07)[2020-12-08].http://www.gov.cn/zhengce/2017-02/07/content_5166291.htm;参见高月鑫等.海洋功能区划与海洋生态红线关系探讨[J].海洋开发与管理,2018(1):33-39.

力"。资源承载力要受到资源环境的数量、质量和空间分布等因素的影响,而承载力的数值则决定了承载对象活动的规模、范围、强度等,具体表现为可承载的人口数量、经济总量、排放量等[1]。相应的,海洋资源环境承载力是指一定时期和一定区域范围内,在不影响特定海域资源结构可持续发展需要的基础上,海洋生态环境功能仍具有维持其稳态效应能力的条件下,区域海洋资源环境系统所能承载的人类各种社会经济活动的能力,是一个以海洋资源、海洋环境要素互动作用为基本表征的概念,包括海洋承载体、承载对象和承载率三个基本要素,其中海洋承载体是指海洋资源和生态环境系统,承载对象是指海洋资源用益人的开发利用活动和相关社会活动,承载率是指承载状况(开发利用现状)与承载能力(理想状况或社会预期)之间的比值,三要素之间主要通过生态阈值进行关联和预警[2]。海洋资源环境承载力是衡量海洋可持续开发的重要标志,也是划定海洋生态保护红线的重要依据。

以资源环境承载力理论为基础,有助于准确量化不同海域、海区的自然生态属性与社会经济属性,有助于确定特定海域、海区的开发利用潜力与环境要素制约,从而将隐藏于各类变量之后的海洋生态保护红线具象化。

3. 制度实践现状

海洋生态保护红线制度是在生态保护红线制度项下的一项重要的涉海制度。由于我国生态保护红线制度确立的时间不长,因此有关海洋生态保护红线制度的立法也有待完善。2014年辽宁省人民政府办公厅转发省海洋渔业厅《关于在渤海实施海洋生态红线制度意见的通知》,2017年辽宁省海洋与渔业厅印发《辽宁省海洋生态红线管控措施》,2018年辽宁省人民政府发布修订后的《辽宁省海洋环境保护办法》,上述规范性文件都对海洋生态保护红线制度作出了规定,建立了较为完善的地方生态保护红线管理制度体系。在地方性立法不断尝试的同时,我国有关生态保护红线的立法仍仅停留在制度宣示阶段。目前,与海洋生态保护红线相关的法律法规主要包括《环保法》《海环法》《自然保护区条例》等。其中,《海环法》第3条规定,国家在重点海洋生态功能区、生态环境敏感区和脆弱区等海域

---

[1] 参见张彦英,樊笑英.生态文明建设与资源环境承载力[J].中国国土资源经济,2011,24(4):9-11.
[2] 参见黄华梅,谢健,陈绵润,贾后磊,郑淑娴.基于资源环境承载力理论的海洋生态红线制度体系构建[J].生态经济,2017,33(9):174-179.

划定生态保护红线,实行严格保护。第24条第2款规定,开发利用海洋资源,应当根据海洋功能区划合理布局,严格遵守生态保护红线,不得造成海洋生态环境破坏。虽然现行法律法规对海洋生态红线制度已作出规定,但由《海环法》的规定便可看出,目前针对海洋生态保护红线制度的内容仍较为原则,对实践的规制意义不强。

除此之外,有关海洋生态保护红线的划定也有待进一步科学化、合理化。海洋生态保护红线的划定不是为了限制经济发展,而是从生态文明的角度为海洋生态环境的可持续发展提供重要的尺度。在中共中央办公厅、国务院办公厅印发的《关于划定并严守生态保护红线的若干意见》中明确提出要严格管控生态保护红线,原则上按照禁止开发区的要求进行管理,严禁不符合主体功能区定位的各类开发活动,严禁任意改变用途。[1]《辽宁省海洋环境保护办法》第4条也规定,入海河口、滨海湿地、自然岸线、砂质岸线、渔业水域等重点海洋生态功能区、生态环境敏感区和脆弱区等海域,由省人民政府划定生态保护红线,实行严格保护。然而,在实践中,海洋生态保护红线的划定需要仍需进一步完善。目前海洋生态红线区划大多依据现存海洋自然保护区、海洋特别保护区、重要渔业海域、特殊保护海岛、自然景观与历史文化遗迹、重要砂质岸线及临近海域、重要河口生态系统的位置和分区并参考卫星遥感、地形图、海图和海岸测量图等现有资料来划定边界。但是我国近岸海域因为海岸带生态系统的高强度开发,其空间边界、地形地貌、生态格局和物种结构均发生了巨大变化,且海水的流动性和生物活动的复杂性,使得该方法缺乏准确性和科学性。[2] 目前的研究对红线区划分单元并无明确规定,这也是影响红线区划边界准确性的一个重要因素[3]。

4. 国外相关经验

生态保护红线是我国特有的概念,是结合我国生态保护实践,根据需要提出的创新性举措。鉴于海洋国土空间的特殊性,确立海洋生态保护红线制度体现了我国对海洋生态环境保护工作的高度重视以及加强对海洋国土空间管制的决心。

---

[1] 参见王焕之,刘婷等.国际经验对我国生态保护红线管理的启示[J].环境影响评价,2020(1):43-48.

[2] 参见高月鑫,曾江宁等.海洋功能区划与海洋生态红线关系探讨[J].海洋开发与管理,2018,35(1):33-39.

[3] 参见林勇,樊景凤,温泉等.生态红线划分的理论和技术[J].生态学报,2016(5):1244-1252.

虽然国际上没有关于海洋生态保护红线制度的直接经验,但国外的自然保护地系统等生态空间管理制度与我国生态保护红线划定思路类似,可以通过学习与借鉴国外生态空间管理的相关经验,[1]为我国生态保护红线的划定与管理提供有益参考。

美国作为世界上最早建立自然保护区的国家,自1872年建立黄石国家公园至今,已经构建了包括国家公园体系、国家森林体系、野生动植物庇护体系、国家景观保护体系、国家原野地保护体系、国家原野及风景河流体系、国家步道体系及国家海洋保护地体系在内的完整的保护地体系[2]。美国自然保护地的建设具有两个突出的特点,一是强化制度引领,以规划引导生态用地的管理与保护。美国各类系统保护地体系都有严格地法律依据,由《国家公园管理局组织法》和《国家公园管理局权利机关法》统领,形成了较为完整的规范体系。按照上述法律的要求,凡是纳入国家公园管理局系统的国家公园均要制定基础性的规范文件,编制管理规划、战略规划和年度计划,编制规划实施细则并对外公示。国家森林体系的《森林和牧场可持续资源规划法》,国家原野地保护体系的《荒野法案》,野生动植物庇护体系的《国家野生物庇护系统管理法案》都是与每类保护地体系直接相关的法律。[3] 二是强调以生态整体性的科学视角推进保护地的规划与管理。生态整体性以及生态整体主义既是生态学发现的科学规律,也是生态伦理学的基本立场。为保证生态系统的整体品质,美国自然保护地的规划强调所有生态元素均需重视和保护的观点。因此美国在对国家公园、原野地等进行管理时,均根据区域价值及需要保护程度的不同实施类型化的分区管理。其中,原始地区、原野地和泛舟区是重中之重,类似与我国的自然保护区核心区,在这些区域内禁止开发活动也不允许永久性人类居住,但允许部分发挥自然保护地科学研究、教育、欣赏等有价值的人类活动。美国的天然林区允许人类在维持其基本的原始特征的前提下,可持续地利用资源,以便为人们提供各种各样户外休闲娱乐活动机会的地

---

[1] 参见王焕之,刘婷等.国际经验对我国生态保护红线管理的启示[J].环境影响评价,2020(1):43-48.
[2] 参见丁建民.美国的自然保护区体系[J].云南林业,1988(6):27.
[3] 参见王焕之,刘婷等.国际经验对我国生态保护红线管理的启示[J].环境影响评价,2020(1):44-47.

区。其他区域则是根据不同目的进行特定人类开发活动所划定的区域。[1]

日本也形成了别具特色的自然空间管理体系。日本对于生态空间的保护主要是通过建立国立公园、准国家公园(国定公园)及都道府县立公园的三级自然公园体系,将天然或近天然的区域化作生态保护用地,进而对物种及其生境进行保护。[2] 日本的生态空间管理具有以下特点:其一,日本实行分区分级管理,注重公园规划。日本根据自然价值、脆弱性及其他因素将公园划分为特殊保护区、一至三类特殊区域、海洋区域、普通区域等六大类土地,实行严格的分区管理。对于海域的保护,日本政府专门划定了海岸公园区。这类区域通常是指拥有出色的水下景观以及动植物资源的区域。这类区域必须维持优良的景观特点,保障海洋野生动物的栖息环境。在分区管理的基础上,为实现自然公园的保护与开发并重,日本还制定了包括设施规划和生态系统维护恢复规划两部分在内的自然公园的事业规划[3],并严格组织实施。其二,日本在自然公园的划定中,突破了传统的地域行政边界的限制,将自然公园作为一个整体考虑,仅从资源保存与永续利用角度对自然公园进行严格保护和合理利用。不论行政权属与地域边界,从管理及保护利用等方面着手的管理方式保证了自然公园的完整性,有效避免了因地方政府的权益冲突而造成公地悲剧[4]。其三,日本三级自然公园在管理体系上突出顶层设计,针对每一层级,均明确了国家及地方的管理职责。国立公园和自然保护区系由环境省代表国家直接管理。国定公园则在环境大臣督导的基础上由都道府县管理。都道府县立自然公园,由中央政府将制定权及经营权下放至都道府县。对不同层级自然公园管理体制的设置,突出了两个基本点,一方面要保证国家对于重要自然公园的保护与管制力,避免地方政府的过度干扰;另一方面将国定公园经营权及都道府公园管理权与经营权下放至地方政府,有效提升地方政府

---

[1] 参见王焕之,刘婷等.国际经验对我国生态保护红线管理的启示[J].环境影响评价,2020,42(1):43-48.

[2] 参见王焕之,刘婷等.国际经验对我国生态保护红线管理的启示[J].环境影响评价,2020,42(1):44-47.

[3] 参见郑文娟等.日本国家公园体制发展、规划、管理及启示[J].东北亚经济研究,2018,2(3):100-111.

[4] 参见王焕之,刘婷等.国际经验对我国生态保护红线管理的启示[J].环境影响评价,2020,42(1):44-47.

参与自然公园保护的积极性及创造性,提升管理效率及水平。[1]

由此可见,美国和日本对于生态空间管理的共性在于均具有较为系统和完善的法律体系,注重从生态系统的整体性出发进行制度设计。此外,对保护区进行分区分级管理,在尊重地方主观能动性的基础上,有效调动各层次利益相关者的积极性。这些特点均对我国海洋生态保护红线制度的展开具有重要的借鉴意义。

5.衔接建议

(1)建议完善生态保护红线的立法体系,明晰管理依据与标准

虽然我国生态红线制度逐步得以完善,但对海洋生态保护红线内不同类型保护地进行监管的法律法规仍显不足。建议国家进一步明确生态红线制度及海洋生态红线制度在自然保护地和涉海生态保护区中的性质定位,加强对生态保护红线制度依据与实施程序的各层级立法,从而将生态保护红线制度及其实践的法制化水平提升到新的高度。[2]例如,针对海洋生态保护红线的界限划定、海洋生态保护红线的分区分级标准、海洋生态保护红线的监测监管以及对违反海洋生态保护红线制度的法律责任的规定,在总结《关于全面建立实施海洋生态红线制度的意见》和《海洋生态红线划定技术指南》实施效果与存在问题的基础上,研究制定《海洋生态保护红线管理办法》。同时赋予地方进一步进行制度探索的空间,在不违反上位依据基本原则的前提下,允许各地方人民政府及其涉海工作部门制定严于国家标准或与特定涉海自然地理要素结合更为紧密的地方管理办法或标准,为海洋生态保护红线的管理和监督提供具有可操作性的依据。

(2)建议完善海洋生态红线的纵向与横向管理机制

国外对自然保护地管理的实践证明,完善的纵向与横向管理体制对于提升自然保护地的管理效能具有重要价值。基于我国自然资源所有制与所有权配置的特点,在自然保护地与生态保护红线的管理中,要充分发挥中央与地方的双向积极性。一方面,作为国有自然资源的所有者与管理者,建议由中央政府在生态保护红线顶层管理体制设计与制度构建中发挥主导作用,统筹协调重要海区、重点海域及跨区域的海洋生态红线管理工作;作为集体土地所有权的层级代表者和涉

---

[1] 参见王焕之,刘婷等.国际经验对我国生态保护红线管理的启示[J].环境影响评价,2020,42(1):44-47.

[2] 参见王焕之,刘婷等.国际经验对我国生态保护红线管理的启示[J].环境影响评价,2020,42(1):44-47.

海自然资源的属地管理者,地方政府主要肩负着属地规划与海洋生态保护红线具体实践的管理职责,应当在中央和地方政府搭建的体制框架和制度框架内执行法律,履行管理职责。具体而言,国家层面的涉海管理机构负责生态保护红线立法与管理制度的供给,负责重要单位跨区域保护地的统筹协调,编制跨区域(流域)的环境准入清单,同时对地方层级的立法与执法活动进行监督指导;[1]地方涉海主管部门主要应按照国家既定的海洋发展战略和管控要求分解落实涉及本地区的工作,具体包括制定属地保护规划,勘定生态保护红线范围边界,确定应保护自然资源、生物物种名录,编制地方环境准入清单以及协调、管理利益相关者诉求等。另一方面,结合我国生态环境保护所采取的主责部门统筹管理,相关部门分工协作的行政管理体制,建议进一步探索健全不同部门间的横向协调与管理机制,以使各部门对生态保护红线的管理职责更为明晰。例如按照国务院机构改革方案确立的部门职责,自然资源部组织划定生态保护红线以及生态空间管制范围,生态环境部对生态保护红线区域执行统一的监督管理,编制环境准入正面和负面清单,依据准入清单管理生态保护红线区,其他相关部门参与配合管制相应的生态空间。上述管理职责有必要进一步明晰,以便提高行政效能,从而向地方层级传导横向管理的联动效应。[2]

(3)建议加强对红线划定方法的研究,确立分区管理标准

确定重要海洋生态功能区、海洋生态敏感区和脆弱区是划定海洋生态红线的基础环节,但是目前关于这方面的评价技术方法尚未形成共识,需要在未来的工作中结合地方实践进一步研究和完善。在划定海洋生态红线的过程中,建议借鉴国外自然保护地划界的经验,在保持海洋发展战略一致性的前提下,重点考量生态系统完整性和生态要素多样性,构建科学有序的生态网络,强化生态底线约束,为生态用海、用地提供程序、标准与技术支持。[3]

(二) 财政资金保障制度

《辽宁省海洋环境保护办法》第七条规定,"省、市、县人民政府将海洋环境保

---

[1] 参见王焕之,刘婷等.国际经验对我国生态保护红线管理的启示[J].环境影响评价,2020,42(1):46-48.

[2] 参见王焕之,刘婷等.国际经验对我国生态保护红线管理的启示[J].环境影响评价,2020,42(1):46-48.

[3] 参见王焕之,刘婷等.国际经验对我国生态保护红线管理的启示[J].环境影响评价,2020,42(1):46-48.

护工作纳入本行政区域国民经济和社会发展规划,并将海洋生态建设、海洋环境监测等公益性且属于政府责任的海洋环境保护所需资金,纳入本级财政预算。"将具有公益性且属于政府责任的海洋环境保护所需资金纳入财政预算,既是政府履行海洋环境保护义务的必要之举,又对海洋生态环境保护和海洋产业发展具有重要的意义。一方面,海洋生态资源的开发利用具有明显的负外部性,在产权不明晰和缺乏有效管理的条件下,过度开发与利用必将酿成"公地悲剧",对本区域、邻近海域甚至更大范围内的海洋生态环境造成不利影响。另一方面,海洋生态资源的治理保护具有明显的正外部性,同时也会产生"搭便车"行为,在没有政府补偿或补偿不到位的情况下,主动参与生态保护治理的市场主体利益可能无法得到保障,从而抑制其自愿参与海洋生态环境保护的动力。[1] 因此,将海洋环境保护所需资金纳入财政预算具有较强的必要性和正当性。

1. 制度概述

海洋生态环境所特有的公益性质,单纯依靠市场机制的力量,并不能完全解决其发展用益中的各项问题,必须在尊重市场经济规律的基础上,借助市场机制之外的力量纠正和弥补因开发利用涉海资源所带来的负外部性。在这一过程中,财政政策作为政府履行经济职能和进行宏观调控的重要手段,为有效纠正和弥补市场机制的内在缺陷提供了制度选择。财政政策对于海洋生态环境保护与资源利用的作用主要是通过以税收为主的收入型财政政策和以转移支付、投资及采购政策为主的支出型财政政策来加以实现。[2]

税收政策在区域经济发展和海洋生态环境保护中的作用主要是通过其激励和约束两大调节功能实现的。而这两大调节功能发挥作用的关键是对税收政策进行的有序、有效选择。即有选择地运用优惠性或惩罚性的税收措施来促进或抑制区域内微观经济主体的市场行为,以达到推动区域经济健康发展及其他政策目的[3]。税收政策既可以与海洋产业政策相配合,重点扶持海洋高新技术产业或战略性新兴产业,引导企业的资金向着符合政策预期的方向增加投资,以增加海

---

[1] 参见陈凤娣.财政支持福建海峡蓝色经济试验区建设研究[J].福建论坛(人文社会科学版)2014(10):152-157.

[2] 参见陈凤娣.财政支持福建海峡蓝色经济试验区建设研究[J].福建论坛(人文社会科学版)2014(10):152-157.

[3] 参见江世银,杨伟霖.论区域财政政策对区域经济发展的影响[J].贵州财经学院学报,2003(6):65-68.

洋科技研发投入,实现海洋产业升级;又可以与海洋生态建设相配合,通过提高税率等惩罚性税收措施,约束微观经济主体对海洋资源的过度开发利用行为或低效、无序开发行为,通过减免税率等优惠性税收措施,激励微观经济主体参与海洋生态保护的主观能动性,基于市场化的作用为社会提供更多的高质量海洋公共产品。

转移支付是最主要的区域补偿政策之一,我国的财政转移支付制度是在1994年分税制的基础上建立起来的,它将财政资金以补贴、补助或奖励等方式在不同区域、不同社会主体之间进行重新分配,以实现短期或长期的公共政策目标。转移支付可以分为纵向转移支付和横向转移支付和纵横相结合的混合转移支付三种类型。纵向转移支付是指中央或上级政府给予下级政府的补助资金,包括一般性转移支付和专项转移支付。所谓一般性转移支付是指上级政府按照规范给予有财力压力的下级政府财力补助的一种支付形式。通常上级政府不限定资金用途;而专项转移支付指的是上级政府对承担特定公共服务、委托事务或在国家宏观政策目标实现过程中能发挥特殊作用的下级政府,按照规范给予用于特定事务的资金补助形式,此类支付上级政府通常会限定资金用途。[1] 专项转移支付通常用于义务教育、医疗卫生、社会保障、环境保护、扶贫支农等公共服务领域。横向转移支付是平级政府之间的财政资金转移或合规的政策性拆借,此类转移支付是我国目前正在建设的生态补偿制度的资金来源之一。纵横相结合的混合转移支付则是同时包含上述两种支付类型的支付,其特点在于灵活性较强。作为促进公共产品生产或公共服务提供的主要资金来源,政府转移支付可以为海洋环境保护事业提供基本的财力保障,发挥其他方式难以实现的重要作用。

2. 制度理论依据

"将具有公益性且属于政府责任的海洋环境保护所需资金纳入财政预算"的规定体现了政府环境保护责任。从本质上讲,管理和保护生态环境、维护生态系统的平衡是政府基于宪法所生成的职责,在部分国家,甚至被确定为是国家的目标之一。

首先,政府在海洋生态环境与资源用益领域通常基于两种模式获得管领权。

---

[1] 参见陈凤娣.财政支持福建海峡蓝色经济试验区建设研究[J].福建论坛(人文社会科学版)2014(10):152-157.

其一是在部分西方国家,基于公益信托理论,政府以环境资源公共产权代理人或受托人的地位参与公共产权决策事务,以解决环境资源产权缺位问题。在此种情况下,环境资源产权主体的职责由政府代履行。其二是基于实定法的规定直接享有自然资源的所有权和生态环境的管理权,并以实定法依据参与环境资源管理活动,从而解决生态环境公共产品所具有的非竞争性与非排他性问题,通过实定法秩序纠正公共产品乱用所导致的负外部性。[1]

其次,政府环境保护责任的履行有利于促进和维护环保领域中市场机制有序发挥作用,使作为环境资源用益人(体现为对环境的破坏、污染物的排放等)的个人与企业基于市场机制的规则为自身的用益行为承担相应的环境负外部成本。[2]

再次,政府在履行环境保护责任时,通过主动建立健全法律法规和交易规则,以有形的手干预和弥补市场机制基于自发调节而产生的缺陷,通过明确市场主体的制度预期,约束环境资源用益人的脱序行为,降低全社会的交易成本和救济成本。

最后,政府通过明确的政策指引和财政金融政策的推进实施,会向市场发出明确的政策信号,会引导企业加大对环境保护资金的投入,减少对环境资源的无效占用,从而促进环境问题的解决[3]。

实践证明,加强并践行政府的环境管理职能是有效解决环境保护集体行动困境的根本出路。一方面,政府是最广泛公共利益的合法代表,是公共产品的天然管理人。洛克的"社会契约论"、霍布斯的"利维坦"、亚当·斯密的"守夜人"、凯恩斯的"看得见的手"、布坎南的"经济人"、奥尔森的"公共选择"等理论学说,都从不同角度阐释了政府提供基础公共物品的正当性,认为政府是公共物品不可或缺的供给者,它应该也能够满足全社会的集体行动需求。[4] 另一方面,政府集公权力

---

[1] 参见唐秋凤,谷爱明.政府环境保护责任理论基础与环境审计实施路径[J].中国内部审计,2014(3):84-87.

[2] 参见唐秋凤,谷爱明.政府环境保护责任理论基础与环境审计实施路径[J].中国内部审计,2014(3):84-87.

[3] 参见唐秋凤,谷爱明.政府环境保护责任理论基础与环境审计实施路径[J].中国内部审计,2014(3):84-87.

[4] 参见罗文君.论政府在环境保护集体行动中的责任——奥尔森集体行动逻辑理论的启示[J].江汉大学学报(社会科学版),2011,28(1):85-88.

于一身,具有最为有效的强制力,是最有能力的环境公共物品规划者和供给者。按照奥尔森的观点,在大的潜在集团中,集体行动困难,而在社会这个最大的潜在集团中,政府正好具有最为集中的强制力,因此,为保证环境保护集体行动成功提供了必要的条件。[1]

3. 制度实践现状

一方面,财政政策实现手段单一,政策系统性和连贯性有待加强。充足的海洋环境保护财政经费是保护和治理海洋生态环境的关键。目前我国现有的促进海洋环境保护和海洋产业发展的财政政策均零散地分布在各类法律法规与各类政策性文件和各级预算中,尚未形成针对涉海领域的全面而系统的财政政策架构与政策支持体系,这导致难以形成政策合力甚至出现财政资源浪费的现象。

另一方面,财政资金分配方式也有待进一步创新。虽然近年来国家支持海洋环境保护事业的财政经费规模不断增长,并不断探索市场化的分配方式,但与发达国家的财政政策工具相比,我国的政策实施手段仍以财政补贴、直接投资等传统支出方式为主,政策工具较为单一。在发达国家较多使用的信用担保、风险补偿、引导基金等市场化工具运用较少。由于传统支出方式多属于一次性定向投入,无法循环使用,导致作用范围较小、影响周期较短,资金的乘数效应有限[2]。

4. 国外相关经验

转移支付是美国进行宏观调控的重要手段。美国实行联邦制,财政转移支付主要调节联邦、州与地方政府间财政收入的余缺,是联邦收入对其余各级政府间的资金援助,包括一般性转移支付与特殊性转移支付。一般性转移支付以总额资助为主,联邦政府向州和地方政府提供财力援助,在不增加税收负担的前提下满足各级政府的支出需求。特殊性转移支付包括专项资助和分类资助,专项补助限定了资金用途,接受资助的州或地方政府需向联邦政府报备各项补助计划的执行情况;分类资助则利于简化项目管理,将同一类别的专项补助进行归类合并,在达到特定标准的前提下,其资金可以在功能区域更广泛的范围内使用。[3] 由于美

---

[1] 参见罗文君.论政府在环境保护集体行动中的责任——奥尔森集体行动逻辑理论的启示[J].江汉大学学报(社会科学版),2011,28(1):85-88.

[2] 参见韩凤芹,田辉.设立国家海洋产业投资基金:理论探讨与实施路径[J].经济研究参考,2016(63):9-22.

[3] 参见韩文龙,陈航.政府收入再分配调节职能的履行——基于不同市场经济模式的经验解读及启示[J].人文杂志,2019(8):55-64.

国各级政府的财政收入与政府事权紧密对应,因此实践中,美国的一般性转移支付较少,多为建立在职责清晰基础之上的专项转移支付。联邦政府对转移支付资金的监督管理制度完备且严格,在使用转移支付资金时需要地方政府对用途做出明确的说明并全程接受联邦政府和相关议会预算委员会的监督。

日本是财政转移支付制度较为规范的国家,由于日本也实行单一制,因此其区域财政政策中的转移支付方式与保障措施对我国制定涉海区域财政政策具有一定的借鉴作用。日本财政转移支付制度的基本原则是保证国内每个地区的地方政府都有能力向其所在地的居民提供一定数量和质量的公共产品和服务,从1980年开始日本政府将大部分中央财政收入划拨给地方政府(主要是欠发达地区),地方财政收入中有相当的比例是来自中央政府的转移支付,并且转移支付力度通常保持在40%左右。日本政府的财政转移支付划分为中央不指定用途的一般性财政转移支付和限定用途的专项转移支付两种类型。其中,一般性转移支付指中央政府向地方政府提供财政资金补助,用于支持公共基础设施和义务教育等[1],其形式主要有一般性补助、临时补助、特殊因素补助和项目专项补助四种;专项转移支付是根据特定的指标将各省的财政状况与全国平均水平做一个比较,并由此得出一个综合指数,以各省该综合指数的大小来决定向其转移支付的资金数额,一般通过地方让与税返还的形式实现。日本转移支付很注意交叉运用多项补助方式,会根据具体情况交叉灵活使用。[2]

5. 衔接建议

(1) 建议《海环法》中设立海洋环境保护财政专项计划,加大海洋生态保护领域的公共资源投入。

为提升我国在涉海领域公共财政投入的成效,建议由国家海洋生态环境保护部门牵头,与发展规划、财政、税收等部门会商,进一步优化涉海财政公共投入的政策支持体系,明晰转移支付的规则,使各类资源能够得到有效整合,形成合力。一方面,要积极争取并整合中央财政设立的各类涉海专项资金;另一方面,要在现有的地方海洋环境保护专项资金的基础上,将其纳入各级地方财政一般预算,集中用于应由政府承担部分或全部支出责任的海洋生态建设、海洋环境监测等公益

---

[1] 参见李燕.国外财政转移支付制度及启示[J].中国财政,2015(16):22-25.

[2] 参见景婉博.完善我国转移支付制度的路径探讨——基于日本经验[J].财政监督,2018(14):12-17.

性海洋环境保护活动。为此,要由中央政府及其组成部门牵头制定各类专项资金管理办法,明确支持范围、支持方式、申请条件、监督检查等相关规定,提高海洋环境保护公共财政资源的使用效益。[1]

(2) 建议创新财政资金筹集方式,拓宽资金筹措渠道。

沿海各级人民政府将海洋生态环境保护资金纳入各级财政保障范围,专项用于海洋环境污染防治和海洋生态保护与修复,这要求地方政府必须为海洋环境保护活动提供充足的政府财政资金保障。由于我国当前公共支出压力较大,民生保障任务繁重,因此建议各级政府在法律允许的范围内,探索多渠道、多层次拓宽海洋生态保护资金的筹措渠道。例如,发挥税收的引导与宣示作用,通过制定有利于海洋环境保护的税收政策,宣示政府对积极参与海洋生态环境保护事业的支持和认同。海洋税收政策是海洋政策的重要组成部分,对促进海洋生态环境保护、推动海洋产业优化升级有重要作用。具体来说,政府可以对新型环保且高效利用海洋资源的优先产业予以税收优惠减免,对于海洋废弃物再生处理的研发及设施建设等相关项目给予适当财政补贴,加大税收优惠力度。[2] 同时,政府还可以对海洋资源的过度开发利用行为采取提高税率等惩罚性税收措施,抑制区域内微观经济主体的非环境友好型行为,通过税收的间接性利导作用实现环境负外部性的内部化。

---

[1] 参见陈凤娣.财政支持福建海峡蓝色经济试验区建设研究[J].福建论坛(人文社会科学版)2014(10):152-157.

[2] 参见聂颖,翟璐.支持海洋生态经济发展的财政金融战略研究[J].辽宁师范大学学报(社会科学版),2016,39(3):26-30.

参 考 文 献

[1] 牛山積.现代的公害法[M].东京：劲草书房,1976.

[2] 曲格平.环境科学基础知识[M].北京：中国环境科学出版社,1984.

[3] 吕忠梅.环境资源法学[M].北京：中国政法大学出版社,2005.

[4] 吕忠梅.环境法学[M].北京：法律出版社,2008.

[5] 邓海峰.排污权：一种基于私法语境下的解读[M].北京：北京大学出版社,2008.

[6] 张明楷.刑法学[M].北京：法律出版社,2011.

[7] 环境保护部环境监察局编.排污收费与排污申报[M].北京：中国环境科学出版社,2012.

[8] 金瑞林主编.环境法学[M].北京：北京大学出版社,2013.

[9] 汪劲.环境法学[M].北京：北京大学出版社,2014.

[10] 陈克亮,张继伟,陈凤桂.中国海洋生态补偿制度建设[M].北京：海洋出版社,2015.

[11] 姜明安.行政法与行政诉讼法[M].北京：北京大学出版社,2019.

[12] 张新宝.侵权责任法原理[M].北京：中国人民大学出版社,2005.

[13] 杨立新.侵权法论[M].北京：人民法院出版社,2005.

[14] 韩立新.船舶污染损害赔偿法律制度研究[M].北京：法律出版社,2007.

[15] 魏振瀛主编.民法[M].北京：北京大学出版社.2007.

[16] 司玉琢.海商法专论[M].北京：中国人民大学出版社,2007.

[17] 贺震.环保垂直管理背景下如何重新解读地方政府对环境质量负责？[J].中国环境监察,2016(Z1).

[18] 陈吉宁.建立控制污染物排放许可制为改善生态环境质量提供新支撑[J].中国有色建设,2016(4).

[19] 刘捷,陶以军,张健,等.关于实施海上排污许可制度关键问题的思考[J].中国渔业经济,2017(5).

[20] 梁忠,汪劲.我国排污许可制度的产生、发展与形成——对制定排污许可管理条例的法律思考[J].环境影响评价,2018,40(1).

[21] 王琪,辛安宁."湾长制"的运作逻辑及相关思考[J].环境保护,2019,47(8).

[22] 李晴,张安国等.中国全面建立实施湾长制的对策建议[J].世界环境,2019(3).

[23] 黄庆波,戴庆玲,李焱.中国海洋油气开发的生态补偿机制探讨[J].中国人口资源与环

境,2013(12).

[24] 陈仕平,郭真.国际政治视域下中国建设海洋强国的路径选择[J].海军工程大学学报(综合版),2013,10(3).

[25] 周波,温建平,张岩岩,等.渤海污染现状与治理对策研究[J].中国环境管理干部学院学报,2006,16(4).

[26] 秦正茂,樊行,周丽亚.陆海统筹语境下的城市海洋环境治理机制探索——以深圳为例[J].特区经济,2018,7(4).

[27] 雷丹妮,李嘉.水污染防治规划理论方法综述[J].四川环境,2006(3).

[28] 徐贵泉,褚君达,吴祖扬.感潮河网水环境容量数值计算[J].环境科学学报,2000,20(3).

[29] 张联,陈明,曾万华.法国水资源环境管理体制[J].世界环境,2000(3).

[30] 高娟,李贵宝,华珞.日本水环境标准及其对我国的启示[J].中国水利,2005(11).

[31] 王西琴,刘昌明,等.生态及环境需水量研究进展与前瞻[J].水科学进展,2002(4).

[32] 落志筠,生态流量的法律确认及其法律保障思路[J].中国人口资源与环境,2018(11).

[33] 刘吉,吴玉雄.登记备案制:广东路径与启示[J].中国投资,2005(3).

[34] 张耀旋.浅析日本海洋垃圾的相关法律及现状[J].法制与社会,2019(6).

[35] 刘超.环境侵权行为违法性的证成与判定[J].法学评论,2015,33(5).

[36] 袁文全.不可抗力作为侵权免责事由规定的理解与适用——兼释《中华人民共和国侵权责任法》第 29 条[J].法商研究,2015,32(1).

[37] 林宗浩.韩国的海洋环境影响评价制度及启示[J].河北法学,2011,29(2).

[38] 蒋小翼.《联合国海洋法公约》中环境影响评价义务的解释与适用[J].北方法学,2018,12(4).

[39] 梁亚荣,吴鹏.论南海海洋环境保护公众参与制度的完善[J].法学杂志,2010,31(1).

[40] 吴宇.建设项目环境影响评价公众参与有效性的法律保障[J].法商研究,2018,35(2).

[41] 李艳芳.论公众参与环境影响评价中的信息公开制度[J].江海学刊,2004(1).

[42] 张影,张玉强.南海区海洋垃圾治理的公众参与研究[J].海洋开发与管理,2018,35(11).

[43] 陈海洲,李元超.文昌椰林湾珊瑚礁生态系统的健康状况及其对围填海建设的生态响应[J].海洋环境科学,2019,38(4).

[44] 张文娟.违法围填海,控住了没有?[J].中国生态文明,2019(4).

[45] 张良.围填海热潮不减的原因分析与对策建议[J].中国海洋社会学研究,2019.

[46] 孔昊,杨顺良,罗美雪,胡灯进.围填海造地与土地管理制度衔接的地方实践研究——以福建省为例[J].海洋环境科学,2019,38(5).

[47] 魏婷.世界主要海洋国家围填海造地管理及对我国的启示[J].国土资源情报,2016(2).

[48] 刘中梅.环境承载力理论与法律评估制度构建[J].环境保护,2008(6).

[49] 赵蕾,曹议丹,高伟明.昌黎县海洋环境承载力评估研究[J].海洋科学,2016,40(8).

[50] 封志明,李鹏.承载力概念的源起与发展:基于资源环境视角的讨论[J].自然资源学报,2018,33(9).

[51] 马玉艳,张秋丰,陈燕珍,屠建波,孙欢,薄文杰,高文胜.海洋资源环境承载能力监测预警指标体系和技术方法示范性验证及修改建议——以天津市汉沽海域为例[J].海洋开发与管理,2018,35(11).

[52] 林志兰,黄宁.海洋环境影响评价公众参与面临的障碍及对策[J].环境保护科学,2014,40(3).

[53] 连忠廉,刘景钦,蔡伟叙,方宏达.海洋环境影响后评价的标准化探讨[J].油气田环境保护,2016,26(5).

[54] 卓健富.海域使用论证与海洋环境影响评价的区别和联系[J].海峡科学,2015(9).

[55] 赵绘宇,姜琴琴.美国环境影响评价制度40年纵览及评介[J].当代法学,2010,24(1).

[56] 吕霞.对渤海环境保护特别法建设的新思考[J].政法论丛,2018(4).

[57] 李启家,蔡文灿.论我国排污许可证制度的整合与拓展[J].环境资源法论丛,2006.

[58] 王克稳.行政审批(许可)权力清单建构中的法律问题[J].中国法学,2017(1):90.

[59] 李挚萍,陈曦珩.综合排污许可制度运行的体制基础及困境分析[J].政法论丛,2019(1).

[60] 佚名.为什么要建立备案通报制度?[J].秘书工作,2012(10).

[61] 秦晓程.控制向海洋倾倒废物的由来[J].海洋与海岸带开发,1993(2).

[62] 牛忠志,张霞.非法进口废物犯罪的立法完善研究[J].山东社会科学,2016(1).

[63] 刘洪滨.韩国21世纪的海洋发展战略[J].太平洋学报,2007,(3).

[64] 孙丽,刘洪滨,杨义菊,谭勇华,王小波.中外围填海管理的比较研究[J].中国海洋大学学报(社会科学版),2010(5).

[65] 王莉.我国企业环保信用评价制度的重构进路[J].法学杂志,2018,39(10).

[66] 宋祺,胡小钟.国内外企业信用评价体系比较与创新研究[J].湖北行政学院学报,2007(S1).

[67] 王莉.健全我国企业环保信用评价法律制度的正当性面向[J].商业经济与管理,2019(9).

[68] 关阳,李明光.企业环境行为信用评价管理制度的实践与发展[J].环境经济,2013(3).

[69] 钟向前.刍析海洋环保信用制度之构建[J].海洋开发与管理,2010,27(3).

[70] 张彦英,樊笑英.生态文明建设与资源环境承载力[J].中国国土资源经济,2011,24(4).

[71] 黄华梅,谢健,陈绵润,贾后磊,郑淑娴.基于资源环境承载力理论的海洋生态红线制度体系构建[J].生态经济,2017,33(9).

[72] 高月鑫,曾江宁,黄伟,陈全震,寿鹿,徐晓群.海洋功能区划与海洋生态红线关系探讨[J].海洋开发与管理,2018,35(1).

[73] 林勇,樊景凤,温泉,etal.生态红线划分的理论和技术[J].生态学报,2016(5).

[74] 丁建民.美国的自然保护区体系[J].云南林业,1988(6).

[75] 郑文娟,李想.日本国家公园体制发展、规划、管理及启示[J].东北亚经济研究,2018,2(3).

[76] 王焕之,刘婷,徐鹤,何钰,刘洋,廖嘉玲.国际经验对我国生态保护红线管理的启示[J].环境影响评价,2020,42(1).

[77] 江世银,杨伟霖.论区域财政政策对区域经济发展的影响[J].贵州财经学院学报,2003(6).

[78] 唐秋凤,谷爱明.政府环境保护责任理论基础与环境审计实施路径[J].中国内部审计,2014(3).

[79] 罗文君.论政府在环境保护集体行动中的责任——奥尔森集体行动逻辑理论的启示[J].江汉大学学报(社会科学版),2011,28(1).

[80] 韩凤芹,田辉.设立国家海洋产业投资基金:理论探讨与实施路径[J].经济研究参考,2016(63).

[81] 韩文龙,陈航.政府收入再分配调节职能的履行——基于不同市场经济模式的经验解读及启示[J].人文杂志,2019(8).

[82] 李烝.国外财政转移支付制度及启示[J].中国财政,2015(16).

[83] 景婉博.完善我国转移支付制度的路径探讨——基于日本经验[J].财政监督,2018(14).

[84] 聂颖,翟璐.支持海洋生态经济发展的财政金融战略研究[J].辽宁师范大学学报(社会科学版),2016,39(3).

[85] 岳奇,徐伟,李亚宁,等.国土空间视角下的海洋功能区划融入"多规合一"[J].海洋开发与管理,2019(6).

[86] 周春山,谢文海,吴吉林.改革开放以来中国区域规划实践与理论回顾与展望[J].地域研究与开发,2017,36(1).

[87] 苗丰民.功能区划研究进展与相关问题初探[J].海洋开发与管理,2008,25(6).

[88] 王权明,黄杰,李滨勇,等.基于海洋环境保护视角的海洋功能区划评价问题研究[J].海洋开发与管理,2016(12).

[89] 岳奇,朱庆林,刘楠楠,等.我国海洋功能区划的回顾性评价和新一轮编制建议[J].海洋开发与管理,2019,36(2).

[90] 王佩儿,洪华生,张珞平.试论以资源定位的海洋功能区划[J].厦门大学学报(自然科学版),2004,43(S1).

[91] 刘岩.陆海统筹保护海洋生态环境[J].中国国情国力,2014(9).

[92] 许莉.国外海洋空间规划编制技术方法对海洋功能区划的启示[J].海洋开发与管理,

2015(9).

[93] 杨顺良,罗美雪.海洋功能区划编制的若干问题探讨[J].海洋开发与管理,2008(7).

[94] 郭院,朱晓燕.试论中国的海洋环境监测制度[J].海洋开发与管理,2005(2).

[95] 苗丽娟,王玉广,张永华,等.海洋生态环境承载力评价指标体系研究[J].海洋环境科学,2006,25(3).

[96] 狄乾斌,韩增林,刘锴.海域承载力研究的若干问题[J].地理与地理信息科学,2004(5).

[97] 许丽娜,王孝强.我国海洋环境监测工作现状及发展对策[J].海洋环境科学,2003(1).

[98] 杨振姣,闫海楠,王斌.中国海洋生态环境治理现代化的国际经验与启示[J].太平洋学报,2017,25(4).

[99] 陈罂,李罂,李俊龙.日本海洋环境监测实施情况及启示[J].环境与可持续发展,2012(3).

[100] 侯西勇,张华,李东,等.渤海围填海发展趋势、环境与生态影响及政策建议[J].生态学报,2018,38(9).

[101] 杨静.完善我国环境保护税法研究[J].经济研究参考.2016(5).

[102] 秦天宝,胡邵峰.环境保护税与排污费之比较分析[J].环境保护,2017(2).

[103] 刘晓锋.黄河流域水产种质资源保护区建设及管理对策[J].人民黄河,2011(2).

[104] 张成福,聂国良.环境正义与可持续性公共治理[J].行政论坛,2019(1).

[105] 高景柱.论代际正义视域中人类命运共同体的构建[J].国外理论动态,2018(11).

[106] 林桂兰,谢在团.海洋功能区划理论体系与编制方法的思考[J].海洋开发与管理,2008(8).

[107] 申志新,简生龙.青海黄河源区渔业资源养护现状分析及对策[J].中国水产,2013(8).

[108] 刘樱,刘健,高健.建立渔业资源保护区对周边渔业经济的影响[J].上海水产大学学报,2005(2).

[109] 邵琦.海洋公共资源损失的索赔主体研究[J].中国海商法研究,2012(4).

[110] 马英杰,辛烨,侯京浩.我国行政机关进行生态环境损害索赔的法律实践[J].环境保护,2018(5).

[111] 邓海峰.海洋油污损害之国家索赔主体资格与索赔范围研究[J].法学评论,2013(1).

[112] 梅宏,邓一峰.海域国家所有权的实质[J].山西省政法管理干部学院学报,2006(4).

[113] 王威.关于海洋环境污染中国家民事索赔之研究[J].广西社会科学,2010(9).

[114] 邓海峰,刘星星.我国海洋油污损害索赔现状及国家索赔路径探析[J].山东科技大学学报(社会科学版),2012(1).

[115] 刘家沂,凌欣.论海洋生态损害之国家索赔的实现路径[J].中国海商法年刊,2011,22(4).

[116] 杨文波,李继龙.加强我国渔业生态补偿工作的探讨[J].中国水产,2009(4).

[117] 操建华.流域工程建设中的渔业生态补偿问题研究——以湖南省湘江流域土谷塘枢纽工程为例[J].生态经济,2017,33(3).

[118] 李琳莎,王曦.公共信托理论与我国环保主体的公共信托权利和义务[J].上海交通大学学报(哲学社会科学版),2015(1).

[119] 傅秀梅,宋彦龙,戴桂林等.中国海洋生态资源环境问题与海洋生态补偿对策分析[J].海洋湖沼通报,2013(2).

[120] 邵娟.中国海洋生态资源环境问题与海洋生态补偿对策分析[J].资源节约与环保,2016(10).

[121] 李楠楠,顾尔康,张建新.围海造地的国际比较分析及启示[J].时代金融,2011(30).

[122] 李荣军.荷兰围海造地的启示[J].海洋开发与管理,2006(3).

[123] 李静,杜群.我国南海海域渔业环境保护法律问题与对策[J].中国环境管理,2019,11(1).

[124] 侯月丽.瑞典环境法及其借鉴意义之探析[D].中国海洋大学,2005.

[125] 赵国栋.我国环境标准制度研究[D].山东大学,2010.

[126] 胡斯亮.围填海造地及其管理制度研究[D].中国海洋大学,2011.

[127] 王宇平.从康菲溢油事故看我国《海洋环境保护法》的完善[D].中国海洋大学,2013.

[128] 杨志宇.欧盟环境税研究[D].吉林大学.2016.

[129] 高纪鹏.长江流域渔业资源保护的法律对策研究[D].西南政法大学,2014.

[130] 孙洪.排污申报登记制度与排污许可证制度的关系[C].中国环境科学学会.2007中国环境科学学会学术年会优秀论文集(下卷).中国环境科学学会:中国环境科学学会,2007.

[131] 周水平,梁万春,王维.关于"船舶在港区水域排放压载水、洗舱水、残油、含油污水许可"若干问题的探讨[C].中国航海学会.中国航海学会2006年度学术交流会优秀论文集.中国航海学会:中国航海学会,2007.

[132] 万毅.三峡库区船舶移动污染源的现状及对策[C].中国航海学会船舶防污染专业委员会.2010年船舶防污染学术年会论文集.中国航海学会船舶防污染专业委员会:中国航海学会,2010.

[133] 崔国辉.海洋保护区:生态环境保护新视角[N].中国气象报,2017-02-24(5).

[134] 全国政协人口资源环境委员会.保护沿海滩涂走可持续发展道路[N].人民政协报,2014-08-29(4).

[135] Bohm, P and Kneece. A, The Economics of Environment[M]. London: Macmiliam Press Ltd, 1971.

[136] Shang Wenxiu, etc.Eco-compensation in China: Theory, practices and suggestions for

the future[J]. Journal of Environmental Management,Vol.210,2018.

[137] Cabe, R. and J. Herrige. The Regulation of Nonpoint Sources of Pollution Under Imperfect and Asymmetric Information [J]. Journal of Environmental Economics and Management, vol.22, 1992.

[138] Humood A. Naser. The role of environmental impact assessment in protecting coastal and marine environments in rapidly developing islands: The case of Bahrain, Arabian Gulf[J]. Ocean and Coastal Management,2015.

[139] Flávia Guerra, Catarina Grilo, Nuno M. Pedroso, Henrique Cabral. Environmental Impact Assessment in the marine environment: A comparison of legal frameworks[J]. Environmental Impact Assessment Review,2015.

[140] Jemma Lonsdale, Keith Weston, Sylvia Blake, Ruth Edwards, Michael Elliott. The Amended European Environmental Impact Assessment Directive: UK marine experience and recommendations[J].Ocean and Coastal Management,2017.

附件1：缩略语对照表[*]

全　　称	缩略语
《中华人民共和国海洋环境保护法》	《海环法》
《中华人民共和国环境保护法》	《环保法》
《中华人民共和国固体废物污染环境防治法》	《固废法》
《中华人民共和国环境影响评价法》	《环评法》
《第二次全国涉外商事海事审判工作会议纪要》	《会议纪要》
《关于审理船舶油污损害赔偿纠纷案件若干问题的规定》	《司法解释》
《国际海事委员会油污损害指南》	《油污指南》
《防治海洋工程建设项目污染损害海洋环境管理条例》	《海洋工程条例》
《防治海岸工程建设项目污染损害海洋环境管理条例》	《海岸工程条例》
《防治船舶污染海洋环境管理条例》	《船舶防污条例》
《中华人民共和国海洋倾废管理条例》	《倾废条例》
《中华人民共和国防治陆源污染物污染损害海洋环境管理条例》	《陆源防污条例》
《建设项目主要污染物排放总量指标审核及管理暂行办法》	《暂行办法》
《海洋工程环境影响评价管理规定》	《管理规定》
《厦门市海洋环境保护若干规定》	《若干规定》
《厦门市环境保护信用信息管理实施细则》	《厦门细则》
《江苏省企事业环保信用评价办法》	《江苏办法》

[*] 依在文中出现次序排列

附件2：国务院组织机构涉海洋环境保护职责汇总

一、中华人民共和国生态环境部涉海洋环境保护职责

（一）负责建立健全生态环境基本制度。会同有关部门拟订国家生态环境政策、规划并组织实施，起草法律法规草案，制定部门规章。会同有关部门编制并监督实施重点区域、流域、海域、饮用水水源地生态环境规划和水功能区划，组织拟订生态环境标准，制定生态环境基准和技术规范。

（二）负责重大生态环境问题的统筹协调和监督管理。牵头协调重特大环境污染事故和生态破坏事件的调查处理，指导协调地方政府对重特大突发生态环境事件的应急、预警工作，牵头指导实施生态环境损害赔偿制度，协调解决有关跨区域环境污染纠纷，统筹协调国家重点区域、流域、海域生态环境保护工作。

（三）负责监督管理国家减排目标的落实。组织制定陆地和海洋各类污染物排放总量控制、排污许可证制度并监督实施，确定大气、水、海洋等纳污能力，提出实施总量控制的污染物名称和控制指标，监督检查各地污染物减排任务完成情况，实施生态环境保护目标责任制。

（四）负责环境污染防治的监督管理。制定海洋污染防治管理制度并监督实施。

（五）指导协调和监督生态保护修复工作。组织编制生态保护规划，监督对生态环境有影响的自然资源开发利用活动、重要生态环境建设和生态破坏恢复工作。组织制定各类自然保护地生态环境监管制度并监督执法。

（六）负责生态环境准入的监督管理。受国务院委托对重大经济和技术政策、发展规划以及重大经济开发计划进行环境影响评价。按国家规定审批或审查重大开发建设区域、规划、项目环境影响评价文件。拟订并组织实施生态环境准入清单。

（七）负责生态环境监测工作。制定生态环境监测制度和规范、拟订相关标

准并监督实施。会同有关部门统一规划生态环境质量监测站点设置,组织实施生态环境质量监测、污染源监督性监测、温室气体减排监测、应急监测。组织对生态环境质量状况进行调查评价、预警预测,组织建设和管理国家生态环境监测网和全国生态环境信息网。建立和实行生态环境质量公告制度,统一发布国家生态环境综合性报告和重大生态环境信息。

（八）组织开展中央生态环境保护督察。建立健全生态环境保护督察制度,组织协调中央生态环境保护督察工作,根据授权对各地区各有关部门贯彻落实中央生态环境保护决策部署情况进行督察问责。指导地方开展生态环境保护督察工作。

（九）统一负责生态环境监督执法。组织开展全国生态环境保护执法检查活动。查处重大生态环境违法问题。指导全国生态环境保护综合执法队伍建设和业务工作。

（十）生态环境部要统一行使生态和城乡各类污染排放监管与行政执法职责,切实履行监管责任,全面落实大气、水、土壤污染防治行动计划,大幅减少进口固体废物种类和数量直至全面禁止洋垃圾入境。构建政府为主导、企业为主体、社会组织和公众共同参与的生态环境治理体系,实行最严格的生态环境保护制度,严守生态保护红线和环境质量底线,坚决打好污染防治攻坚战,保障国家生态安全,建设美丽中国。

二、中华人民共和国自然资源部涉海洋环境保护职责

（一）履行全民所有土地、矿产、森林、草原、湿地、水、海洋等自然资源资产所有者职责和所有国土空间用途管制职责。拟订自然资源和国土空间规划及测绘、极地、深海等法律法规草案,制定部门规章并监督检查执行情况。

（二）负责自然资源调查监测评价。制定自然资源调查监测评价的指标体系和统计标准,建立统一规范的自然资源调查监测评价制度。实施自然资源基础调查、专项调查和监测。负责自然资源调查监测评价成果的监督管理和信息发布。指导地方自然资源调查监测评价工作。

（三）负责自然资源统一确权登记工作。制定各类自然资源和不动产统一确权登记、权籍调查、不动产测绘、争议调处、成果应用的制度、标准、规范。建立健全全国自然资源和不动产登记信息管理基础平台。负责自然资源和不动产登记

资料收集、整理、共享、汇交管理等。指导监督全国自然资源和不动产确权登记工作。

（四）负责自然资源资产有偿使用工作。建立全民所有自然资源资产统计制度，负责全民所有自然资源资产核算。编制全民所有自然资源资产负债表，拟订考核标准。制定全民所有自然资源资产划拨、出让、租赁、作价出资和土地储备政策，合理配置全民所有自然资源资产。负责自然资源资产价值评估管理，依法收缴相关资产收益。

（五）负责自然资源的合理开发利用。组织拟订自然资源发展规划和战略，制定自然资源开发利用标准并组织实施，建立政府公示自然资源价格体系，组织开展自然资源分等定级价格评估，开展自然资源利用评价考核，指导节约集约利用。负责自然资源市场监管。组织研究自然资源管理涉及宏观调控、区域协调和城乡统筹的政策措施。

（六）负责建立空间规划体系并监督实施。推进主体功能区战略和制度，组织编制并监督实施国土空间规划和相关专项规划。开展国土空间开发适宜性评价，建立国土空间规划实施监测、评估和预警体系。组织划定生态保护红线、永久基本农田、城镇开发边界等控制线，构建节约资源和保护环境的生产、生活、生态空间布局。建立健全国土空间用途管制制度，研究拟订城乡规划政策并监督实施。组织拟订并实施土地、海洋等自然资源年度利用计划。负责土地、海域、海岛等国土空间用途转用工作。负责土地征收征用管理。

（七）负责统筹国土空间生态修复。牵头组织编制国土空间生态修复规划并实施有关生态修复重大工程。负责国土空间综合整治、土地整理复垦、矿山地质环境恢复治理、海洋生态、海域海岸线和海岛修复等工作。牵头建立和实施生态保护补偿制度，制定合理利用社会资金进行生态修复的政策措施，提出重大备选项目。

（八）负责监督实施海洋战略规划和发展海洋经济。研究提出海洋强国建设重大战略建议。组织制定海洋发展、深海、极地等战略并监督实施。会同有关部门拟订海洋经济发展、海岸带综合保护利用等规划和政策并监督实施。负责海洋经济运行监测评估工作。

（九）负责海洋开发利用和保护的监督管理工作。负责海域使用和海岛保护利用管理。制定海域海岛保护利用规划并监督实施。负责无居民海岛、海域、海底地形地名管理工作,制定领海基点等特殊用途海岛保护管理办法并监督实施。负责海洋观测预报、预警监测和减灾工作,参与重大海洋灾害应急处置。

三、中华人民共和国交通运输部涉海洋环境保护职责

(一)承担水上交通安全监管责任。负责水上交通管制、船舶及相关水上设施检验、登记和防止污染、水上消防、航海保障、救助打捞、通信导航、船舶与港口设施保安及危险品运输监督管理等工作。负责船员管理有关工作。负责中央管理水域水上交通安全事故、船舶及相关水上设施污染事故的应急处置,依法组织或参与事故调查处理工作,指导地方水上交通安全监管工作。

(二)牵头组织编制国家重大海上溢油应急处置预案并组织实施,承担组织、协调、指挥重大海上溢油应急处置等有关工作。负责船员管理和防抗海盗有关工作。

四、中华人民共和国水利部涉海洋环境保护职责

(一)指导水利设施、水域及其岸线的管理、保护与综合利用。组织指导水利基础设施网络建设。指导重要江河湖泊及河口的治理、开发和保护。指导河湖水生态保护与修复、河湖生态流量水量管理以及河湖水系连通工作。

(二)负责重大涉水违法事件的查处,协调和仲裁跨省、自治区、直辖市水事纠纷,指导水政监察和水行政执法。依法负责水利行业安全生产工作,组织指导水库、水电站大坝、农村水电站的安全监管。指导水利建设市场的监督管理,组织实施水利工程建设的监督。

五、中华人民共和国农业农村部涉海洋环境保护职责

(一)负责种植业、畜牧业、渔业、农垦、农业机械化等农业各产业的监督管理。负责双多边渔业谈判和履约工作。负责远洋渔业管理和渔政渔港监督管理。

(二)组织农业资源区划工作。指导农用地、渔业水域以及农业生物物种资源的保护与管理,负责水生野生动植物保护、耕地及永久基本农田质量保护工作。指导农产品产地环境管理和农业清洁生产。指导设施农业、生态循环农业、节水农业发展以及农村可再生能源综合开发利用、农业生物质产业发展。

六、中华人民共和国国家发展和改革委员会涉海洋环境保护职责

（一）拟订并组织实施国民经济和社会发展战略、中长期规划和年度计划。牵头组织统一规划体系建设。负责国家级专项规划、区域规划、空间规划与国家发展规划的统筹衔接。起草国民经济和社会发展、经济体制改革和对外开放的有关法律法规草案，制定部门规章。

（二）推进实施可持续发展战略，推动生态文明建设和改革，协调生态环境保护与修复、能源资源节约和综合利用等工作。提出健全生态保护补偿机制的政策措施，综合协调环保产业和清洁生产促进有关工作。提出能源消费控制目标、任务并组织实施。

七、中华人民共和国应急管理部涉海洋环境保护职责

（一）组织编制国家应急总体预案和规划，指导各地区各部门应对突发事件工作，推动应急预案体系建设和预案演练。建立灾情报告系统并统一发布灾情，统筹应急力量建设和物资储备并在救灾时统一调度，组织灾害救助体系建设，指导安全生产类、自然灾害类应急救援，承担国家应对特别重大灾害指挥部工作。

八、中华人民共和国国防部涉海洋环境保护职责[1]

（一）贯彻并监督执行国家和军队有关环境保护的方针、政策、法规和标准。会同有关部门制定环境保护法规、规章和实施细则，并实行有效的监督检查。

（二）编制环境保护长远规划和年度计划，并组织实施。组织开展环境监测工作，调查掌握环境保护状况，及时总结经验，提出改善措施。

（三）审查工程建设项目对环境影响的报告书或者报告表，参与建设工程的竣工验收。

（四）会同有关部门承担国家、地方和军队重大环境污染事故的应急处理任务。

---

[1] 以《中国人民解放军环境保护条例》第34条为依据梳理。

九、国务院国有资产监督管理委员会涉海洋环境保护职责

（一）根据国务院授权,依照《中华人民共和国公司法》等法律和行政法规履行出资人职责,监管中央所属企业(不含金融类企业)的国有资产,加强国有资产的管理工作。

十、中华人民共和国海关总署涉海洋环境保护职责

（一）以风险管理为主线,加快建立风险信息集聚、统一分析研判和集中指挥处置的风险管理防控机制,监管范围从口岸通关环节向出入境全链条、宽领域拓展延伸,监管方式从分别作业向整体集约转变,进一步提高监管的智能化和精准度,切实保障经济安全,坚决将洋垃圾、走私象牙等危害生态安全和人民健康的货物物品以及传染病、病虫害等拒于国门之外。

十一、国家能源局(由国家发展和改革委员会管理)涉海洋环境保护职责

（一）组织制定煤炭、石油、天然气、电力、新能源和可再生能源等能源,以及炼油、煤制燃料和燃料乙醇的产业政策及相关标准。按国务院规定权限,审批、核准、审核能源固定资产投资项目。指导协调农村能源发展工作。

（二）参与制定与能源相关的资源、财税、环保及应对气候变化等政策,提出能源价格调整和进出口总量建议。

十二、国家林业和草原局(由自然资源部管理)涉海洋环境保护职责

（一）负责监督管理各类自然保护地。拟订各类自然保护地规划和相关国家标准。负责国家公园设立、规划、建设和特许经营等工作,负责中央政府直接行使所有权的国家公园等自然保护地的自然资源资产管理和国土空间用途管制。提出新建、调整各类国家级自然保护地的审核建议并按程序报批,组织审核世界自然遗产的申报,会同有关部门审核世界自然与文化双重遗产的申报。负责生物多样性保护相关工作。

（二）国家林业和草原局要切实加大生态系统保护力度,实施重要生态系统保护和修复工程,加强森林、草原、湿地监督管理的统筹协调,大力推进国土绿化,保障国家生态安全。加快建立以国家公园为主体的自然保护地体系,统一推进各

类自然保护地的清理规范和归并整合,构建统一规范高效的中国特色国家公园体制。

十三、中国民用航空局(由交通运输部管理)涉海洋环境保护职责

(一)负责民航空中交通管理工作。编制民航空域规划,负责民航航路的建设和管理,负责民航通信导航监视、航行情报、航空气象的监督管理。

附件3:《中华人民共和国海洋环境保护法》

(1982年8月23日第五届全国人民代表大会常务委员会第二十四次会议通过;1999年12月25日第九届全国人民代表大会常务委员会第十三次会议修订;根据2013年12月28日第十二届全国人民代表大会常务委员会第六次会议《关于修改〈中华人民共和国海洋环境保护法〉等七部法律的决定》第一次修正;根据2016年11月7日第十二届全国人民代表大会常务委员会第二十四次会议《关于修改〈中华人民共和国海洋环境保护法〉的决定》第二次修正;根据2017年11月4日第十二届全国人民代表大会常务委员会第三十次会议《关于修改〈中华人民共和国会计法〉等十一部法律的决定》第三次修正)

第一章 总则

第一条

为了保护和改善海洋环境,保护海洋资源,防治污染损害,维护生态平衡,保障人体健康,促进经济和社会的可持续发展,制定本法。

第二条

本法适用于中华人民共和国内水、领海、毗连区、专属经济区、大陆架以及中华人民共和国管辖的其他海域。在中华人民共和国管辖海域内从事航行、勘探、开发、生产、旅游、科学研究及其他活动,或者在沿海陆域内从事影响海洋环境活动的任何单位和个人,都必须遵守本法。在中华人民共和国管辖海域以外,造成中华人民共和国管辖海域污染的,也适用本法。

第三条

国家在重点海洋生态功能区、生态环境敏感区和脆弱区等海域划定生态保护红线,实行严格保护。国家建立并实施重点海域排污总量控制制度,确定主要污染物排海总量控制指标,并对主要污染源分配排放控制数量。具体办法由国务院制定。

第四条

一切单位和个人都有保护海洋环境的义务,并有权对污染损害海洋环境的单位和个人,以及海洋环境监督管理人员的违法失职行为进行监督和检举。

第五条

国务院环境保护行政主管部门作为对全国环境保护工作统一监督管理的部门,对全国海洋环境保护工作实施指导、协调和监督,并负责全国防治陆源污染物和海岸工程建设项目对海洋污染损害的环境保护工作。国家海洋行政主管部门负责海洋环境的监督管理,组织海洋环境的调查、监测、监视、评价和科学研究,负责全国防治海洋工程建设项目和海洋倾倒废弃物对海洋污染损害的环境保护工作。国家海事行政主管部门负责所辖港区水域内非军事船舶和港区水域外非渔业、非军事船舶污染海洋环境的监督管理,并负责污染事故的调查处理;对在中华人民共和国管辖海域航行、停泊和作业的外国籍船舶造成的污染事故登轮检查处理。船舶污染事故给渔业造成损害的,应当吸收渔业行政主管部门参与调查处理。国家渔业行政主管部门负责渔港水域内非军事船舶和渔港水域外渔业船舶污染海洋环境的监督管理,负责保护渔业水域生态环境工作,并调查处理前款规定的污染事故以外的渔业污染事故。军队环境保护部门负责军事船舶污染海洋环境的监督管理及污染事故的调查处理。沿海县级以上地方人民政府行使海洋环境监督管理权的部门的职责,由省、自治区、直辖市人民政府根据本法及国务院有关规定确定。

第六条

环境保护行政主管部门、海洋行政主管部门和其他行使海洋环境监督管理权的部门,根据职责分工依法公开海洋环境相关信息;相关排污单位应当依法公开排污信息。

第二章 海洋环境监督管理

第七条

国家海洋行政主管部门会同国务院有关部门和沿海省、自治区、直辖市人民政府根据全国海洋主体功能区规划,拟定全国海洋功能区划,报国务院批准。沿海地方各级人民政府应当根据全国和地方海洋功能区划,保护和科学合理地使用海域。

附件3:《中华人民共和国海洋环境保护法》

第八条

国家根据海洋功能区划制定全国海洋环境保护规划和重点海域区域性海洋环境保护规划。毗邻重点海域的有关沿海省、自治区、直辖市人民政府及行使海洋环境监督管理权的部门,可以建立海洋环境保护区域合作组织,负责实施重点海域区域性海洋环境保护规划、海洋环境污染的防治和海洋生态保护工作。

第九条

跨区域的海洋环境保护工作,由有关沿海地方人民政府协商解决,或者由上级人民政府协调解决。跨部门的重大海洋环境保护工作,由国务院环境保护行政主管部门协调;协调未能解决的,由国务院作出决定。

第十条

国家根据海洋环境质量状况和国家经济、技术条件,制定国家海洋环境质量标准。沿海省、自治区、直辖市人民政府对国家海洋环境质量标准中未作规定的项目,可以制定地方海洋环境质量标准。沿海地方各级人民政府根据国家和地方海洋环境质量标准的规定和本行政区近岸海域环境质量状况,确定海洋环境保护的目标和任务,并纳入人民政府工作计划,按相应的海洋环境质量标准实施管理。

第十一条

国家和地方水污染物排放标准的制定,应当将国家和地方海洋环境质量标准作为重要依据之一。在国家建立并实施排污总量控制制度的重点海域,水污染物排放标准的制定,还应当将主要污染物排海总量控制指标作为重要依据。排污单位在执行国家和地方水污染物排放标准的同时,应当遵守分解落实到本单位的主要污染物排海总量控制指标。对超过主要污染物排海总量控制指标的重点海域和未完成海洋环境保护目标、任务的海域,省级以上人民政府环境保护行政主管部门、海洋行政主管部门,根据职责分工暂停审批新增相应种类污染物排放总量的建设项目环境影响报告书(表)。

第十二条

直接向海洋排放污染物的单位和个人,必须按照国家规定缴纳排污费。依照法律规定缴纳环境保护税的,不再缴纳排污费。向海洋倾倒废弃物,必须按照国家规定缴纳倾倒费。根据本法规定征收的排污费、倾倒费,必须用于海洋环境污染的整治,不得挪作他用。具体办法由国务院规定。

第十三条

国家加强防治海洋环境污染损害的科学技术的研究和开发,对严重污染海洋环境的落后生产工艺和落后设备,实行淘汰制度。企业应当优先使用清洁能源,采用资源利用率高、污染物排放量少的清洁生产工艺,防止对海洋环境的污染。

第十四条

国家海洋行政主管部门按照国家环境监测、监视规范和标准,管理全国海洋环境的调查、监测、监视,制定具体的实施办法,会同有关部门组织全国海洋环境监测、监视网络,定期评价海洋环境质量,发布海洋巡航监视通报。依照本法规定行使海洋环境监督管理权的部门分别负责各自所辖水域的监测、监视。其他有关部门根据全国海洋环境监测网的分工,分别负责对入海河口、主要排污口的监测。

第十五条

国务院有关部门应当向国务院环境保护行政主管部门提供编制全国环境质量公报所必需的海洋环境监测资料。环境保护行政主管部门应当向有关部门提供与海洋环境监督管理有关的资料。

第十六条

国家海洋行政主管部门按照国家制定的环境监测、监视信息管理制度,负责管理海洋综合信息系统,为海洋环境保护监督管理提供服务。

第十七条

因发生事故或者其他突发性事件,造成或者可能造成海洋环境污染事故的单位和个人,必须立即采取有效措施,及时向可能受到危害者通报,并向依照本法规定行使海洋环境监督管理权的部门报告,接受调查处理。沿海县级以上地方人民政府在本行政区域近岸海域的环境受到严重污染时,必须采取有效措施,解除或者减轻危害。

第十八条

国家根据防止海洋环境污染的需要,制定国家重大海上污染事故应急计划。国家海洋行政主管部门负责制定全国海洋石油勘探开发重大海上溢油应急计划,报国务院环境保护行政主管部门备案。国家海事行政主管部门负责制定全国船舶重大海上溢油污染事故应急计划,报国务院环境保护行政主管部门备案。沿海可能发生重大海洋环境污染事故的单位,应当依照国家的规定,制定污染事故应急计划,并向当地环境保护行政主管部门、海洋行政主管部门备案。沿海县级以上地方人民政府及其有关部门在发生重大海上污染事故时,必须按照应急计划解除或者减轻危害。

第十九条

依照本法规定行使海洋环境监督管理权的部门可以在海上实行联合执法,在巡航监视中发现海上污染事故或者违反本法规定的行为时,应当予以制止并调查取证,必要时有权采取有效措施,防止污染事态的扩大,并报告有关主管部门处理。依照本法规定行使海洋环境监督管理权的部门,有权对管辖范围内排放污染物的单位和个人进行现场检查。被检查者应当如实反映情况,提供必要的资料。检查机关应当为被检查者保守技术秘密和业务秘密。

第三章 海洋生态保护

第二十条

国务院和沿海地方各级人民政府应当采取有效措施,保护红树林、珊瑚礁、滨海湿地、海岛、海湾、入海河口、重要渔业水域等具有典型性、代表性的海洋生态系统,珍稀、濒危海洋生物的天然集中分布区,具有重要经济价值的海洋生物生存区域及有重大科学文化价值的海洋自然历史遗迹和自然景观。对具有重要经济、社会价值的已遭到破坏的海洋生态,应当进行整治和恢复。

第二十一条

国务院有关部门和沿海省级人民政府应当根据保护海洋生态的需要,选划、建立海洋自然保护区。国家级海洋自然保护区的建立,须经国务院批准。

第二十二条

凡具有下列条件之一的,应当建立海洋自然保护区:(一)典型的海洋自然地理区域、有代表性的自然生态区域,以及遭受破坏但经保护能恢复的海洋自然生态区域;(二)海洋生物物种高度丰富的区域,或者珍稀、濒危海洋生物物种的天然集中分布区域;(三)具有特殊保护价值的海域、海岸、岛屿、滨海湿地、入海河口和海湾等;(四)具有重大科学文化价值的海洋自然遗迹所在区域;(五)其他需要予以特殊保护的区域。

第二十三条

凡具有特殊地理条件、生态系统、生物与非生物资源及海洋开发利用特殊需要的区域,可以建立海洋特别保护区,采取有效的保护措施和科学的开发方式进行特殊管理。

第二十四条

国家建立健全海洋生态保护补偿制度。开发利用海洋资源,应当根据海洋功能区划合理布局,严格遵守生态保护红线,不得造成海洋生态环境破坏。

第二十五条

引进海洋动植物物种,应当进行科学论证,避免对海洋生态系统造成危害。

第二十六条

开发海岛及周围海域的资源,应当采取严格的生态保护措施,不得造成海岛地形、岸滩、植被以及海岛周围海域生态环境的破坏。

第二十七条

沿海地方各级人民政府应当结合当地自然环境的特点,建设海岸防护设施、沿海防护林、沿海城镇园林和绿地,对海岸侵蚀和海水入侵地区进行综合治理。禁止毁坏海岸防护设施、沿海防护林、沿海城镇园林和绿地。

第二十八条

国家鼓励发展生态渔业建设,推广多种生态渔业生产方式,改善海洋生态状况。新建、改建、扩建海水养殖场,应当进行环境影响评价。海水养殖应当科学确定养殖密度,并应当合理投饵、施肥,正确使用药物,防止造成海洋环境的污染。

第四章 防治陆源污染物对海洋环境的污染损害

第二十九条

向海域排放陆源污染物,必须严格执行国家或者地方规定的标准和有关规定。

第三十条

入海排污口位置的选择,应当根据海洋功能区划、海水动力条件和有关规定,经科学论证后,报设区的市级以上人民政府环境保护行政主管部门备案。环境保护行政主管部门应当在完成备案后十五个工作日内将入海排污口设置情况通报海洋、海事、渔业行政主管部门和军队环境保护部门。在海洋自然保护区、重要渔业水域、海滨风景名胜区和其他需要特别保护的区域,不得新建排污口。在有条件的地区,应当将排污口深海设置,实行离岸排放。设置陆源污染物深海离岸排放排污口,应当根据海洋功能区划、海水动力条件和海底工程设施的有关情况确定,具体办法由国务院规定。

第三十一条

省、自治区、直辖市人民政府环境保护行政主管部门和水行政主管部门应当按照水污染防治有关法律的规定，加强入海河流管理，防治污染，使入海河口的水质处于良好状态。

第三十二条

排放陆源污染物的单位，必须向环境保护行政主管部门申报拥有的陆源污染物排放设施、处理设施和在正常作业条件下排放陆源污染物的种类、数量和浓度，并提供防治海洋环境污染方面的有关技术和资料。排放陆源污染物的种类、数量和浓度有重大改变的，必须及时申报。

第三十三条

禁止向海域排放油类、酸液、碱液、剧毒废液和高、中水平放射性废水。严格限制向海域排放低水平放射性废水；确需排放的，必须严格执行国家辐射防护规定。严格控制向海域排放含有不易降解的有机物和重金属的废水。

第三十四条

含病原体的医疗污水、生活污水和工业废水必须经过处理，符合国家有关排放标准后，方能排入海域。

第三十五条

含有机物和营养物质的工业废水、生活污水，应当严格控制向海湾、半封闭海及其他自净能力较差的海域排放。

第三十六条

向海域排放含热废水，必须采取有效措施，保证邻近渔业水域的水温符合国家海洋环境质量标准，避免热污染对水产资源的危害。

第三十七条

沿海农田、林场施用化学农药，必须执行国家农药安全使用的规定和标准。沿海农田、林场应当合理使用化肥和植物生长调节剂。

第三十八条

在岸滩弃置、堆放和处理尾矿、矿渣、煤灰渣、垃圾和其他固体废物的，依照《中华人民共和国固体废物污染环境防治法》的有关规定执行。

第三十九条

禁止经中华人民共和国内水、领海转移危险废物。经中华人民共和国管辖的其他海域转移危险废物的,必须事先取得国务院环境保护行政主管部门的书面同意。

第四十条

沿海城市人民政府应当建设和完善城市排水管网,有计划地建设城市污水处理厂或者其他污水集中处理设施,加强城市污水的综合整治。建设污水海洋处置工程,必须符合国家有关规定。

第四十一条

国家采取必要措施,防止、减少和控制来自大气层或者通过大气层造成的海洋环境污染损害。

第五章 防治海岸工程建设项目对海洋环境的污染损害

第四十二条

新建、改建、扩建海岸工程建设项目,必须遵守国家有关建设项目环境保护管理的规定,并把防治污染所需资金纳入建设项目投资计划。在依法划定的海洋自然保护区、海滨风景名胜区、重要渔业水域及其他需要特别保护的区域,不得从事污染环境、破坏景观的海岸工程项目建设或者其他活动。

第四十三条

海岸工程建设项目单位,必须对海洋环境进行科学调查,根据自然条件和社会条件,合理选址,编制环境影响报告书(表)。在建设项目开工前,将环境影响报告书(表)报环境保护行政主管部门审查批准。环境保护行政主管部门在批准环境影响报告书(表)之前,必须征求海洋、海事、渔业行政主管部门和军队环境保护部门的意见。

第四十四条

海岸工程建设项目的环境保护设施,必须与主体工程同时设计、同时施工、同时投产使用。环境保护设施应当符合经批准的环境影响评价报告书(表)的要求。

第四十五条

禁止在沿海陆域内新建不具备有效治理措施的化学制浆造纸、化工、印染、制革、电镀、酿造、炼油、岸边冲滩拆船以及其他严重污染海洋环境的工业生产项目。

第四十六条

兴建海岸工程建设项目,必须采取有效措施,保护国家和地方重点保护的野生动植物及其生存环境和海洋水产资源。严格限制在海岸采挖砂石。露天开采海滨砂矿和从岸上打井开采海底矿产资源,必须采取有效措施,防止污染海洋环境。

第六章　防治海洋工程建设项目对海洋环境的污染损害

第四十七条

海洋工程建设项目必须符合全国海洋主体功能区规划、海洋功能区划、海洋环境保护规划和国家有关环境保护标准。海洋工程建设项目单位应当对海洋环境进行科学调查,编制海洋环境影响报告书(表),并在建设项目开工前,报海洋行政主管部门审查批准。海洋行政主管部门在批准海洋环境影响报告书(表)之前,必须征求海事、渔业行政主管部门和军队环境保护部门的意见。

第四十八条

海洋工程建设项目的环境保护设施,必须与主体工程同时设计、同时施工、同时投产使用。环境保护设施未经海洋行政主管部门验收,或者经验收不合格的,建设项目不得投入生产或者使用。拆除或者闲置环境保护设施,必须事先征得海洋行政主管部门的同意。

第四十九条

海洋工程建设项目,不得使用含超标准放射性物质或者易溶出有毒有害物质的材料。

第五十条

海洋工程建设项目需要爆破作业时,必须采取有效措施,保护海洋资源。海洋石油勘探开发及输油过程中,必须采取有效措施,避免溢油事故的发生。

第五十一条

海洋石油钻井船、钻井平台和采油平台的含油污水和油性混合物,必须经过处理达标后排放;残油、废油必须予以回收,不得排放入海。经回收处理后排放的,其含油量不得超过国家规定的标准。钻井所使用的油基泥浆和其他有毒复合泥浆不得排放入海。水基泥浆和无毒复合泥浆及钻屑的排放,必须符合国家有关规定。

第五十二条

海洋石油钻井船、钻井平台和采油平台及其有关海上设施,不得向海域处置含油的工业垃圾。处置其他工业垃圾,不得造成海洋环境污染。

第五十三条

海上试油时,应当确保油气充分燃烧,油和油性混合物不得排放入海。

第五十四条

勘探开发海洋石油,必须按有关规定编制溢油应急计划,报国家海洋行政主管部门的海区派出机构备案。

第七章　防治倾倒废弃物对海洋环境的污染损害

第五十五条

任何单位未经国家海洋行政主管部门批准,不得向中华人民共和国管辖海域倾倒任何废弃物。需要倾倒废弃物的单位,必须向国家海洋行政主管部门提出书面申请,经国家海洋行政主管部门审查批准,发给许可证后,方可倾倒。禁止中华人民共和国境外的废弃物在中华人民共和国管辖海域倾倒。

第五十六条

国家海洋行政主管部门根据废弃物的毒性、有毒物质含量和对海洋环境影响程度,制定海洋倾倒废弃物评价程序和标准。向海洋倾倒废弃物,应当按照废弃物的类别和数量实行分级管理。可以向海洋倾倒的废弃物名录,由国家海洋行政主管部门拟定,经国务院环境保护行政主管部门提出审核意见后,报国务院批准。

第五十七条

国家海洋行政主管部门按照科学、合理、经济、安全的原则选划海洋倾倒区,经国务院环境保护行政主管部门提出审核意见后,报国务院批准。临时性海洋倾倒区由国家海洋行政主管部门批准,并报国务院环境保护行政主管部门备案。国家海洋行政主管部门在选划海洋倾倒区和批准临时性海洋倾倒区之前,必须征求国家海事、渔业行政主管部门的意见。

第五十八条

国家海洋行政主管部门监督管理倾倒区的使用,组织倾倒区的环境监测。对经确认不宜继续使用的倾倒区,国家海洋行政主管部门应当予以封闭,终止在该倾倒区的一切倾倒活动,并报国务院备案。

第五十九条

获准倾倒废弃物的单位,必须按照许可证注明的期限及条件,到指定的区域进行倾倒。废弃物装载之后,批准部门应当予以核实。

第六十条

获准倾倒废弃物的单位,应当详细记录倾倒的情况,并在倾倒后向批准部门作出书面报告。倾倒废弃物的船舶必须向驶出港的海事行政主管部门作出书面报告。

第六十一条

禁止在海上焚烧废弃物。禁止在海上处置放射性废弃物或者其他放射性物质。废弃物中的放射性物质的豁免浓度由国务院制定。

第八章 防治船舶及有关作业活动对海洋环境的污染损害

第六十二条

在中华人民共和国管辖海域,任何船舶及相关作业不得违反本法规定向海洋排放污染物、废弃物和压载水、船舶垃圾及其他有害物质。从事船舶污染物、废弃物、船舶垃圾接收、船舶清舱、洗舱作业活动的,必须具备相应的接收处理能力。

第六十三条

船舶必须按照有关规定持有防止海洋环境污染的证书与文书,在进行涉及污染物排放及操作时,应当如实记录。

第六十四条

船舶必须配置相应的防污设备和器材。载运具有污染危害性货物的船舶,其结构与设备应当能够防止或者减轻所载货物对海洋环境的污染。

第六十五条

船舶应当遵守海上交通安全法律、法规的规定,防止因碰撞、触礁、搁浅、火灾或者爆炸等引起的海难事故,造成海洋环境的污染。

第六十六条

国家完善并实施船舶油污损害民事赔偿责任制度;按照船舶油污损害赔偿责任由船东和货主共同承担风险的原则,建立船舶油污保险、油污损害赔偿基金制度。实施船舶油污保险、油污损害赔偿基金制度的具体办法由国务院规定。

第六十七条

载运具有污染危害性货物进出港口的船舶,其承运人、货物所有人或者代理人,必须事先向海事行政主管部门申报。经批准后,方可进出港口、过境停留或者装卸作业。

第六十八条

交付船舶装运污染危害性货物的单证、包装、标志、数量限制等，必须符合对所装货物的有关规定。需要船舶装运污染危害性不明的货物，应当按照有关规定事先进行评估。装卸油类及有毒有害货物的作业，船岸双方必须遵守安全防污操作规程。

第六十九条

港口、码头、装卸站和船舶修造厂必须按照有关规定备有足够的用于处理船舶污染物、废弃物的接收设施，并使该设施处于良好状态。装卸油类的港口、码头、装卸站和船舶必须编制溢油污染应急计划，并配备相应的溢油污染应急设备和器材。

第七十条

船舶及有关作业活动应当遵守有关法律法规和标准，采取有效措施，防止造成海洋环境污染。海事行政主管部门等有关部门应当加强对船舶及有关作业活动的监督管理。船舶进行散装液体污染危害性货物的过驳作业，应当事先按照有关规定报经海事行政主管部门批准。

第七十一条

船舶发生海难事故，造成或者可能造成海洋环境重大污染损害的，国家海事行政主管部门有权强制采取避免或者减少污染损害的措施。对在公海上因发生海难事故，造成中华人民共和国管辖海域重大污染损害后果或者具有污染威胁的船舶、海上设施，国家海事行政主管部门有权采取与实际的或者可能发生的损害相称的必要措施。

第七十二条

所有船舶均有监视海上污染的义务，在发现海上污染事故或者违反本法规定的行为时，必须立即向就近的依照本法规定行使海洋环境监督管理权的部门报告。民用航空器发现海上排污或者污染事件，必须及时向就近的民用航空空中交通管制单位报告。接到报告的单位，应当立即向依照本法规定行使海洋环境监督管理权的部门通报。

第九章　法律责任

第七十三条

违反本法有关规定，有下列行为之一的，由依照本法规定行使海洋环境监督

附件3:《中华人民共和国海洋环境保护法》

管理权的部门责令停止违法行为、限期改正或者责令采取限制生产、停产整治等措施,并处以罚款;拒不改正的,依法作出处罚决定的部门可以自责令改正之日的次日起,按照原罚款数额按日连续处罚;情节严重的,报经有批准权的人民政府批准,责令停业、关闭:(一)向海域排放本法禁止排放的污染物或者其他物质的;(二)不按照本法规定向海洋排放污染物,或者超过标准、总量控制指标排放污染物的;(三)未取得海洋倾倒许可证,向海洋倾倒废弃物的;(四)因发生事故或者其他突发性事件,造成海洋环境污染事故,不立即采取处理措施的。有前款第(一)、(三)项行为之一的,处三万元以上二十万元以下的罚款;有前款第(二)、(四)项行为之一的,处二万元以上十万元以下的罚款。

第七十四条

违反本法有关规定,有下列行为之一的,由依照本法规定行使海洋环境监督管理权的部门予以警告,或者处以罚款:(一)不按照规定申报,甚至拒报污染物排放有关事项,或者在申报时弄虚作假的;(二)发生事故或者其他突发性事件不按照规定报告的;(三)不按照规定记录倾倒情况,或者不按照规定提交倾倒报告的;(四)拒报或者谎报船舶载运污染危害性货物申报事项的。有前款第(一)、(三)项行为之一的,处二万元以下的罚款;有前款第(二)、(四)项行为之一的,处五万元以下的罚款。

第七十五条

违反本法第十九条第二款的规定,拒绝现场检查,或者在被检查时弄虚作假的,由依照本法规定行使海洋环境监督管理权的部门予以警告,并处二万元以下的罚款。

第七十六条

违反本法规定,造成珊瑚礁、红树林等海洋生态系统及海洋水产资源、海洋保护区破坏的,由依照本法规定行使海洋环境监督管理权的部门责令限期改正和采取补救措施,并处一万元以上十万元以下的罚款;有违法所得的,没收其违法所得。

第七十七条

违反本法第三十条第一款、第三款规定设置入海排污口的,由县级以上地方人民政府环境保护行政主管部门责令其关闭,并处二万元以上十万元以下的罚款。海洋、海事、渔业行政主管部门和军队环境保护部门发现入海排污口设置违反本法第三十条第一款、第三款规定的,应当通报环境保护行政主管部门依照前款规定予以处罚。

第七十八条

违反本法第三十九条第二款的规定,经中华人民共和国管辖海域,转移危险废物的,由国家海事行政主管部门责令非法运输该危险废物的船舶退出中华人民共和国管辖海域,并处五万元以上五十万元以下的罚款。

第七十九条

海岸工程建设项目未依法进行环境影响评价的,依照《中华人民共和国环境影响评价法》的规定处理。

第八十条

违反本法第四十四条的规定,海岸工程建设项目未建成环境保护设施,或者环境保护设施未达到规定要求即投入生产、使用的,由环境保护行政主管部门责令其停止生产或者使用,并处二万元以上十万元以下的罚款。

第八十一条

违反本法第四十五条的规定,新建严重污染海洋环境的工业生产建设项目的,按照管理权限,由县级以上人民政府责令关闭。

第八十二条

违反本法第四十七条第一款的规定,进行海洋工程建设项目的,由海洋行政主管部门责令其停止施工,根据违法情节和危害后果,处建设项目总投资额百分之一以上百分之五以下的罚款,并可以责令恢复原状。违反本法第四十八条的规定,海洋工程建设项目未建成环境保护设施、环境保护设施未达到规定要求即投入生产、使用的,由海洋行政主管部门责令其停止生产、使用,并处五万元以上二十万元以下的罚款。

第八十三条

违反本法第四十九条的规定,使用含超标准放射性物质或者易溶出有毒有害物质材料的,由海洋行政主管部门处五万元以下的罚款,并责令其停止该建设项目的运行,直到消除污染危害。

第八十四条

违反本法规定进行海洋石油勘探开发活动,造成海洋环境污染的,由国家海洋行政主管部门予以警告,并处二万元以上二十万元以下的罚款。

附件3:《中华人民共和国海洋环境保护法》

第八十五条

违反本法规定,不按照许可证的规定倾倒,或者向已经封闭的倾倒区倾倒废弃物的,由海洋行政主管部门予以警告,并处三万元以上二十万元以下的罚款;对情节严重的,可以暂扣或者吊销许可证。

第八十六条

违反本法第五十五条第三款的规定,将中华人民共和国境外废弃物运进中华人民共和国管辖海域倾倒的,由国家海洋行政主管部门予以警告,并根据造成或者可能造成的危害后果,处十万元以上一百万元以下的罚款。

第八十七条

违反本法规定,有下列行为之一的,由依照本法规定行使海洋环境监督管理权的部门予以警告,或者处以罚款:(一)港口、码头、装卸站及船舶未配备防污设施、器材的;(二)船舶未持有防污证书、防污文书,或者不按照规定记载排污记录的;(三)从事水上和港区水域拆船、旧船改装、打捞和其他水上、水下施工作业,造成海洋环境污染损害的;(四)船舶载运的货物不具备防污适运条件的。有前款第(一)、(四)项行为之一的,处二万元以上十万元以下的罚款;有前款第(二)项行为的,处二万元以下的罚款;有前款第(三)项行为的,处五万元以上二十万元以下的罚款。

第八十八条

违反本法规定,船舶、石油平台和装卸油类的港口、码头、装卸站不编制溢油应急计划的,由依照本法规定行使海洋环境监督管理权的部门予以警告,或者责令限期改正。

第八十九条

造成海洋环境污染损害的责任者,应当排除危害,并赔偿损失;完全由于第三者的故意或者过失,造成海洋环境污染损害的,由第三者排除危害,并承担赔偿责任。对破坏海洋生态、海洋水产资源、海洋保护区,给国家造成重大损失的,由依照本法规定行使海洋环境监督管理权的部门代表国家对责任者提出损害赔偿要求。

第九十条

对违反本法规定,造成海洋环境污染事故的单位,除依法承担赔偿责任外,由依照本法规定行使海洋环境监督管理权的部门依照本条第二款的规定处以罚款;

对直接负责的主管人员和其他直接责任人员可以处上一年度从本单位取得收入百分之五十以下的罚款;直接负责的主管人员和其他直接责任人员属于国家工作人员的,依法给予处分。对造成一般或者较大海洋环境污染事故的,按照直接损失的百分之二十计算罚款;对造成重大或者特大海洋环境污染事故的,按照直接损失的百分之三十计算罚款。对严重污染海洋环境、破坏海洋生态,构成犯罪的,依法追究刑事责任。

第九十一条

完全属于下列情形之一,经过及时采取合理措施,仍然不能避免对海洋环境造成污染损害的,造成污染损害的有关责任者免予承担责任：(一)战争;(二)不可抗拒的自然灾害;(三)负责灯塔或者其他助航设备的主管部门,在执行职责时的疏忽,或者其他过失行为。

第九十二条

对违反本法第十二条有关缴纳排污费、倾倒费规定的行政处罚,由国务院规定。

第九十三条

海洋环境监督管理人员滥用职权、玩忽职守、徇私舞弊,造成海洋环境污染损害的,依法给予行政处分;构成犯罪的,依法追究刑事责任。

第十章　附则

第九十四条

本法中下列用语的含义是:(一)海洋环境污染损害,是指直接或者间接地把物质或者能量引入海洋环境,产生损害海洋生物资源、危害人体健康、妨害渔业和海上其他合法活动、损害海水使用素质和减损环境质量等有害影响。(二)内水,是指我国领海基线向内陆一侧的所有海域。(三)滨海湿地,是指低潮时水深浅于六米的水域及其沿岸浸湿地带,包括水深不超过六米的永久性水域、潮间带(或洪泛地带)和沿海低地等。(四)海洋功能区划,是指依据海洋自然属性和社会属性,以及自然资源和环境特定条件,界定海洋利用的主导功能和使用范畴。(五)渔业水域,是指鱼虾类的产卵场、索饵场、越冬场、洄游通道和鱼虾贝藻类的养殖场。(六)油类,是指任何类型的油及其炼制品。(七)油性混合物,是指任何含有油份的混合物。(八)排放,是指把污染物排入海洋的行为,包括泵出、溢出、泄出、喷出和倒出。(九)陆地污染源(简称陆源),是指从陆地向海域排放污染物,造成或者可能造成海洋环境污染的场所、设施等。(十)陆源污染物,是指由陆地污染源排放的污染物。(十一)倾倒,是指通过船舶、航空器、平台或者其他载运工具,向海洋处置废弃物和其他有害物质的行为,包括弃置船舶、航空器、平台及其辅助设施和其他浮动工具的行为。(十二)沿海陆域,是指与海岸相连,或者通过管道、沟渠、设施,直接或者间接向海洋排放污染物及其相关活动的一带区域。(十三)海上焚烧,是指以热摧毁为目的,在海上焚烧设施上,故意焚烧废弃物或者其他物质的行为,但船舶、平台或者其他人工构造物正常操作中,所附带发生的行为除外。

第九十五条

涉及海洋环境监督管理的有关部门的具体职权划分,本法未作规定的,由国务院规定。

第九十六条

中华人民共和国缔结或者参加的与海洋环境保护有关的国际条约与本法有不同规定的,适用国际条约的规定;但是,中华人民共和国声明保留的条款除外。

第九十七条

本法自 2000 年 4 月 1 日起施行。